零|起|步|读|懂

财务管理学

Caiwu
Guanlixue

李瑾 编著

中国华侨出版社
北 京

图书在版编目（CIP）数据

零起步读懂财务管理学 / 李瑾编著 . —北京：中国华侨出版社，
2017.4
ISBN 978-7-5113-6776-1

Ⅰ.①零… Ⅱ.①李… Ⅲ.①财务管理－基本知识
Ⅳ.① F275

中国版本图书馆 CIP 数据核字（2017）第 082346 号

零起步读懂财务管理学

编　著 / 李　瑾
责任编辑 / 柯　葭
责任校对 / 吕栋梁
经　　销 / 新华书店
开　　本 / 670 毫米 × 960 毫米　1/16　印张 / 20　字数 / 346 千字
印　　刷 / 三河市华润印刷有限公司
版　　次 / 2018 年 1 月第 1 版　2018 年 1 月第 1 次印刷
书　　号 / ISBN 978-7-5113-6776-1
定　　价 / 43.00 元

中国华侨出版社　北京市朝阳区静安里 26 号通成达大厦 3 层　邮编：100028
法律顾问：陈鹰律师事务所
编辑部：（010）64443056　　64443979
发行部：（010）64443051　传真：（010）64439708
网　址：www.oveaschin.com
E-mail：oveaschin@sina.com

前言

幸福生活离不开财务管理学

商场如战场。无论是投资者还是管理者，要想在稍纵即逝的商机中做出正确的决策，并攫取更大的财富，就必须随时掌握企业的经营状况和财政状况。这就需要投资者和管理者了解系统的财务管理学方面的知识，不仅要看懂企业的财务报表，懂得如何分析财务报表，还要懂得如何进行会计核算和财务分析。其实，企业的资金筹集、投入、使用和分配的整个过程都与财务管理息息相关，企业的预算、生产、库存、销售和核算等各个环节都离不开财务的调控，并且体现在财务实务之中。另外，企业对经济业务进行的分析、审核等行为必须以会计信息和相关数据作为依据。所以，财务管理是企业管理的重要组成部分，就像是血液一样渗入企业各个环节、各个经济业务之中。

简单来说，财务管理就是企业组织财务活动和处理财务关系的一项经济管理活动。如何实现生产经营和财务状况的相互协调，是企业经营管理的关键；如何通过合理的现金管理、资产管理、成本管理以及税务统筹等手段，来促使企业生产经营顺利持续地进行，并创造更大的经济效益，是企业财务管理的核心内容。

当然，财务管理不仅仅需要财务人员熟练地掌握会计实务方面的知识，更要了解税务方面的常识，做到依法纳税、合理税务统筹，以便为企业赢得更多经济效益。

自从西方的财务管理理论引入中国以来，我们的企业便开始重视对现金管理理念的探索。在市场经济发展日益迅猛的前提下，企业不仅需要掌握先进的财务管理理论，更应该将科学的管理理论和方法应用于生产经营实际之中。可是，在现实生活中，很多非财务人员都认为财务管理是一门晦涩难懂的学科，不容易搞懂。实际上并不是如此，财务管理并不是枯燥的数字及分析，而是具有一定的规律并且是对企业经营状况实实在在的反映。只要我们静下心来，便可以掌握它们所需要的技巧。

《零起步读懂财务管理学》将复杂的财务知识简单化，并通过大量典型的财务故事与案例来进行说明，力求让读者一看就懂。本书向读者阐述了一系列财务问题，比如怎样才能读懂财务报表；怎样才能降低成本；怎样才能规避投资风险；负债率是不是越高越好；为什么销售收入提高了，利润反而降低了；在企业资金短缺的情况下，怎样才能更好地融资等诸如此类的问题。

这些问题都是在实际工作中经常遇到的，本书进行了详细的阐述，并且给出了切实可行的解决方案。相信读者阅读之后，对了解相关财务知识和实务操作必有一定的帮助。管理者读了本书，可以发现企业经营中存在的漏洞，调整经营策略；财务人员读了本书，可以预测财务风险，更好地为企业服务；投资者和股民读了本书，可以判断企业的盈利能力，预测企业面临的风险，获取更丰厚的利润。

另外，财务管理是一门系统学科，读者仅凭掌握的一些理论知识并不能解决相关的财务问题。只有将其运用在实务操作中，在实际工作中不断思考和揣摩，才能更好地借助这些知识在商场中博弈。

目　　录
Contents

—— 第二篇 ——

解读财务报表，了解数字背后的"玄机"

第一章　看懂财务报表，解读企业背后的经营状况

第二章　资产就是企业的家当，把企业构架建立起来

—— 第三篇 ——

掌握会计规则，面对财务操作游刃有余

第一章　做好财务预算，但不要想着一劳永逸

第二章　准确记账，让财务管理有据可依

第三章　正确而清晰地核算，保证财务数据的准确性

—— 第四篇 ——

了解税务缴纳常识，为财务管理增添光彩

第一篇

新手入门，读懂财务管理的常识

读懂财务管理其实并不难，新手不要被那些烦琐的数字所迷惑，
只要了解一些会计语言、会计核算的方式以及懂得财务分析的基本方法，
便可以轻轻松松入门。

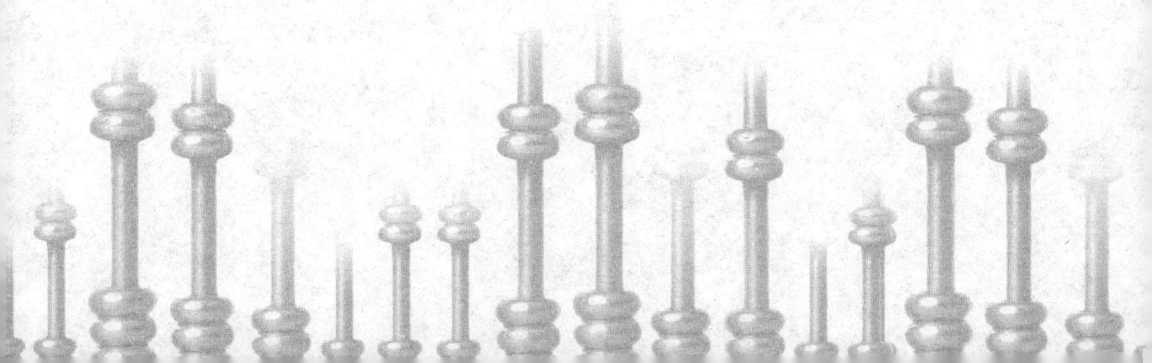

―――― 第一章 ――――

从零开始学习，轻轻松松读懂财务知识

不管财务管理学有多复杂，财务会计报告写得有多厚，

凭证账簿有多少，只要你从基础开始学起，

便可以轻轻松松地读懂财务知识。

◎ 摸清根本，了解财务管理的四个假设

万事万物都应该有一个假设前提，离开了这个假设前提，事物就会变成另外一番样子。比如，在经济学中我们需要对人进行假设，它就是我们研究理论的逻辑基础。

财务管理也是如此，我们想要研究财务活动就应该明确几个前提条件，比如：财务研究的对象是什么；对象主体具有哪些特征；研究对象应该怎样从时间上进行区分；研究应该遵循的标准是什么。现代会计体系就是建立在上面四个问题之上的。我们通常将这些问题称为会计行业的四大假设：会计主体、持续经营、会计分期和货币计量。

1. 会计主体

什么是会计主体呢？

会计主体可以是一个企业，也可以是若干个企业组成的集团；可以是一个法人实体，也可以是不具备法人资格的实体。具体来说，会计主体就是会计核算服务的对象，是会计人员进行会计核算时采取的立场及对空间

活动范围的界定。

按照现行的会计学规定，会计主体可以分为以下几个方面。

（1）能认识和改造会计客体的"会计人"。

（2）单独进行核算的经济实体，也就是我们所说的企业。

（3）会计工作所服务的对象单位。

（4）具有独立资金和经营业务，单独进行核算的单位。

明确会计主体首先应该明确核算对象的问题。这是因为会计的各项要素，比如资产、负债、收入和费用等都是具有共同特性的经济实体。也就是说，会计主体是相互联系的，会计的核算工作应该站在特定会计主体立场上进行。如果不能明确会计主体，资产和负债就无法界定，收入和费用也就无从谈起了。

比如说，每个企业都是一个法人实体，都有固定的资本。企业可以独立地运用这些资本进行生产经营活动，并且进行会计核算和编报会计报表。那么，会计核算时不应该将老板的家庭财产和财务支出算入其中。

需要特别注意的是，会计主体和法律主体有很大区别，两者并不是同一个概念。虽然在日常生活中，我们经常会遇到会计主体和法律主体是同一个的情况，但这里所说的法律主体就是经济上的法人。

一般来说，法律主体必然是一个会计主体，因为一个企业作为一个法律主体，应该建立财务会计系统，并且独立承担法律义务。但是，会计主体并不一定都是法律主体。比如说，一个企业集团拥有若干个子公司，母、子公司虽然是不同的法律主体，但是母公司对子公司拥有控制权，为了全面反映集团公司的财务状况和经营状况，就应该将其作为会计主体，并编制财务报表。在这种情况下，企业集团并不是法律主体，但是它却是一个会计主体。独立核算的销售部门和生产车间是会计主体，但并不是法律主体。还有一种情况，独资与合伙企业在法律上都不具备法人资格，但是他们都是经济实体，在会计处理活动中要把企业的财务活动与所有者个人的财务活动区分开，所以他们也是会计主体。

另外，由企业管理的证券投资基金、企业年金基金等机构不属于法律主体，而属于会计主体，必须对每项基金进行核算、编制财务报告。

2. 持续经营

在实际经济活动中，很多企业因为种种原因破产或是停止经营，但是很多企业还是可以持续地经营下去的。所以，我们假定一个主体可以正常地持续地经营下去，而这个假设就是"持续经营假设"。

所以说，持续经营就是指企业的生产经营活动可以按照当前的规模和状态继续经营下去，在可以预见的将来不会面临破产清算，不会停业，也不会大规模地削减业务。

那么，持续经营对于会计账务处理有什么影响呢？

比如某企业建造了一座厂房，计划投入500万元资金，预计使用20年。在正常的经营条件下，成本不变，并且按照平均每年提取50万元的折旧费计入产品成本，直至折旧期满。如果企业在预见的未来难以继续经营下去，那么这项资产就会被变卖或被废弃。这时，这500万元的成本就没有任何意义了。

也就是说，历史成本计价是企业在正常情况下，所运用的各种经济资源和按照原来的偿还条件偿付其所负担的各种债务。如果企业无法持续地经营下去，那么就不能继续采用历史成本计价，只能采用可变现净值法进行计价。

所以，企业破产了，持续经营的假设就不成立了，日常的财务核算也就不再适用了。在实际经济活动中，我们应该定期对企业持续经营这一前提进行分析和判断。如果发现企业不符合持续经营的假设，就应该改变会计核算的方法。

3. 会计分期

会计分期又叫作会计期间，是指将一个企业持续经营的生产经营活动划分为一个个连续的、长短相同的期间。

为什么我们要进行会计分期呢？

无论是作为企业的投资者还是债权人，都需要及时了解企业的相关信息，分析企业到底是盈利还是亏损。所以，将企业持续的生产经营活动划分一个期间，进行财务确认、计量和报告就具有非常重要的意义。

其实，我们进行会计分期的目的，就是根据这些数据来结算账目和编制会计报表，从而帮助我们及时了解企业的财务状况、经营成果以及现金流量信息。

会计分期将持续经营分成了一个个小期间，并且当期与其他期间存在很大的差别，从而导致权责发生制和收付实现制也产生了很大的区别，进而导致了很多不同的会计方法，如应收、应付、递延、预提和待摊等。

一般来讲，会计期间是一年的时间，而一年确定的会计期间称为会计年度。按照会计年度编制的财务报表就叫作年报。在我国，会计年度就是从每年公历的 1 月 1 日至 12 月 31 日止。

最后值得注意的是，在会计分期假设下，企业应该划分为会计期间、分期结算账目和编制财务报告。会计期间通常可以分为年度和中期、季度和月份。

4. 货币计量

怎样计算一家企业拥有多少资产呢？

比如一栋厂房、100 台机器设备、仓库中的 200 吨的存货以及账户中的现金等等。虽然我们可以直接罗列出这些资产，但是这些资产都有各自的计量单位，如重量、长度、容积、台、件等等，它们只是从另一个侧面反映了企业的生产经营情况，而无法对其进行汇总和比较，更得不到综合反映的资产量。所以我们应该运用统一的货币来计量资产。

货币计量就是采用货币作为计量单位，反映和记录企业的生产经营活动。在市场经济条件下，货币是统一的等价物，所以我们通常都会运用货币这个统一尺度来进行会计核算。在我国，人民币就是记账本位币，是对货币计量这一会计前提的具体化。因为一些企业会涉及外币业务，所以除了人民币，企业也可以选择另外一种货币作为记账本位币。

当然，影响企业财务状况和经营成果的因素有很多，并不都是可以使用货币来计量。比如企业的经营战略、信誉度以及竞争力，企业的技术开发能力，企业的地理位置等等。因为货币量度无法计量这些因素的局限性，企业应该采用一些非货币的指标对财务状况进行补充。

或许有人认为，上面那些内容都是最基本的概念，但是这些基本概念却具有非常重要的作用。正是因为了解了这些最基本的概念，我们才可以划分财务管理理论的边界，让大家弄清财务管理应该研究什么，应该怎样研究。

这些假设内容对于财务管理活动具有非常重要的作用，任何一个概念所发生的细微变化都会导致财务管理的巨大变化。所以，想要彻底地了解财务管理就必须深入地了解这几个假设前提。

◎ 读懂财务语言，与企业直接"对话"

一个企业的经营效益如何，可以用很多方式来表现，但是最基本的方式是财务语言。不管财务管理学有多复杂，财务会计报告写得有多厚，凭证账簿有多少，财务语言都是最主要的载体。我们只要懂得了常见的财务语言，就能真正地与企业对话，了解企业的财务状况和经营状况。

下面我们就了解一些常见的财务语言，以便对企业日常生产经营指标进行更好地了解和评估。

1. 成本

成本就是企业在生产经营过程中发生的各项消耗，包括产品生产费用和期间费用。这些费用可以表现为资产的减少和负债的增加。成本分为固定成本和变动成本，固定成本是指在一定产量范围内与产量增减变化没有直接联系的费用。变动成本是指在相关范围内，其成本总额随着产量的增减变动而成正比例变动的成本。

单位产品是由上述两种成本共同决定的。分清哪些是固定成本，哪些是变动成本对于财务管理非常重要。

某企业主要业务是生产销售 A 产品，在 2015 年购买机器设备花费 10

万元，租用厂房花费 8 万元，而为了生产产品购买原料花费 5 万元，之后还必须支付管理人员工资和员工工资等。

其中，不管你是生产一个产品，还是一万个产品，购买机器设备和租用厂房的费用以及管理人员工资都是不变的，所以这些都是固定成本。而生产的产品越多，需要购买的原料就越多，人工工资也就越多，所以这些都是变动成本。

2. 利润率

利润率是企业利润与全部成本的比值，它反映了企业一定时期利润水平的相对指标，可以考察企业利润计划的完成情况，也可以考察各企业之间和不同时期的经营管理水平。

利润率又称为销售回报率，是净利润和总销售额的比值。企业可以利用销售回报率来衡量其销售额转化为利润的能力。

利润率 ＝ 利润 ÷ 成本 ×100%

销售利润率 ＝ 净利润 ÷ 总销售额 ×100%

除此之外，我们还应该了解几个比率。

资产回报率是对公司投资资产情况的定量描述。资产回报率越大，公司的经营状况越好。而资产回报率就等于定期内的净收入除以总资产。

权益回报率也叫作所有者权益回报率，该衡量标准指由权益所有者提供的融资份额所产生的回报率，它反映了管理者所实现的盈利情况。权益回报率等于收入总额除以所有者权益总额。投资回报率也是一种重要的财务比率，它是衡量投资的现金回报相对于其成本的比值。

3. 会计分期

会计分期又称会计期间，是指将企业持续的经营活动划分为若干个相等的区间，并且在分期内进行会计核算和编制会计报表，定期反映企业某一期间的经营活动和成果。

一般来说，会计期间从每年公历 1 月 1 日开始，12 月 31 日结束，这样的会计期间叫作会计年度。另外，会计期间还可以分为月度、季度和半年度，而小于一个完整会计年度的报告期间称为会计中期。

4. 权责发生制

权责发生制又叫作应收应付制原则，是指收入和费用的确认应该以实际的发生为标准。它是以权利和责任的发生来决定收入和费用归属期的一项原则，是我国企业会计确认、计量和报告的基础。

简单地说，就是一切会计要素的时间确认，尤其是收入和费用的时间确认都应该以权利已经形成或义务已经发生为标准。凡是在本期已经收到和已经发生或应当负担的一切费用，不论其款项是否收到或支出，都作为本期的收入和费用；凡是不属于本期的收入和费用，即便已经在本期收到或支出了，也不应该作为本期的收入和费用。

某企业在本期销售一批价值 8000 元的产品，已经收到客户的货款并存入了银行，那么这笔 8000 元的货款就应该作为本期收入。因为它是本期获得的收入，并且现款已经收到，所以应该当作本期收入。如果企业上期销售了价值 5000 元的产品，本期才收到现款，那这笔 5000 元的收入就不能作为本期收入，因为它不是本期获得的。

5. 市场占有率

市场占有率也叫作市场份额，是指一个企业的销售量（或销售额）在市场同类产品中所占的比重。它是企业对市场控制能力的体现，如果企业的市场份额不断扩大，就会增加企业的市场竞争力，带来更大的经济利润。

其计算公式为：

市场占有率＝公司销售水平/市场总量

衡量市场份额质量的标准主要取决于顾客满意率和顾客忠诚率，也就是说顾客满意率和顾客忠诚率越高，市场份额质量就越好，反之，市场份额质量就越差。

6. 资本支出

资本支出，又称收益性支出的对称，是指会计上视为固定资产增值的所有经费支出，它是企业购建固定资产、无形资产和其他长期资产所支付的现金。

比如企业购置厂房、机器设备的费用支出，构建专利权、商标权等无形资产的费用支出，以及为了研发新技术或提高机器性能而支出的所有费用。

资本支出就是长期资金投入的增加，即购置更新长期资产的支出，减去无息长期负债的增加。而长期资产包括长期投资、固定资产、无形资产及其他长期资产等。

7. 相关成本

相关成本是指对企业经营管理有影响，或在经营管理决策分析时必须加以考虑的各种形式的成本。构成相关成本的三个要素是现金形式（影响现金流），反映与先前成本的变化，影响未来现金流。其中包括以下几方面内容。

（1）机会成本。这是指从备选方案中选择某项方案而放弃其他方案可能丧失的潜在利益。

比如某企业制定了 A、B、C 三个方案，如果选择了 A 这个最佳方案，就必须放弃后两者。它们都可以创造一定的经济效益，那么放弃它们就可能失去潜在的收益。

（2）边际成本。这是指单位产量的变动所引起的成本变动额，是用来判断企业最佳生产量的最重要因素。

比如生产一个产品的成本比较高，而生产 100 个产品时成本就会低很多。

（3）可延缓成本。这是指企业已经决定选用的某一方案，但是如果推迟执行这个方案并不会影响企业大局，那么与这一方案有关的成本就是可延缓成本。比如广告费和员工培训费等。

（4）重置成本。这是指目前从市场上购买同样原有资产所需支付的成本。

（5）付现成本。也叫现金支出成本，是指由于某项决策而引起的需要在未来动用现金支付的成本。如果资金紧张或是资金筹措困难，其支付能力就会下降，这时企业应该将付现成本作为重点考虑对象。

（6）差量成本。这是指由于生产量利用程度的不同而形成的成本差别。它是用来确定企业最佳生产量的因素。

（7）可避免成本。这是指企业可以通过决策行动改变其数额的成本，或是成本发生与否直接同某项备选方案是否选用相关联的成本。

（8）专属成本。这是指某种、某批或某个部门专门拥有的固定成本。比如某企业专门生产某种产品的专用机器设备折旧费。

8. 账面价值

账面价值是指某项资产类科目的账面余额减去相关备抵项目后的净额。其计算公式为：

资产的账面价值 = 资产账面余额 - 资产折旧或摊销 - 资产减值准备

账面余额是指某项目的账面实际余额，作为不扣除该科目备抵的项目，比如累计折旧、相关资产的减值准备等。

9. 摊销

摊销指对除固定资产之外，其他可以长期使用的经营性资产按照其使用年限每年分摊购置成本的会计处理办法。摊销费用一般会计入管理费用中，造成当期利润的减少，但是对经营性现金流没有影响。

常见的摊销资产如大型软件、土地使用权等无形资产和开办费，这些资产可以在长时间内为公司业务和收入做出贡献，摊销期限一般不超过 10 年。一般情况下，摊销的费用比固定资产折旧费用要小很多。

10. 股利

股利指股份公司按发行的股份分配给股东的利润。股息、红利亦合称为股利。股息是指公司根据股东出资比例或持有的股份，按照事先确定的固定比例向股东分配的公司盈余；而红利是公司除股息之外根据公司盈利的多少向股东分配的公司盈余。

主要发放形式有现金股利、股票股利、财产股利和建业股利。

在财务管理学中，有很多重要的财务语言，如资本、负债、费用、财务分析、存货、负债率、权益、会计审核和调账等等。这些语言我们在下面的内容都将详细地阐述，这里就不再详细地介绍了。

◎ 区分财务和会计，其实真的很容易

在日常生活中，很多人都会将财务和会计混为一谈，不知道其中的区别。其实很多企业，会计、财务没有明显的界线，所有的工作都是由一个人承担，可能顶着财务的头衔做着会计的工作，或是顶着会计的头衔做着财务的工作。

其实，财务和会计本身就存在着非常紧密的联系，他们都是企业财务管理中必不可少的重要组成部分。近代会计产生于13~14世纪的意大利，最开始运用的是借贷记账法，随着经济的发展，资本市场得到了迅猛的发展，这时财务才逐渐发展成一个独立的职业。随着分工越来越细化，行业的分别也越来越深化，所以说，财务脱胎于会计，是从广义的会计范畴中某些职能分化出来的。

那么，财务和会计究竟有什么区别呢？

1. 首先是概念上的区别

财务是在一定的整体目标下，关于资产的购置、投资、融资和管理进行整体决策的体系；而会计是以货币为主要计量单位，采用会计方法，对企业的经济活动进行完整、连续、系统地核算和监督，通过对交易或事项确认、计量、记录、报告并提供有关单位财务状况、经营成果和现金流量等信息资料的经济管理活动。

2. 主要职责上的区别

财务的主要职责包括以下几个方面：

（1）协助财务主管建立并完善企业财务管理体系，对企业的财务状况进行日常管理、财务预算、资金运作等各项工作，提升企业财务管理水平；

（2）根据企业中、长期经营计划，编制企业年度财务工作计划与控制

标准；

（3）根据企业相关制度，组织各部门编制财务预算并汇总，上报给财务主管并监督检查各部门预算的执行情况；

（4）监控预测企业的现金流量，监测企业各项财务比率，确定合理的资产负债结构；

（5）负责组织企业成本管理，进行成本预测、控制、核算、分析和考核等工作；

（6）及时汇报企业经营状况、财务收支及各项财务计划的具体执行情况，为企业管理者提供财务分析与预测报告，并提出合理化建议。

会计的主要职责包括以下几个方面：

（1）对企业的财务进行会计核算，及时提供真实可靠的会计信息。其中包括：根据企业实际情况进行记账、算账、报账，做到数字准确、账目清楚，日清月结，按期报账，并且真实地反映财务状况、经营成果和财务收支情况；

（2）对企业实行会计监督。如果发现不真实、不合法的原始凭证，不予受理；对记载不准确、不完整的原始凭证，予以退回，要求更正补充；发现账簿记录与实物、款项不符的时候，应当按照有关规定进行处理；无权自行处理的，应当立即向本单位行政领导人报告，请求查明原因，做出处理；对违反国家统一的财政制度、财务制度规定的收支，不予办理；

（3）拟订企业办理会计事务的具体办法；

（4）参与拟定企业的经济计划、业务计划，考核、分析预算、财务计划的执行情况；

（5）办理其他会计事务。

3. 在岗位设置上也存在着区别

财务一般岗位设置分为预算岗、财务分析岗和资金管理岗。

而会计则分为出纳岗、税务岗、物流岗、明细账岗、总账岗和财务报表岗。

4. 审核的时间范围区别

财务注重的是未来，是基于一定的假设条件，在对企业的历史数据和现实状况进行分析，并对企业的未来经营状况、发展前途进行预测和判断，以便对企业的长期发展进行预测和决策。

会计注重的是过去，必须以过去的交易或事项为依据，是对过去的交易或事项进行确认和记录。核算企业过去一段时间的经济数据、财务收支状况以及各项财务计划的执行情况。

5. 目的和结果的区别

财务的目的是尽可能地让企业财富最大化或价值最大化，它的结果是活的，结果不是唯一的。不同的财务人员由于经验的不同、偏好不同，得出的结论可能也存在着较大的差异。也就是说，财务管理是一门软科学，它赖以存在的基本条件都是假定的，要依据经验、判断、推理做出决策。

会计的目的是为企业制作一本真实的账目，必须保证企业账目的合法性、公允性。其结果是死的，无论任何人对相同的会计业务进行核算，其结果都不会有太大的出入，否则就会对企业的财务核算产生不良影响。

6. 影响其结果的因素不同

财务管理目标的实现，主要受到企业投资报酬率、风险投资项目、资本结构和股利分配政策等因素的影响。

会计结果的实现则主要受到会计政策、会计估计、会计方法等因素的影响。而企业所选定的相关政策会计估计，不仅要受到国家统一会计制度的影响，也要受到会计人员的专业素养的影响。

7. 两者的分类也存在着区别

财务可以分为出资人财务和经营者财务；而会计则分为对外报告会计和对内报告会计。

出资人是指独立于经营者之外的投资者、债权人，既包括现实中的出资人，也包括潜在的出资人。出资人通常关心的是被出资单位对外提供的财务会计资料，而经营者除了关心对外提供财务会计资料外，更关心的是企业内部的管理会计资料。

8. 处理信息的方式不同

财务的工作是利用企业各方的信息以及各种财务分析工具，为企业制定合适、合理的经营方案提供财务支持。

会计的工作是利用信息创造价值，这些信息不仅包括了会计信息，还会结合税务、金融、行业、企业内部、供应商和客户等企业各方面的信息。

虽然财务和会计经常被外行人相提并论，很多企业也存在着会计人员和财务人员不分家的情况，但是这并不意味着财务人员可以直接利用会计创造的相关信息。虽然会计和财务有着千丝万缕的联系，但是只要我们弄清楚他们的区别，就可以更有效地为企业服务。

◎ 工资并不等于人工成本

很多人认为企业的职工工资就是人工成本，其实这是一种误区。人工成本不仅包括员工工资，还包括很多内容，如工资、社会保险和职员福利等。但是，工资却是人工成本最重要的组成部分。

人工成本是指一定时期内企业在生产经营和提供劳务活动中使用劳动力时发生的全部费用。这些费用包括职工工资总额、社会保险费用、职工福利费用、职工教育费用、劳动保护费用、职工住房费用和其他人工成本支出。

（1）职工工资总额。

职工工资总额是指企业在某一特定时期内，以货币形式直接向企业全部职工支付的劳动报酬总额。主要包括计时工资、计件工资、奖金、津贴补贴、加班加点工资和特殊情况下支付的工资。

（2）社会保险费用。

社会保险费用是指企业按照国家相关法律规定，应该承担的各项社会保险费用。主要包括养老保险、医疗保险、失业保险、工伤保险和生育保险等费用。这一部分费用只包括了企业应缴纳的那部分，个人应缴纳的那部分不计入其中。

（3）职工福利费用。

职工福利费用是指除了工资之外，企业按照国家相关法律规定，应该承担的各项福利费用。其中包括了医疗卫生费、职工因工负伤赴外地就医路费、职工生活困难补助、文体宣传费、集体福利事业补贴等费用。

值得注意的是，职工的福利设施包括了职工食堂、托儿所、幼儿园和浴室等设施，而文化福利设施则包括文化宫、俱乐部、青少年宫、图书室和老年人活动中心等设施。

（4）职工教育费用。

职工教育费用是指企业为提高员工技术水平和文化水平而支付的费用，其中包括了就业前培训、在职培训、转岗培训和派外培训等培训费用。另外企业为了提高员工职业或文化水平，还可能资助创办大中专、职业技术院校等，这些活动所发生的费用都属于职工教育费用的范畴。

（5）劳动保护费用。

劳动保护费用指企业为了保证员工的身体健康和安全，为员工购买劳动保护用品的费用，而劳动保护用品主要包括工作服、防护服、保健用品和清凉用品等。

（6）职工住房费用。

职工住房费用指企业为改善职工的居住环境而支出的费用，其中包括职工宿舍的折旧费、职工租房的租金、企业交纳的住房公积金、实际支付给职工的住房补贴以及企业住房的维修费和管理费等。

除此之外，企业的人工成本还包括了工会经费、职工招聘费、咨询费、外聘人员劳务费、职工做出突出贡献的奖励、解除劳动合同或终止劳动合同的补偿费用等等。

企业的人工成本多种多样，那么怎样才能保证人工成本具有合理性呢？

其实，分析人工成本是否合理的关键在于其分析体系的合理性，它主要分为三类，即人工成本总量指标、人工成本结构性指标和人工成本效益指标。

（1）人工成本总量指标。

它反映了企业人工成本的总量水平。由于企业的职工人数不同，所以财务管理总是利用人均人工成本来反映企业人工成本水平的高低。它不仅反映了企业职工平均收入的高低，还反映了保险福利水平，有利于企业吸收更多的人才，提高企业职工的积极性，更有利于企业的生产发展。

（2）人工成本结构性指标。

人工成本结构指标是指人工成本各组成项目占人工成本总额的比例。它反映了企业人工成本的构成情况，其构成是否合理。

（3）人工成本效益指标。

人工成本效益指标是人工成本分析的核心指标，也是企业进行人工成本分析控制最常用的指标，它主要包括了劳动分配率、人事费用率、人工成本利润率和人工成本占总成本比重。其中劳动分配率、人事费用率是最主要的指标。

其计算公式分别为：

劳动分配率 = 人工成本总额 / 同期增加值 ×100%

人事费用率 = 人工成本总额 / 销售收入 ×100%

人工成本利润率 = 利润总额 / 人工成本总额 ×100%

人工成本占总成本比重 = 人工成本总额 / 同期总成本 ×100%

通过计算上面的几项比率，我们可以清楚地知道企业人工成本投入产出水平的高低，企业投资人工成本与产出之间的比例，以及企业的经济效益等情况。

一般情况下，如果一个企业的人工成本利润率越高，说明企业人工成本取得的经济效益效果就越好，反之，企业人工成本取得的经济效益就越差。

所以说，人工成本是最复杂的成本，只有通过对它进行全方位的分析，才能知道这些成本支出是否花得有价值。

例：

2015 年某企业的利润总额是 100 万元，人工成本总额是 500 万元，那么它的人工成本利润率就是：100/500×100%=20%。这说明这家企业在人工成本中每投入 100 元就可以赚取 20 元的利润。

那么，企业应该如何确定企业职工的人工成本呢？它又受到哪些因素的影响呢？

其实，其影响因素主要包括三个方面：

（1）本企业的实际支付能力。

企业的支付能力是影响人工成本支出能力的最主要因素。而影响企业支付能力的因素则有实物劳动生产率、销货劳动生产率、人工成本比率等。

（2）员工的生计费用。

随着物价和居民生活水平的变化，企业也可能会随时调整合理的人工成本。如果企业支付的工资不足以支付员工的日常生活需要，那么就会导致员工积极性下降甚至跳槽。

（3）工资的市场行情。

一般来说，企业在确定职工工资时会考虑市场的行情，与其他企业同类型劳动者的工资进行比较。比如某市某行业销售经理的薪酬基本维持在 6000~8000 元之间，企业在确定销售经理薪资时，会根据自身情况在这个范围确定数额。

总而言之，企业的人工成本并不等于工资，它是由很多因素构成的，也受到很多因素的影响。

◎ 弄清借贷记账法，明确把握企业价值的变动

企业记账有很多种方法，不过在实际财务管理中，最常用的方法就是借贷记账法。

借贷记账法是以会计等式作为记账原理，以"借""贷"作为记账符号来反映经济业务增减变化的一种复式记账方法。

这里所说的"借""贷"并不是指生活中欠了别人什么，它们是记录经济活动引起的企业价值变动的符号。运用这一符号，我们可以清晰地看清企业价值变动的全过程。

借贷记账法是当今社会普遍使用的一种记账方法，起源于 13 世纪的意大利，后来逐步被世界上许多国家广泛使用。"借""贷"已经成为了通用的国际商业语言，它的理论基础就是我们前面说过的"资产＝负债＋所有者权益"这一会计恒等式。

例 1：

某食品公司购买机器设备花费 10 万元，用现金支付定金 2 万元，以银行存款方式支付 8 万元。该公司固定资产增加 10 万元，"借方"记录增加，借记 10 万元；现金和银行存款分别为 2 万元和 8 万元，"贷方"记录减少。所以会计分录如下：

借：固定资产　10 万

贷：库存现金　2 万

　　银行存款　8 万

例 2：

某数码公司销售数码相机收入为 4 万元，货款尚未收到；以现金支付客户账款 8000 元。该数码公司销售收入增加 4 万元，贷方记录增加，但是货款没有收到，是应收账款增加 4 万元，借方记录增加。支付客户账款8000 元，是库存现金的减少，贷方记录的减少，而应付账款的减少应计入借方。所以会计分录如下：

借：应收账款　　4 万

　　应付账款　　0.8 万

贷：主营业收入　4 万

　　库存现金　　0.8 万

借贷记账法的基本结构是：每一个账户都可以分为"借方"和"贷方"。一般来说，所有账户的结构都是左方为借方，右方为贷方，借贷双方必须作相反方向的记录，如下图所示：

账户名称

企业名称：　　　　　　　　　　年　月　日　　单位：　元

借　　方	贷　　方

　　另外，不同性质的账户，借贷双方所登记的内容也有所不同，自然结构也有所不同。下面我们就详细介绍各类账户的结构。

　　1. 资产类账户的结构

　　在资产类账户中，借方记录了资产的增加数额，而贷方则记录了资产的减少数额。期末余额则会列在借方。

　　其计算公式为：

　　资产类期末借方余额＝借方期初余额＋本期发生额－本期减少额

　　2. 负债类账户和所有者权益类账户的结构

　　负债类和所有者权益类账户的结构与资产类账户的结构正好相反，贷方记录负债和所有者权益的增加额，而借方记录负债和所有者权益的减少额，期末余额则列在贷方。

　　其计算公式为：

　　负债和所有者权益类账户期末余额＝期初余额＋本期贷方发生额－本期借方发生额

　　3. 成本费用类账户的结构

　　成本类账户的结构与资产类账户的结构相类似，借方记录费用成本的增加额，贷方记录费用成本的减少额。因为借方记录的费用成本增加额一般都是通过贷方转出的，所以这项账目通常没有余额。如果有余额的话，也表现借方余额。

4.收益类账户的结构

收益类账户的结构与负债和所有者权益类账户的结构相类似，贷方记录了收入的增加额，借方记录了收入的减少额。通常，收益类账户也没有期末余额，如果有余额的话，同样也表现为贷方余额。

各类账户的结构如下图：

账户类型	借方	贷方	余额方向
资产类	增加	减少	借方
负债类	减少	增加	贷方
所有者权益类	减少	增加	贷方
费用类	增加	减少	一般无余额
收益类	减少	增加	一般无余额

借贷记账法不仅可以防止和减少记账差错，还有利于企业分析相关经济业务，加强经济管理。同时，在实际操作中，会计人员应该遵循相关记账原则，即有借必有贷，借贷必相等。

具体来说，在运用借贷记账法记账时，对于每项经济业务既要记录一个（或几个）账户的借方，也要记录另一个（或几个）账户的贷方，这就是有借必有贷。账户借方记录的金额与账户贷方的金额必须要保持一致，也就是借贷必相等。记账时，所记录账户可以是同类账户，也可以是不同类型的账户。但是记账的方向却是不同的，不能全都记入借方或是贷方。

——— 第二章 ———

会计就是与钱打交道，明确会计的职责和义务

会计人员就是每天与钱打交道的人，
我们不仅要明确会计的职责和义务，更要搞懂如何做账、记账和结账。

◎ 会计本身就是与钱打交道的人

会计人员就是每天与钱打交道的人。无论是大小企业，还是事业单位、行政机构等单位都必须根据实际需要配备一定数量的会计人员，他们就是从事会计工作的专业人员。主要的任务就是进行会计工作、处理会计业务及完成会计任务。

会计人员有很多岗位分类，一般可以分为会计部门负责人、主管会计、会计和出纳等。按照专业技术职务来分类，可以分为高级会计师、会计师、助理会计师和会计员等。那么，会计人员的主要职责是什么呢？简单来说，就是及时提供真实可靠的会计信息，积极参与企业的经营管理，并且提高企业的经济效益。会计人员的主要职责包括以下几点：

1. 进行会计核算

会计核算是会计人员最基本的职责之一，就是对会计主体已经发生或已经完成的经济活动进行的事后核算。也就是会计人员在工作中进行记账、算账和报账，它可以及时地为企业和投资者等提供真实可靠的信息。

合理地进行会计核算不仅可以保证财务管理工作的质量，更可以提高

会计工作效率，以便及时正确地编制会计报表，如实反映企业的财务状况、经营成果以及盈利情况。

同时，在会计核算过程中，应该注意做到手续完备、内容真实、数字准确、账目清楚和按期报账等。

2. 实行会计监督

会计监督是会计人员最基本的职责之一，是会计人员对企业经济活动的合法性、合理性和会计资料的真实性、完善性，以及内部预算执行情况所进行的监督。

具体内容包括以下几个方面：

（1）对会计凭证、账簿等会计资料进行监督，对不真实、不合法的原始凭证，不予受理。对记载不准确、不完整的原始凭证，予以退回，并且要求更正补充；

（2）保证会计凭证、会计账簿和会计报表等会计资料的真实性、准确性、完整性、合法性；

（3）如果发现账簿记录与实物、实际款项数额不相符，应该按照有关规定进行处理。如果无权自行处理，应该立即向财务主管报告，请求查明原因并进行处理；

（4）对企业各种财产和资金进行监督，保证各项财产和资金得到合理地使用，避免浪费、闲置；

（5）对企业的各项财务支出进行监督，确保支出项目和数额符合企业相关规定；

（6）对企业的各项成本费用进行监督，确保成本费用的利用合理，以最小的成本费用创造出最大的经济效益；

（7）对企业利润的实现和利润分配进行监督，按照规定缴纳相关税金，保证利润分配的合法性和合理性，以及公正公平性；

（8）如果发现企业有违反国家统一的财政制度、财务制度规定的收支，应该拒绝予以办理。

3. 制定企业办理会计事务处理的具体办法

会计人员要根据国家的会计法规、财政经济政策以及本企业的具体情况，制定出本企业经济工作必须遵守的具体办法。

其中包括：会计科目的设置及其使用方法的规定；有关凭证、账簿、记账程序的规定；有关资产、负债、所有者权益、收入、费用及利润等要素具体核算的规定；有关成本计算与收益分配核算的规定；财务报表以及编制的规定，以及会计档案保管、销毁办法的规定等。

4. 参与制订企业的各项计划

包括经济计划、业务计划，以及其他会计事务。并且对企业的财务计划、财务计算的执行情况进行考核、分析。

权利和义务是相辅相成的，会计人员对于企业经济活动具有很重要的作用。所以为了保证会计人员合理合法地履行自己的职责，我国的《会计法》同样赋予了他们相应的权利，以便更好地管理企业的财务。

◎ 做账——会计人员的必修课

企业会计进行账务处理的整个过程，就是做账。从开始填制凭证到会计结算，再到编制报表的全过程以及其中的各个环节，叫作会计实务。

随着市场经济的发展，以及经济业务的不断创新，如何更准确地处理每一笔业务成为会计人员的一门必修课。

一般来说，企业做账应该遵循下面一系列的流程：

1. 根据原始凭证编制记账凭证；

2. 根据记账凭证编制科目汇总表；

3. 月末作计提、摊销、结转记账凭证，对所有记账凭证进行汇总；

4. 根据记账凭证和科目汇总表登记会计账簿，其中包括总账和明细账；

5. 进行结账、对账，力求做到账证相符、账账相符和账实相符；

6. 根据会计账簿（主要是总账）编制财务报表，其中包括资产负债表、利润表和所有者权益表；

7. 根据财务报表编制企业需要纳税的纳税申报表；

8. 根据财务报销进行年终结转损益，也可以逐月进行结转损益；

9. 根据会计账簿编制年度财务报表，包括资产负债表、利润表、现金流量表；

10. 根据年度财务报表编制所得税年报和其他各税种的汇算清缴自查表。

我们通过下面的形式来简单说明会计做账的整个流程：

取得原始凭证——制作会计凭证——月底汇总做科目汇总表——登记总账——按照会计凭证登记明细账以及库存账——总账和明细账核对——制作财务报表——申报纳税——留底报表存档。

会计做账的过程，必须按照我国最新企业会计准绳为根据，并且真实地反映企业财务状况和经营成果，同时还要结合税法的规定。

做账是会计人员最基本的工作内容，也是企业进行财务管理的关键。如果会计人员不能熟练地做账甚至在这个过程中出现差错，会直接影响到企业会计信息的真实性，给财务核算以及管理造成严重后果。所以，会计人员在这个过程中一定要谨慎认真，尽职尽责，保证会计信息的真实有效。

◎ 结账——会计核算的前提条件

企业在连续不断地进行各项经济业务的过程中，为了考核某一会计期间的经营成果，考核和核算这一期间的财务活动状况，通常都会定期地进行结账。也就是说，在将一定时期内所发生的经济业务全部登记入账的基础上，对各种账簿上的会计信息进行结算，主要可分为结算本期发生额和期末余额。

1. 结账的基本类型

由于账簿种类繁多，所以会计人员在进行结账时，可以根据账簿的实际需要来采用不同的结账方法。一般可以分为月结、季结和年结三种类型：

（1）月结主要包括现金日记账、银行存款日记账。这类账簿平时只需对本月发生额进行结算就可以了。但是到了每年 12 月末时，企业既需要对本月发生额进行结算，也需要对本年发生额进行结算。

（2）季结是按照季度进行结算，一般银行需要按季度进行结算，因为银行需要按季度付息。

（3）年结是在年度终了时进行结账，它是对全年经济业务的总结。大部分账簿在年终时都需要进行年结，这样才能对企业全年度经济业务进行核算。

2. 结账的主要内容

一般来说，结账的主要内容包括以下几点：

（1）检查企业本期内日常经济业务是否已经全部登记入账，如果发现漏账、错账的情况，应该及时进行补记和更正；

（2）权责发生制的企业，应该按照权责发生制的要求来进行账项调整的账务处理，以计算确定本期的成本、费用和收入等；

（3）企业应该将利润类科目计入"本年利润"，并对所有利润类科目进行结算；

（4）在本期全部经济业务全部都登记入账的基础上，结算出所有账户的本期发生额和期末余额。

会计人员在结算时，应该根据实际情况及时进行结账，不仅要遵循会计结算规范，更要注意相关事项。

3. 结账时应该注意的事项

在实际工作中，会计人员要注意以下四点：

（1）根据不同的账户记录，分别采用不同的结账方法。日常工作中，并不是所有的会计项目都需要按照计算结出本期发生额，比如各项应收款明细账、财产物资明细账等。所以会计人员应该养成一个良好的习惯，就是每次记账以后都结出这些项目的余额，这样一来每月最后一笔余额就是月末余额。而在月末结账时，会计人员只需要在最后一笔经济业务记录下划一条单红线就可以了。

那些需要按月结计发生额的明细账，应该在最后一笔经济业务记录下面划一条单红线，并且结出本月发生额和余额。需要注意的是，应该在摘要中注明"本月合计"字样，在下面再划一条单红线。

而那些需要在本年结算累计发生额的明细账户，比如产品销售收入、成本支出等账户，会计人员应该在"本月合计"下结计自年初起至本月末止的累计发生额，并且登记在月份发生额下，然后在摘要中注明"本年累计"字样，并在下面再划一条单红线。而12月末的"本年累计"就是全年累计发生额，需要在下面划双红线。

（2）结账时应该如何划线。会计人员在结账时，应该在"本月合计""本年累计"下面划线，目的是为了突出本月合计数及月末余额，表明本期的会计记录已经结束，并且将本期与下期的记录区分开。另外，月结应划单线，年结应划双线。划线时，必须要化红线，且要划通栏线。

（3）结账时是否用红字结账。在账簿记录中，如果使用红字就代表特别的含义，表示蓝字金额的减少或负数余额。会计人员在结账时，如果出现负数余额就可以用红字进行余额登记。但是如果余额栏前注明了余额的方向，就应该用蓝黑墨水登记。

（4）账户余额的填写。会计人员在每月进行结账时，应该将月末余额和本月最后一笔经济业务记录写在同一行。但是在结算各种成本、费用、收入等明细账时，应该将月末余额和本月发生额写在同一行，并在摘要中注明"本月合计"字样。

◎ 会计应该核算些什么——会计六要素

财务管理，通俗地说就是如何管"钱"，但是财务管理中的"钱"和我们日常生活中的"钱"并不是同一个概念。在生活中，我们一般只需要考虑两个问题就可以了，那就是怎样赚取更多的钱与怎样花钱。

但是，对于一个企业来说，应该核算的对象却包含很多包容。比如我们要明白这些钱从哪里来，这些钱被花到了哪些地方；哪些钱可以为企业创造利润，我们可以收获多少利润；哪些钱应该花哪些钱不应该花；我们向谁借了钱，借了多少钱等等。

在复杂的经济行为以及专业的财务管理中，"钱"被赋予了不同的含义，并且具有不同的作用。明确会计应该核算些什么内容之后，我们也就知道了这些钱的名目和意义，同样也就知晓了财务管理所应有的专业思维方式。而这些所谓的名目就是财务管理所说的六项基本要素。

为了明白财务报表中各项因素的要点和相互关系，我们不妨先看一个简单的事例。

你和朋友注册了一家销售公司，最初你投入20万元，你朋友投入10万元，后来另一朋友觉得公司前景良好，也决定与你们共同创业，于是投入10万元资金。公司运营一段时间后，你们发现资金不足够支撑公司的正常运营，于是你们决定用公司固定资产作为抵押，向银行贷款10万元。

这样一来，你们公司总资产便是50万元，其中40万元是你与两位朋友的投资，你们分别拥有相应的权利，你们作为企业的投资者就是资产的所有者，这些资产便是所有者权益。这时它包含着两方面的内容，就是告诉我们公司此时拥有什么；此时哪些人对这40万元拥有权利。而你们向银行借贷的10万元，便是你们公司所需要承担的债务，即负债。

随后，你们的公司经过一年的努力经营，获得了销售收入10万元，其中购入商品的成本、雇佣员工等所产生的费用是5万元，最终你这一年的利润便是5万元。

通过上面的事例，我们便可以总结出财务报表的六大要素：即资产、负债、所有者权益、收入、费用和利润。而这些要素在会计学上被统称为会计要素，它是企业会计核算内容的具体化要求，也是构成财务报表的基本构成要素。前三者是直接反映一个企业财务状况的数据，而后三者则是企业是否赚钱的综合反映。

1. 资产

资产是指企业过去的交易或者事项形成的由企业拥有或者控制的，并且预期会给企业带来经济利益的资源。它的核心价值在于预期未来会为企业创造经济利益。

所以，确定一项资源是否属于资产时，必须同时满足以下两个条件：

（1）预期能产生直接或间接的经济利益。这里所说的经济利益是指直接或间接地流入企业的现金或现金等价物。

（2）该资源的成本或者价值可以可靠地计量。

根据这个定义，我们可以概括出资产的一些特征：

（1）资产预期能够直接或间接地给企业带来经济利益。没有交换价值和使用价值，且不能给企业带来未来经济利益的资源就不能归入资产范畴。比如待处理财产损失，已经毁损的存货，这些都已经不能给企业带来经济利益，所以不算是资产；

（2）资产必须是由企业所拥有或控制的资源。尽管企业的资产有很多不同的来源，但是一旦进入了企业并成为企业的资产，就必须由企业自主经营、运用和处置；

（3）资产是由过去的交易或事项形成的。谈判中的或计划中的经济业务并不属于资产的范畴。比如，某个投资公司计划投资 500 万给 A 公司，目前合同正在签订和谈判之中，那么这笔资金就不能计入 A 公司的资产之中。

2. 负债

负债是指由企业过去的交易或者事项形成的现时义务，预期会导致经济利益流出企业。如果说资产是企业的权利，那么负债就是企业在现行条件下应该承担的义务。

根据这个定义，我们可以总结出负债的以下特征：

（1）负债是企业必须承担的现时义务。未来发生的交易或是事项而形成的义务就不属于现时义务，所以不应该确定为负债；

（2）负债是由过去的交易或事项形成的；

（3）负债的清偿会导致企业经济利益的流出。

3. 所有者权益

所有者权益，又叫作股东权益，是指企业资产减去负债后的余额。它是所有者在企业资产中享有的经济利益，其来源包括所有者投入的资本、直接计入所有者权益的利得和损失、留存收益等。

我们可以概括出以下几个特征。

（1）所有者权益在企业经营期内可供企业长期、持续地使用，企业无须偿还本金；

（2）企业所有人可以凭借对企业投入的资本，享受税后分配利润的权利；

（3）企业所有人有经营管理企业的权利，或是委托他人管理企业的权利；

（4）有权利就有义务。所有者对企业的债务和亏损负有无限的或有限的责任。

4. 收入

收入是指企业在销售商品、提供劳务及让渡资产使用权等日常活动中形成的经济利益的总流入。通常来说，收入包括了销售商品收入、劳务收入、让渡资产使用权收入、利息收入、租金收入和股利收入等。

企业收入的来源渠道多种多样，不同的来源也具有不同的特征，所以想要了解收入的具体含义，就必须明确其共同特征。

5. 费用

费用是指企业在销售商品、提供劳务等日常活动中产生的经济利益的总流出。费用产生的形式表现为资产流出企业、资产损耗或负债增加而导致的所有者权益的减少。

按照用途来区分，费用可以分为生产成本和期间费用。

生产成本是指企业为生产一定种类和数量的产品所发生的费用。包括直接材料、直接人工和制造费用。

期间费用是指直接计入发生当期损益的费用。包括管理费用、财务费用和销售费用。也就是在产生过程中除去生产成本之外的费用。

另外，费用按照经济内容可以分为以下几种。

（1）外购材料；

（2）外购燃料、动力；

（3）工资及职工福利费；

（4）折旧费；

（5）利息支出；

（6）税金；

（7）其他费用，是指不属于以上各种费用要素的费用支出。

6. 利润

利润也叫作净收益。从广义的含义来说，就是收入减去费用的余额。从狭义上来说，就是收入减去费用后的余额、直接计入当期利润的利得和损失等。实际上利润就是企业盈利的表现形式，它反映了一个企业的盈利能力。

利润具有下面几个特征：

（1）利润是企业一定时期最终财务成果的体现；

（2）利润是按照配比性原则计量的，也就是说是一个企业一定时期内收入减去费用的结果；

（3）企业的利润具有较强的获取现金的能力；

（4）在经济行为中，利润受到了很多因素的影响，所以其计算有很大的主观判断成分，具有可操纵性。

◎ 会计恒等式——财务管理必须遵守的铁律

任何企业进行生产经营活动时，就必定会产生一定的资产。每一项资产都可以一分为二地看，这样我们就不难发现，任何资产都是经济资源的一种表现形式，有的是机器设备，有的是现金、银行存款等形式。另一方面，这些资产都按照一定的渠道流入企业，有的是投资者的投资，有的是银行的贷款等。也就是说，企业中任何资产都有相应的权益，谁提供了资产谁就对资产拥有相应的权益。

在财务管理活动中，我们需要对这些要素进行有效地处理。会计恒等式就是会计处理财务的重要准则之一。

它有效地将资产、负债、所有者权益、收入、费用和利润等关系联系在一起，对于一切会计工作具有十分重要的意义。这些等式不仅深刻地反映了会计的基本构架和本质属性，更反映了各要素之间的变化规律。

同时，会计恒等式是财务报表编制的基础条件，所以我们在系统地了解财务管理知识之前，必须了解这些等式的具体内容。会计恒等式主要分为三种形式，即静态的会计等式、动态的会计等式以及动静结合的会计等式。

第一种：会计等式——静态的会计等式

企业进行生产经营活动时，资金来源主要来自两个方面：即自有资金和外来资金。外来资金包括投资者的投入、向银行或债权人的借债。也就是说，这些资金和投入物（包括机器、设备等）就是企业资产，其中来源于债权人或是银行的资金就是负债，来源于投资者的资金就是所有者权益。

这样一来，这几个会计要素之间就形成了第一个基本恒等式：

资产 = 负债 + 所有者权益

这个恒等式反映了企业资金运动的静态状况，以及资产、负债、所有者权益之间的平衡关系。换句话说，这个恒等式表现了企业在某一时期内，资产、负债和所有者权益的对等关系，它也是会计编制资产负债表的基本依据。

通过这个等式，我们可以看出股东与债权人在企业的资产中究竟占据了多大的比重。所以说，在负债不变的情况下，资产和所有者权益同向变化。

第二种：会计等式——动态的会计等式

所有企业经营的目的都是赚钱，资产一旦投入生产中就必然会产生费用和收入。但是在等式中，我们并不能看到企业到底是赚钱了还是亏本了。所以我们就需要这个等式来弄清楚企业的盈利状况。

收入 − 费用 = 利润（或亏损）

如果利润的数额大于零，那么企业就是赢利；如果利润的数额小于零，那么企业就是亏损。

因为我们可从不同阶段企业利润的变化分析出企业的盈利状况，所以这一等式被称为动态的会计等式。也就是说，我们既可以利用它计算出一个企业一年内的盈利状况，也可以计算出它 6 个月内的盈利状况。所以它是会计编制"利润表"的主要依据。

第三种：会计等式——动静结合的会计等式

第一个等式只能反映一个企业资金运动的静态情况，而第二个等式只能反映企业资金运动的动态情况。但是这两个等式都有一定的局限性，我们无法得知企业究竟有多大规模。况且，在实际生产经营中，资产投入生产后在产生费用的同时也会产生收入，利润在转化为资产后还用于下一轮的生产。

也就是说，企业利润的增加一方面增加了所有者权益，另一方面也增加了企业资产或是减少了企业的负债。所以就产生了第三个恒等式：

资产 + 利润 ＝ 负债 + 所有者权益 +（收入 — 费用）

需要注意的是，等式三并没有破坏等式一，当企业的利润进行分配后，分为股东收益和一部分税款之后，等式三就变成了等式一。所以说，会计六要素之间不论怎么变化，最终都会回到"资产 ＝ 负债 + 所有者权益"这一等式。

最后，每一项会计要素的变化都会改变等式的内部结构，但是等式两端的数额永远都是相等的，并且这一恒等关系并不以人的主观意志为转移。

—————— 第三章 ——————

懂得财务分析的方法，解读数字背后的秘密

财务管理中数字本身并不是关键，只有解读数字背后的秘密，
我们才能了解企业真实的赚钱能力和经营状况。

◎ 财务分析，最应该知道几个比率

财务报表中涉及很多数字和财务指标，我们仅仅查看这些数字和指标并不能客观地了解企业的经营状况和盈利情况，所以对财务报表进行分析就成了必不可少的步骤，它可以让我们更透彻地了解这些数字背后的意义。

比率分析是解读企业财务报表的最基本、最常用的方法，也是各类分析法中最简捷、揭示力最强的一种分析法。那么，我们想要更好地运用这个方法，就必须先搞懂什么是比率，哪些比率可以帮到我们，我们又应该如何利用这些利率等等。比率就是两个数相比所得的值，在数学中，任何两个数字都可以计算出比率，但并不是所有比率都有价值和意义。想要使所计算的比率具有某种意义，计算比率的两个数就必须具有某种关联，互不相联的两个数据即便放在一起计算，也没有任何实际上的意义。

在财务报表中，我们将一些有重要内在联系的数据指标进行计算，而计算出来的数值就是我们常说的财务比率。比如，企业的资产总额和负债总额间重要的联系，当我们将两个数值进行计算时，就会得出企业的资产负债率。我们可以用公式来表示：

资产负债率 = 负债总额 / 资产总额 ×100%

这一比率反映了企业的负债情况以及经营情况。

而一个企业的利润和成本也具有重要的关联，所以利润和成本的比率就是企业的利润率，它反映了企业的盈利情况。用公式来表示就是：

利润率 = 利润 / 成本 ×100%

那么，在财务报表的分析中，我们需要知道哪些比率关系呢?

1. 流动比率

流动比率就是流动资产与流动负债的比值，它是用来衡量企业流动资产在短期债务到期之前，变为现金用于偿还负债的能力。

用公式来表现就是：

流动比率 = 流动资产合计 / 流动负债合计 ×100%

一般来说，这个比率越高，企业资产的变现能力越强，短期偿债能力也越强;相反，这个比率越低，企业资产的变现能力越弱，短期偿债能力也越弱。一般来说，流动比率应在2：1以上。当这个比率为2：1时，说明企业的流动资金是流动负债的两倍，即便流动资产在短期内不能变现，企业也可以保证偿还全部的流动负债。

如果某个企业的流动比率低于正常值，那么企业的短期偿债风险就会增大。而企业的营业周期、流动资产中的应收账款数额和存货的周转速度都是影响流动比率的主要因素。

但是需要注意的是，流动比率高的企业它的偿还短期债务的能力并不一定就非常强，因为流动资产不仅包括现金、有价证券、应收账款这些变现能力强的资金，还包括存货、待摊费用等变现时间较长的货物。如果企业中存在存货积压、滞销、残次和冷背等情况，那么偿债能力自然就会降低。

2. 速动比率

速动比率是速动资产对流动负债的比值。与流动比率一样，它也是衡量企业流动资产中可以立即变现用于偿还流动负债能力的重要指标。

速动资产包括货币资金、短期投资、应收票据、应收账款、预付账款及其他流动资产，这些资产可以在短时内变现。而流动资产中的存货及1

年内到期的非流动资产不应该计入其中。

用公式来表示就是：

速动比率 =（流动资产 - 存货）/ 流动负债 ×100%

一般来说，速动比率应该维持在 1 ∶ 1，也就是说企业的每 1 元流动负债都可以变现为 1 元的流动资产来抵偿，它是短期偿债能力最可靠的保证。速动比率并不是越低越好，如果速动比率过低，企业的短期偿债风险就会降低；速动比率过高，就说明企业在速动资产上占用资金过多，会使得企业投资的机会成本增加。

应收账款的变现能力是影响速动比率可信性的重要因素。但是账面上的应收账款并不一定都能短期变现，所以这个数字也并不是非常可靠。

3. 存货周转率

存货周转率是企业一定时期销货成本与平均存货余额的比值，它是用来反映存货周转速度的比率，即考察企业的存货流动性和存货资金占有量是否合理。企业通过观察这个数据提高自己的资金使用效率，增强短期偿债能力。

其计算公式是：

存货周转率 = 产品销售成本 /［（期初存货 + 期末存货）/2］×100%

它是企业存货管理水平的高低的具体体现，也是整个企业管理的重要内容。一般来说，存货周转率的数字是 3，存货周转率越高，企业存货资产的变现能力越强，存货转为资金的速度也就越快。而存货的周转速度越快，流动性越强，存货转换为现金或应收账款的速度也越快。

在现代企业管理中，管理者通常会运用这个数据来观察企业的短期偿债能力，从而评价企业的经营业绩以及绩效。

与存货周转率相关的还有一个存货周转天数，它就是企业购入存货、投入生产到销售所需要的天数。

其计算公式是：

存货周转天数 =360/ 存货周转率 =［360×（期初存货 + 期末存货）/2］/ 产品销售成本

一般这个数值为 120，它同样反映了企业存货的周转速度，以及企业的变现能力。

4. 产权比率

产权比率是企业负债总额和股东权益总额的比率。其计算公式是：

产权比率 ＝（负债总额／股东权益）×100%

通过这个数值我们可以看到企业的资本构成是否合理、稳定，也可以让股东们看到自己的权益是否得到了保障。

一般说来，这个比率在 1.2 左右，产权比率越低，股东的权益越有保障，同样得到的报酬就会降低；相反产权比率越高，股东的权益面临的风险就越高，获得报酬也就越高。

5. 销售净利率

不论是投资人还是债权人，最关心的问题就是企业的盈利能力，而在分析企业盈利能力时，就必须分析企业的利润率。我们可以通过企业的销售净利率、资产净利率等数值来分析一个企业究竟是盈利还是亏损，其盈利能力究竟有多强。

所谓销售净利率就是企业净利润与销售收入的比值。它反映了企业的每一元销售收入带来的净利润是多少。

其计算公式是：

销售净利率 ＝ 净利润／销售收入 ×100%

销售净利率的数字越高，说明企业的盈利能力越强。但是我们在分析它时，应该考虑到企业所处的行业，根据具体情况进行分析。同时还要综合销售毛利率、销售税金率、销售成本率、销售期间费用率等指标进行分析。

6. 现金到期债务比

现金流量是衡量企业经营状况的主要指标，它不仅反映了企业的偿债能力，还反映了企业某一阶段的经营状况和现金回流情况。我们这里需要了解两个比率的概念，即现金到期债务比和现金流动负债比。

其计算公式是：

现金到期债务比 ＝ 经营活动现金净流量／本期到期的债务

而本期到期债务＝一年内到期的长期负债＋应付票据

一般情况下，这个数值为 1.5。

而现金流动负债比的公式则是：

现金流动负债比＝年经营活动现金净流量／期末流动负债

一般情况下，这个数值为 0.5，它反映了企业经营活动产生的现金对于负债的保障程度。

上面这些比率反映了企业的变现能力、资产管理能力以及偿债能力。其实，在财务分析中还有很多比率，其中包括营运指数、每股盈余、现金股利保障倍数等等。这些都是分析财务报表的过程中，应该注意的重要指标。

最后，值得注意的是数字本身并不是关键，也并不是说某些比率越高越好，或是越低越好。我们在对这些比率进行分析时，应该结合企业的实际经营状况，找到有意义的指标进行比较，找到数据背后的原因。另外，我们应该将一系列相关数据和事实结合起来，才能得到更有效的分析结果。

◎ 应该知道的几种财务分析方法

财务分析的方法有很多，其中包括水平分析法、垂直分析法、趋势分析法、比率分析法、因素分析法等等。现在我们就具体地介绍这些分析方法，以便我们更好地了解企业的盈利能力和财务管理活动。

1. 比率分析法

前面已经系统详细地介绍了什么是比率，以及几项重要的比率。现在详细地说明什么是比率分析法。

比率分析法是财务报表分析的最基本、最重要的分析方法，它可以利用一个或者几个比率揭示和说明该企业的某一方面的财务状况、经营业绩，或说明了某一方面的能力。

由于分析报表的目的不同，投资者、债权人以及政府机关等财务报表阅读者所注重的侧重点也有所不同，关注的比率数值必然也就不同。比如，投资者想要了解企业的盈利能力，就侧重分析企业的资产负债率和利润率；企业所有者想要了解企业所有者权益所获得的报酬，会关注净资产收益率和产权比率等；而管理者想要了解企业的盈利水平和经营能力，会侧重关注总资产收益率和现金流量等指标上。

由于比率分析法需要应用的财务比率非常多，所以为了有效地利用财务比率，我们一般将其分为三大类：即构成比率、效率比率、相关比率。

（1）构成比率。构成比率又称结构比率，是指某项财务指标的某个组成部分比总体数值之间的比率。

其计算公式为：

构成比率 = 某个组成部分数值 / 总体数值 × 100%

在财务报表中，我们经常用到的构成比率主要有：

① 资产各项目占资产总额的比重；

② 负债各项目占负债总额的比重；

③ 负债、所有者权益各项目占资产总额的比重；

④ 各成本项目占成本的比重；

⑤ 各类存货占存货总额的比重；

⑥ 各类固定资产占固定资产总额的比重；

⑦ 各项收入、成本、利润占利润总额或净利润的比重等。

通过分析这个比率，我们可以考察企业某项会计要素的安排是否合理，以便投资者和管理者及时进行调整。比如，通过各类存货占存货总额的比重，我们可以看出企业是否存在货物积压、资金回流缓慢等现象。

（2）效率比率。效率比率是指企业某项生产经营活动中的所获得收入与所投入的费用的比值，它反映了企业投入与产出之间的关系，是考察企业经营成果的重要指标。

其计算公式为：

效率比率 = 某项经营活动所得 / 某项经营活动费用 × 100%

通过分析这个比率，我们可以看出企业的经济效益如何，是否具有盈利能力。比如，某项经营活动的利润和营业成本的比率，可以计算出这个项目的成本利润率。这样有利于企业有效地节约成本，增加利润。

（3）相关比率。相关比率是某个经济项目和与其有关的项目对比所得的比率，它反映了财务报表中相关要素之间的相互关系，可以帮助我们系统地分析整个财务报表，考察企业的生产经营结构是否合理。

比如，我们可以通过销售利润和销售收入的比率，来观察企业的净利润情况，通过观察流动负债与流动资产的对比，来考察企业的短期偿债能力。

比率分析法最大的特点是，分析人员可以根据一系列比率指标对问题进行判断。这种方法具有系统性强、分析问题全面等优点，但是它也有一定的局限性。由于比率指标经常忽略用于计算各个累计数值的内部结构，所以有些比率指标只是重视财务数量特征的分析，却忽略了财务质量特征的分析。所以我们在分析财务报表时，一定要注意这一点，只有这样才能做出更准确、更合适的判断。

另外，应该注意的是，在运用比率分析法进行财务分析时，两个数值必须存在一定的逻辑关系，必须具有一定的内在联系。如果两个数值没有任何关系，那么其比率也就没有任何意义了。除此之外，比率的两个指标必须在计算时间、范围等方面保持口径一致。也就是说，两个指标可以不来自同一张报表，但是必须来自同一个企业同一个期间的财务报表。

2. 水平分析法

水平分析法是将财务报表中的信息资料和企业前期或是过去某一时期的信息资料进行对比。因为这种分析法是将财务报表中不同时期的同一项数据进行对比，所以也被称为趋势分析法。

它是一种最简单的财务分析方法，将某一特定时期企业连续若干会计年度的会计资料在不同年度间进行横向对比，以确定不同年度的差异额或差异率。它可以帮助投资人研究企业各项活动的经营业绩，和财务状况的变动情况。

一般来说，通过这种方法投资人或是管理者可以系统地看出企业一段时期的发展趋势，更好地预测企业未来的发展前景，以便做出正确的决策。

水平分析法可以划分为以下两个类型：

（1）比较分析法。比较分析法也叫作对比分析法，是对两个或是几个相关的可比数据进行对比，揭示两者之间的差异和矛盾。这是最基本的分析方法，因为没有比较，那么分析就无法进行了。

在财务管理中，比较分析法可以将本企业不同时期的指标进行比较，也可以与同类企业的平均数值以及竞争对手的指标进行比较，还可以将本企业的实际结果与计划指标进行对比。通过这些比较，投资者和管理者可以看出企业经营管理中隐藏的问题、企业盈利情况的变化，以及本企业在市场中的相对规模和竞争能力。

比如，通常我们会假设：在产品和原材料价格不变的情况下，销售收入和销售成本成同比例增长。如果一家企业的销售收入增长 10%，而销售成本则增长了 14%，也就是说销售成本比销售收入增长快。那么企业管理者就应该从中找到原因，究竟是产品价格下降、原材料价格上升导致的，还是生产效率降低引起的。经过一系列的调查和研究之后，管理者就会调整相关策略，以便解决成本增加的问题。

（2）指数趋势分析。指数趋势分析是指在分析连续几年的财务报表时，将其中一年的数据作为基期数据，将数值定为 100，其他各年的数据转与基期数据进行对比，然后得出有关项目的趋势。

通常来说，最早年份的数据都被作为基期数据。

比较分析法比较简单直接，但是分析三年以上的财务报表时就比较麻烦了。这样一来，指数趋势分析就具有其优越性，它可以帮助我们观察一个企业多个期间数值的变化，得出这段时期的数值变化趋势。企业可以通过对过去数值的趋势的分析，推测企业未来的发展方向，更好地进行决策。

3. 共同比分析法

共同比分析法也被称作为纵向分析法，是指对当期损益表或资产负债表作纵向分析的财务分析方法。它通常将财务报表中某项关键项目的数额定为 100%，而其他项目分别转换为相应的百分比，以考察各项目之间的差异。

它可以帮助企业分析其内部结构是否合理，有利于企业管理者评估各个项目的发展趋势,并且进行结构调整。比如,我们在对利润表进行纵向分析时,通常会将销售净额作为基准项目。

我们将某家企业的销售净额定为100%,而其销售毛利是70%。当这个比率减低到60%的时候,就说明这个企业可能面临亏损的境况。这时企业管理者就应该注重企业经营项目的调整,以便提高经济效益和利润率。

4.因素分析法

因素分析法是根据分析指标和影响因素的关系,从数量上确定各因素对指标的影响程序。企业是一个有机的整体,每个指标的高低都受到其他因素的影响。通过这个方法我们可以抓住其主要矛盾,找到解决企业经营问题的重点。

比如,影响资产利润率的因素有资产周转率和销售利润率;影响成本增加的因素有原料价格、机器设备和人工等因素。

因素分析法具体又可以分为差额分析法、指标分解法、连环替代法和定基替代法。在实际活动中,我们应该根据实际情况进行运用。

◎ 杜邦分析法:评价企业业绩的最佳办法

在企业管理中,管理者需要一套行之有效的财务分析体系,才能更好地评价和判断本企业的经营绩效、经营风险、财务状况以及获利能力等。杜邦分析法就是一种比较实用的财务分析体系,它是由美国杜邦公司创造并且最早使用的,所以才因此得名。

杜邦分析法是利用几种主要的财务比率之间的关系来综合分析企业的财务状况、用来评估企业的获利能力以及股东权益回报水平,从财务角度评价企业绩效的一种经典方法。

这一方法最显著的特点就是将若干个财务比率按照其内在联系有机地结合起来,形成一个完整的指标体系,并且通过权益收益率来综合反映企业的经营效率和财务状况。这可以让报表分析者更清晰、更有效地了解这些数据，并且全面地解读企业的财务报表背后的奥秘。

1. 杜邦分析法的基本思路

杜邦分析法实际上是从两个角度来分析财务的，一是进行了内部管理因素分析，一是进行了资本结构和风险分析。

杜邦分析法涉及几个非常重要的财务指标以及它们之间的关系，即净资产收益率、权益系数、资产净利率和净资产周转率等。

其中，净资产收益率是整个分析系统的起点和核心，它反映了投资者所投资的净资产的获利能力的大小。

权益系数则与企业资产负债率有关，反映了企业的负债程度。这个指标愈大，说明企业的负债就越高。

资产净利率则是销售净利率和资产周转率的乘积，是企业某一段时期销售成本和资产运营情况的综合反映。企业想要提高资产净利率就必须想办法增加销售收入，降低资金占用额。

净资产周转率则是企业资产实现销售收入能力的综合反映，与企业资产结构合理、销售收入多少以及平均资产总额有很大关系。

通过分析这些财务指标，分析者可以直观地看到企业财务状况和经营成果的全貌。

几种主要的财务指标关系为：

净资产收益率 = 资产净利率 × 权益乘数

净资产收益率 = 净利润 / 净资产

资产净利率 = 销售净利率 × 资产周转率

净资产收益率 = 销售净利率 × 资产周转率 × 权益乘数

权益乘数 = 1 / （1 - 资产负债率）

资产负债率 = 负债总额 / 资产总额

销售净利率 = 净利润 / 销售收入

资产周转率 = 销售收入 / 平均资产总额

2. 杜邦分析法的运用

运用杜邦分析法不仅可以充分了解企业内容各要素之间的关系，更可以保障各项财务信息的真实性、可靠性、及时性，并且根据各要素之间的动态关系来观测企业近期目标的落实情况，以便管理者进行合理的调整。

我们以某汽车公司的基本财务数据为例进行说明：

单位：万元

项目年度	净利润	销售收入	资产总额	负债总额	全部成本
2014 年	10200	410000	306200	200000	403000
2015 年	10400	750000	330550	210000	730000

该公司的财务比率为：

年 度	2014 年	2015 年
权益净利率	0.092	0.079
权益乘数	2.881	2.739
资产负债率	0.653	0.635
资产净利率	0.032	0.029
销售净利率	0.024	0.013
总资产周转率	1.338	2.268

首先，我们对于这个企业的权益净利率进行分析，它是衡量企业是否获得利润的指标。而且盈利能力则是企业经营能力、财务决策和筹集方式等多种因素作用的结果。通过上面表格，我们可以看到，该企业的权益净利率有所降低，从 2014 年的 0.092 减低到 2015 年的 0.079。而企业的投资者会根据这个指标来决定是否继续投资或是转让股份，考察企业的业绩情况和股利分配政策。

其次，我们对于权益净利率进行分解分析。企业的权益净利率可以分解为权益乘数和资产净利率，以便找出造成问题的原因。

权益净利率 = 权益乘数 × 资产净利率

2014 年的权益净利率 2.881×0.032=0.092

2015 年的权益净利率 2.739×0.029=0.079

经过分解表明，权益净利率的改变是因为企业资本结构的改变，同时是由于企业资产利用和成本控制的变化。因此，我们对资产净利率进行分解：

资产净利率 = 销售净利率 × 总资产周转率

2014 年的资产净利率 0.024×1.338=0.032

2015 年的资产净利率 0.013×2.268=0.029

通过分解我们可以看出，该企业 2015 年的总资产周转率比前一年有所提高，说明企业的资产得到了很好的利用，资产产生销售收入的效率也有所增加。而总资产周转率的增加同时也造成了资产净利率的减少。下面我们继续进行分解：

销售净利率 = 净利润 / 销售收入

2014 年的销售净利率 10200/410000=0.024

2015 年的销售净利率 10400/750000=0.013

这里我们可以看出，该企业 2015 年的销售收入得到了很大提升，但是销售净利润的涨幅却非常小，其原因可能是成本费用的增加。从上表中我们可以发现，其全部成本从 2014 年的 403000 万元提高到了 2015 年的 730000 万元。而全部成本费用还可以进行分解，即：

全本成本 = 制造成本 + 销售费用 + 管理费用 + 财务费用

通过上面的分析，我们可以看出杜邦分析法有效地解释了各项指标变动的原因和具体情况，为管理者进行调整指明了方向。该企业权益利润率小的主要原因就是全部成本过大，从而导致了净利润提高幅度不大，以及销售净利率的减少。所以该企业当前的重点就是努力减少成本，同时保证企业的总资产周转率，进而提高企业的业绩和利润率。

◎ 赚钱的企业就一定不缺钱吗？——企业偿债能力分析

企业的最终目的是为了赚钱，很多人认为只要企业赚钱了，财务状况就会良好，经营状况就会良好。但是，即便是最赚钱的企业也有缺钱的时候，最赚钱的企业并不代表其偿债能力也最强。投资者和债权人不仅要考虑企业能否赚钱，还要考虑其偿债能力的强弱。

通常来说，企业生产经营需要有较强的获利能力，但是有些企业虽然有良好的获利能力却严重缺乏偿债能力，因此企业很容易陷入破产危机之中。如果企业资产总额大于负债总额，却由于大部分资产需要很长时间才能变现，甚至很难变现，如各种设备、呆滞积压物资等，那么这家企业也很难清偿到期债务。

也就是说，如果一家企业的偿债能力强，那么赢利能力也会很强；但是如果一家企业赢利能力强，偿债能力并不一定同样强。所以，实际上偿债能力是衡量企业财务实力的重要指标。

简而言之，偿债能力就是企业偿还到期债务的能力。而企业的偿债能力可以分为短期偿债能力和长期偿债能力。

1. 短期偿债能力分析

短期偿债能力是用短期债务到期可以产生现金偿付流动负债的能力。一个企业的短期偿债能力的大小，取决于流动资产和流动负债的多少及质量状况。

通常我们会运用财务比率来考察一家企业的短期偿债能力。主要分为几个类型：流动比率、速动比率、现金比率、现金流动负债比和营运资本。

（1）流动比率。前面我们已经详细地介绍了流动比率，这里只简单地分析一下。流动比率可以衡量企业流动资产在短期债务到期前可以转化为现金用于偿还流动负债的能力。

一般来说，企业的流动比率处于 1.2 和 2 之间，而 2∶1 的流动比率是一种最佳状态。这是因为流动资产中变现能力最差的存货金额约占流动资产总额的一半，剩下的流动性较大的流动资产至少要等于流动负债，这样企业的短期偿债能力才会有保证。

如果一家企业的流动比率低于 1，是一个非常危险的信号，这说明流动负债已经超过了流动资产，就意味着企业正在负债运营。这并不意味着企业的流动率越高，财务状况越好，尤其是应收账款和存货余额过大而引起的流动比率过大，这对财务健全很不利。如果一家企业的流动比率超过 2，也不是很好的现象，这说明企业的流动资产并没有得到充分利用，造成了一定的资源闲置。

（2）速动比率。速动比率就是企业速动资产与流动负债的比率，它是衡量企业流动资产中可以立即用于偿还流动负债的能力，因此也被称作为酸性测试比率。速动比率是一种比流动比率更加严格的衡量方法，它是对流动比率的补充。

一般认为，速动比率最低限为 0.5∶1。如果企业的速动比率保持在 1∶1，那么流动负债就有安全性保障。因为当速动比率达到 1∶1 时，即使企业资金周转发生困难，也不影响其即时偿债能力。为了更准确地反映企业的偿债能力，通常管理者都比较关注这一比率。

通常企业最理想的速动比率为 1。从债权人角度看，速动比率越大，对债务的偿还能力就越强，因为这意味着负债风险的减少；但从企业经营角度来看，过高的速动比率则表示企业因拥有过多的货币性资产，显得经营策略太过保守，不能及时将资金投资于项目，导致失去一些有利的投资和获利机会。

在实际工作中，流动比率和速动比率的评价标准都根据行业的特点综合判定，不可一概而论。行业不同，企业对速动比率的要求也有所不同，比如零售企业，其销售活动都是现金销售，所以没有应收账款这一项目，其速动比率远远低于 1。

（3）现金比率。在实际经济活动中，应收账款可能由于客户破产等原因而导致坏账损失，以及其他可能影响应收账款变现能力的情况，从而影响企业的短期偿债能力。所以即使有较高的流动比率和速动比率，也可能出现周转不灵的情况，从而导致企业陷入财务困境。那么企业就应该找出更保守、更准确方法，使用现金类资产所表示的现金比率来衡量企业短期偿债能力。

现金比率是指现金类资产对流动负债的比率，也称作为负债现金比率。它是衡量企业短期偿债能力的一项重要指标，可以衡量企业直接支付流动负债能力的程度，也就是企业的随时偿付能力，所以又被称作"绝对流动比率"。

其计算公式是：

现金比率＝现金类资产／流动负债

现金比率是最严格、最稳健的短期偿债能力的衡量标准，现金比率过低，说明企业即时偿付债务存在困难；现金比率越高，表示企业可即时偿付债务的现金类资产越多。

值得注意的是，现金比率并不是越高越好。如果现金比率过高，说明企业通过负债方式所筹集的流动资金没有得到充分利用，企业失去投资获利的机会，所以，并不鼓励企业保留更多的现金类资产。这个比率一般在20%左右。

（4）现金流动负债比。现金流动负债比是以年度经营活动所产生的现金净流量与年末流动负债相比，它反映了企业经营现金净流量对其流动负债偿还的满意程度。

其公式是：

现金流动负债比＝年经营现金净流量／年末流动负债

一般来说，现金流动负债比大于1，这反映出企业有足够的流动资金偿还流动债务。这个指标越大，说明企业经营活动产生的现金净流量越多，企业的偿债能力越强。反之，则说明企业的偿债能力较差。当然现金流动负债比率并不是越大越好，如果该指标过大，则说明企业的流动资金利用不充分，盈利能力比较差。

（5）营运资本。营运资本也被称作运营资金，是企业流动资产减去流动负债的差额。

其计算公式为：

营运资本 = 流动资产 - 流动负债

一般来说，营运资本应为正数，它可以反映企业的流动资产足以清偿流动债务。

企业运营资本的多少可以反映企业的偿还短期债务的能力，运营资本越多，说明偿还负债的风险越小。但是如果运营资本过大，变现能力强，则企业的资金利用率就会变低；如果企业的运营资本过小，变现能力就会变差，那么企业的流动资金的偿债能力压力就会变大。

2. 长期负债能力分析

长期偿债能力是指企业偿还长期到期债务的能力，用于衡量企业偿还债务本金与支付债务利息的现金保证程度，是评价企业财务状况的重点。

企业的现金流入量取决于企业所得利润的多少，现金流出量则取决于付出成本的多少。所以，债权人在分析企业长期偿债能力时，应该特别注意企业的盈利能力。一般来说，企业如果能持续正常生产经营活动，有足够的赢利能力，且能从经营中获取足够的现金或从其他的债权人及投资者处筹集新的资金，那么企业便拥有较好的长期偿债能力。

评价企业的长期偿债能力的指标主要有：资产负债率、产权比率、所有者权益比率、有形净值债务率和已获利息倍数等指标。

（1）资产负债率。它说明了在资产总额中，债权人提供资金所占的比重，用于衡量企业利用债权人自主进行财务活动的能力，以及在清算时企业资产对债权人权益的保障程度。

资产负债率越高，企业通过负债筹集资金所占的比重越大，财务风险则越高；反之，财务风险也会低一些，同时也说明企业运用外部资金的能力比较弱。所以，企业的资产负债率不能过低，也不能过高。当经济不景气或是企业缺乏高额利润的投资机会时，如果资产负债率过高，会导致企业陷入财务危机。

企业公开上市时，其净资产占资产总额的比率必须在 30% 以上，也就是说资产负债率不得高于 70%。如果企业的资产负债率接近 100%，说明企业已经濒临破产；如果已经超过 100%，那么该企业已经资不抵债，达到破产的警戒线。在实际经营中，我们绝大多数企业的资产负债率已超过50%，一般在 70% 左右。

（2）产权比率。它反映了投资者对债权人的保障程度，用于衡量企业的风险程度和长期偿债能力。

一般来说，产权比率保持在 100% 是最理想的状态。由于我国企业的资产负债率允许的正常值为 60%~70%，所以产权比率应该保持在 150%~200%。企业的产权比率越低，其偿债能力越强，债权人的权益就越有保障；反之，产权比率越高，偿债能力越弱，债权人承担的风险越大。

需要注意的是，当企业发生清算时，债权人对企业资产享有优先权，有权要求企业用剩余资产抵偿债务。如果所有者权益超过负债，清算时企业可以拥有足够的资产变现，来偿还债权人的债务，否则，债权人将遭受巨大的损失。

（3）所有者权益比率。它是反映企业长期偿债能力保证程度的重要指标，反映了企业所有者资产在全部资产中所占的比重。

在会计关系中，"企业资产 = 负债 + 所有者权益"。因此，在资产总额不变的情况下，负债和所有者权益是一个此消彼长的关系。从而得出这样的公式：

资产负债率 + 所有者权益比率 =1

一般来说，所有者权益比率应该在 60% 以上，最高可以达到 80%。由于大多数企业的资产负债率正常值允许为 60%~70%，所以所有者权益比率也可以达到 30%~40%。

从债权人角度来说，所有者权益比率越小，资产负债率就越大，所有者权益为债权人提供的保障就越小，债权人所承担的风险就越大。然而，也并不是所有者权益比率越高越好，否则，所有者就无法充分地利用债务的杠杆作用。

（4）有形净值债务率。有形净值是指从净资产中扣除商誉、商标、专利权与非专利技术等无形资产和长期待摊费用等项目的资产。

有形净值债务率就是指负债总额与有形净值的比率。

其计算公式为：

有形净值债务率＝负债总额／（所有者权益－无形资产－长期待摊费用）×100%

因为净资产中包括了无形资产、长期待摊费用和待处理财产损溢等项目，其价值具有极大的不确定性，且不容易形成支付能力。因此，在分析产权比率时，必须结合有形净值债率指标。

（5）现金流量债务比。现金流量债务比是经营现金流量净额与债务总额之间的比率，它反映了企业债务有多少现金流量作为保障。

其计算公式为：

现金流量债务比＝经营现金流量净额／债务总额

现金流量债务比越高，说明企业现金流量偿还全部债务的能力越强，企业的长期偿债能力越强；反之，企业的长期偿债能力越差。当然，现金流量债务比也不是越高越好，如果该比率过高，代表企业资金运用能力不强，会影响企业的赢利能力。

除此之外，投资者和债权人还可以通过分析其他项目，来分析企业的偿债能力。比如长期租赁、债务担保、长期性筹资等因素。只有透彻地分析企业的偿债能力，才能判断企业是否长期地生存下去，是否具有长期的盈利能力，投资者的投资是否能有较好的回报。

◎ 你的企业是否健康成长——企业运营能力分析

企业运营能力是指企业的经营运行能力，也就是企业运用各种资产来获取利润的能力，它是社会生产力在企业中的微观体现，也是各项经济资源在生产经营过程中，通过相互配置组合与相互作用而产生经济价值的能力。

企业运营能力分析指标主要有：应收账款周转率、存货周转率、总资产周转率、固定资产周转率和流动资产周转率等。这些利率反映了企业资金运用和周转的情况，以及企业对经济资源运用效率的高低。

某企业的年平均存货占有余额是 200 万元，商品销售成本为 1000 万元，那么该企业一年内的存货周转率就是 1000/200=5（次），存货周转一次需要的时就是 360/5=72 天。如果假设企业 2014 年存货周转一次实现的毛利润为 30 万元，那么一年周转 5 次可实现的毛利润就是 30×5=150 万元。2015 年企业的存货周转率提升了 10%，那么存货周转率就是 5×（1+10%）=5.5 次，所以 2015 年可实现的毛利润就是 30×5.5=165 万元。

一般来说，企业资产周转速度的快慢，影响了企业的短期偿债能力。如果一个企业资产周转速度快，说明企业的获利能力逐渐增强；反之，如果一个企业资产周转速度慢，则说明企业的偿债能力减弱。所以，企业只有有效地运用这些资产，才能获取更多的收益。

1. 应收账款周转率

应收账款周转率是指企业在一定时期内（通常为一年）赊销收入净额与应收账款平均余额的比率。它反映了企业应收账款的周转速度，是其流动性的指标。

我们知道应收账款在流动资产中具有举足轻重的地位，如果企业的应收账款能够及时收回，那么资金使用效率就会得到提高。

应收账款周转率计算公式为：

应收账款周转率（次数）＝赊账收入净额／应收账款平均余额

而公式中，

赊销收入净额＝主营业务收入－现销收入

应收账款平均余额＝（期初应收账款＋期末应收账款）/2

同时，应收账款周转率也可以用时间来表示，即应收账款周转天数。它反映了企业从获得应收账款的权利到收回款项、变成现金所需要的时间，所以也称为平均应收账款回收期或平均收现期。

一般情况下，应收账款周转率越高越好。应收账款周转率高，企业收账的速度越快，资产流动性越强，从而表明企业的短期偿债能力强，可以有效地减少坏账的损失。反之，应收账款周转率低，企业收账的速度就越慢，资金流动性就越弱，企业可能存在过度扩张信用或收账效率低等问题，从而导致短期偿债能力减弱。所以企业应该注意加强账款的管理和催收工作。

但是，企业分析应收账款周转率时，应该考虑企业的经营方式和经营特点。以下几种情况使用该指标则不能反映实际情况：

（1）季节性经营的企业；

（2）大量使用分期收款结算方式；

（3）大量使用现金结算的销售；

（4）年末大量销售或年末销售大幅度下降。

2. 存货周转率

存货周转率是指企业一定周期（通常为一年）销货成本与存货平均余额之间的比率。它反映了企业的存货周转速度，即存货的流动性及存货资金占用量是否合理，它是衡量企业生产经营各环节中存货运营效率的综合指标，不仅可以使企业保证生产经营的连续性，还可以提高资金的使用效率，增强企业的短期偿债能力。

某电器销售企业花10万元购买一批电扇，15天之后又以15万元的价格卖给了一家商场，卖掉这笔商品后，10万元的销售成本已经收回，并且获得15万元的销售收入。随后，企业又拿出10万元购买了另一批电扇，又以 15 万元的价格卖给了一家商场。此时，这家电器销售企业的销售成本就是 20 万元，在企业商品中仅占用了 10 万资金。如果企业在一年内只做了两次买卖，那么就是利用 10 万元的资金，做了 20 万元的买卖。

存货周转率分析时应注意的问题：

（1）存货周转率高低并没有统一标准，应该考察本企业平均水平、先进水平以及本企业不同时期指标，这样才能做出正确的评判和决策。

（2）计算存货周转率时，如果判断短期偿债能力，应采用销售收入；如果评估存货管理业绩，则应该使用销售成本。

（3）存货周转天数不是越低越好。比如，减少存货量可以缩短周转天数，但是可能给正常的经营活动带来不利影响。

（4）分析存货周转率指标时，应该考虑存货批量因素、季节性变化等因素。

（5）分析存货周转率时，应该关注构成存货的产成品、自制半成品、原材料等在产品和低值易耗品之间的比例关系。

（6）存货周转率高并不代表企业存货状况良好，应考虑存货储备和生产销售情况。

另外，存货周转率还反映了企业的存货的储存是否适当，存货既不能过少，会给企业的销售造成阻碍；也不能存货过多，会造成资金严重积压的情况。

3. 总资产周转率

总资产周转率是指企业销售收入净额与资产总额之间的比率。它反映了总资产在一定时期内（通常为一年）周转的次数，是综合评价企业全部资产的经营质量和利用效率的重要指标，以及企业通过运用全部资产创造销售额的能力。

它是考察企业资产运营效率的一项重要指标，体现了企业经营期间全部资产从投入到产出的流转速度。通过该指标的对比分析，可以反映出企业本年度与之前年度总资产的运营效率和变化，发现企业与同类企业在资产利用上的差距，促进企业提高生产效益，提高产品市场占有率。

某企业 2014 年度销售收入净额为 20000 万，当年末总资产额为 22000 万，2015 年末总资产额为 21000 万，则：

总资产平均余额 =（20000+22000）/2=21000 万

总资产周转率 =20000/21000=0.95（次）

总资产周转天数 =360/0.95=379（天）

一般来说，总资产周转率越高越好。总资产周转率越高，表示其周转次数越多或周转天数越少，企业的运营能力也就越强，取得的收益也就越多；反之，企业的运营能力也就越差，经营效率就越低，最后影响企业的盈利能力。

4. 固定资产周转率

固定资产周转率是指企业销售收入净额与固定资产平均净值之间的比率。它反映了固定资产在一定时期内（通常为一年）的周转次数，和企业固定资产运用效率。同时也反映了固定资产转换成现金平均需要的时间，即平均天数。

一般来说，固定资产周转率越高，它的周转次数就越多，周转天数就越短，企业固定资产利用就越充分，企业的营运能力好；反之，周转次数越少，周转天数就越长，表明企业固定资产使用效率不高，固定资产投资不适当、结构分布不合理。

利用固定资产周转率指标进行分析时，应注意以下几点：

（1）固定资产周转率没有统一的标准比值，所以无法与同行业企业相对比，只能与本企业历史数据进行比较。

（2）这一指标的分母采用平均固定资产净值，因此受到折旧方法和折旧年限的影响。不同企业固定资产有所不同，即使是同样的固定资产，其使用年限、折旧方法和年限也有所不同，从而导致不同固定资产账面价值。所以，分析企业固定资产周转率时，应该剔除不可比因素。

（3）当企业固定资产净值率过低，如资产陈旧、过度计提折旧或者企业属于劳动密集型企业时，这一比率就没有太大的意义了。

5. 流动资产周转率

流动资产周转率是指企业销售收入净额与流动资产平均余额的比率。它是评价企业资产利用率的一种重要指标，说明企业流动资产在一定时期（通常为一年）周转的次数，反映生产经营过程中新创造的纯收入情况。

通过该指标的对比分析，企业可以加强内部管理，充分有效地利用流动资产。如降低成本、调动暂时闲置的货币资金，还可以促使企业采取措施扩大销售，提高流动资产的综合使用效率。

某企业本年的流动资产周转率是 1.74，而上一年度为 1.89。这就是说明这家企业的流动资产周转速度开始放慢。如果用天数表示，本年度周转一次用 206 天，而上年度周转一次用 190 天。流动资产的速度放慢了，存货周转速度也会放慢，从而导致占用资金效率有所下降。

一般来说，流动资产周转率越高，企业的流动资产周转速度越快，周转天数越少，企业的经营效率也就越高，从而增加了企业的偿债能力和盈利能力；反之，则说明企业的流动资产的利用效果差，会导致企业资源的浪费，降低企业的盈利能力和偿债能力。如果一家企业的流动资产周转率长期处于较低的状态，就说明企业的流动资产利用率较低，应该进一步分析应收账款周转率、存货周转率等指标，这样才能做出正确的评价。

总而言之，企业的运营能力分析对于企业管理具有至关重要的作用，它不仅可以优化企业结构，它还可以帮助企业和相关管理部门判断企业是否经营稳定，财务状况是否良好，为企业未来发展提供正确的决策。更可以通过资产结构的分析，揭示企业的经营性质以及经营状况。这样一来，企业管理者便可以及时调整企业资产结构，消除企业经营的风险。

◎ 分析企业的发展能力，挖掘其发展潜能

企业的发展能力，是企业通过自身的生产经营活动，不断扩大规模，累积形成的发展潜能，也叫作企业的成长性。它是衡量一个企业价值以及经营能力的重要指标。

财务分析是一个动态和静态相结合的分析过程，如果想要评估企业的价值，就应该着重分析企业未来的盈利能力，来考察企业未来的营业收入、收益以及股利的增长情况。另外，我们还要考察企业未来的活力，来分析其盈利能力、偿债能力以及资产营运效率。所以，我们想要衡量一个企业的未来价值，不仅要分析其经营能力，更要从动态的角度出发，分析和预测企业的经营发展性水平，即企业的发展能力。

企业未来是否能够健康发展取决于很多因素，其中包括外部经营环境、内在素质以及资源条件。而分析企业发展能力，应该主要考察销售增长率、营业收入增长率、资本保值增值率、净收益增长率和总资产增长率等指标。

1. 销售增长率

销售增长率是指企业本年销售增长额与上年销售额之间的比值。它反映了销售增长和减少情况，是评价企业成长状况和发展能力的重要指标。

其计算公式为：

销售增长率 = 本年销售增长额 / 上年销售额

= （本年销售额 - 上年销售额）/ 上年销售额

销售增长率是衡量企业日常生产经营状况和市场占有率的重要指标，可以帮助企业管理者预测其经营业务的发展趋势。通过分析这个指标的发展趋势，以及与同行业进行对比，可以预测企业的资本增长情况。这个指标的数额越大，说明企业的增长速度越快，企业的发展能力越好，市场前

景就越好。指标越大，企业就更容易吸引外资，增强企业的融资能力。

2. 营业收入增长率

营业收入增长率是指企业本年营业收入增长额与上年营业收入增长额的比值。它反映了企业营业收入的增减变化情况，是评价企业成长状况和发展能力的重要指标。

其计算公式为：

营业收入增长率 =（营业收入增长额 / 上年营业收入总额）× 100%

其中：

营业收入增长额 = 营业收入总额 - 上年营业收入总额

如果这指标大于零，说明企业的营业收入有所增长；相反，则说明企业的营业收入有所减少，企业的产品或服务无法受到消费者的欢迎，市场份额萎缩。该指标值越高，企业营业收入的增长速度就越快，企业的市场前景就越好。当这个指标低于 -30% 时，企业的经营收入大幅度减少，业务项目可能无法适应市场发展的需求，企业应该提高警惕，分析其出现的原因。

3. 资本保值增值率

资本保值增值率是指企业扣除客观因素后的本年末所有者权益总额与年初所有者权益总额的比值。它是反映企业资本运用效益和安全状况的指标，也是国家评价企业经济效益的重要指标之一。

其计算公式为：

资本保值增值率 = 期末所有者权益 / 期初所有者权益 × 100%

或资本保值增值率 = 扣除客观因素后的期末所有者权益 / 期初所有者权益 × 100%

这个指标越高，企业资本保值的状况越好，所有者权益增长的速度越快，债权人的债务偿还越有保证；相反这个指标越低，企业资本状况可能出现了问题，所有者权益增长的速度就越慢，而债权人的债务偿还可能出现了问题。

一般来说，企业的资本保值增值率应该大于 100%。投资者可以通过分析这个指标，来考察自身权益是否得到了保障，也可以考察经营管理者的责任是否得到了履行，以便评价企业的经济效益。

4. 净收益增长率

净收益增长率是指企业当年留存收益增长额与年初净资产的比率，它是反映企业发展能力的重要指标。

其计算公式为：

净收益增长率 = 年初净资产收益率 × 留存比率

= 年初总资产净利率 × （总资产 / 净资产）× 留存比率

从上面的公式我们可以看出，企业的净收益增长率受到了净资产收益率和留存比率的影响。这个指标越高，净资产收益率就越高，企业留存比率也越高，说明企业的发展能力就越高；相反，企业的发展能力就越低。

需要注意的是，企业净收益的增长可能会滞后于企业的发展，所以这个指标无法反映企业真正的发展能力，只是能以近似的数字来代替。

5. 总资产增长率

总资产增长率，又叫作总资产扩张率，是指企业本年度总资产增长额与年初资产总额的比值，它反映了企业本期资产规模的增长情况。

其计算公式为：

总资产增长率 = 本年总资产增长额 / 年初资产总额 ×100%

其中：本年总资产增长额 = 年末资产总额 - 年初资产总额

总资产增长率越高，说明企业一定时期内资产经营规模扩张的速度越快，企业未来的发展能力越强；相反，企业未来的发展能力就会出现萎缩的情况。所以，企业在实际生产经营活动中，应该仔细分析这个指标，避免盲目扩张给企业带来严重危害。

某企业 2011 ～ 2015 年的主营业收入增长率分别是 23%、24%、28%、30%、31%。从这个指标的增长数值来看，这家企业的主营业务发展速度比较快，呈逐年上升趋势，这家企业有一个较好的发展能力。

该企业 2011 ～ 2015 年的资本保值增长率分为 1.20、1.30、1.23、1.36、1.40。从这份指标的增长数值来看，这家企业的资本保值增加呈上升趋势，而且数值都大于1，说明这家企业的发展趋势良好，资本每年都在增值。

该企业从2011～2015年的总资产增长率分别为13.5%、14.4%、12.3%、15.2%、15.5%。从这个指标的增长数值来看，这家企业的总资产增长也是呈上升趋势的，扩张的情况比较稳定。

从上面这些指标的数据，我们可以看出这家企业的发展情况比较好，主营业务、资本保值和总资产都是呈上升趋势的，具有比较好的发展能力。

企业的发展能力更多地体现在企业未来的发展潜力上，所以我们在评价企业的财务状况时，不仅要关注它目前的比率状况，更要关注企业将来的财务状况，了解其发展变化趋势。只有结合目前和未来的财务情况，才能预测企业未来的发展趋势，分析企业的可持续发展能力。

第二篇

Dierpian

解读财务报表，了解数字背后的"玄机"

财务报表并不能直观地反映企业的经营状况和盈利情况，
那么我们如何知晓某个企业的盈利能力、偿债能力以及发展潜力呢？
分析财务报表就成了必不可少的步骤，它可以帮助我们解读数字背后的秘密。

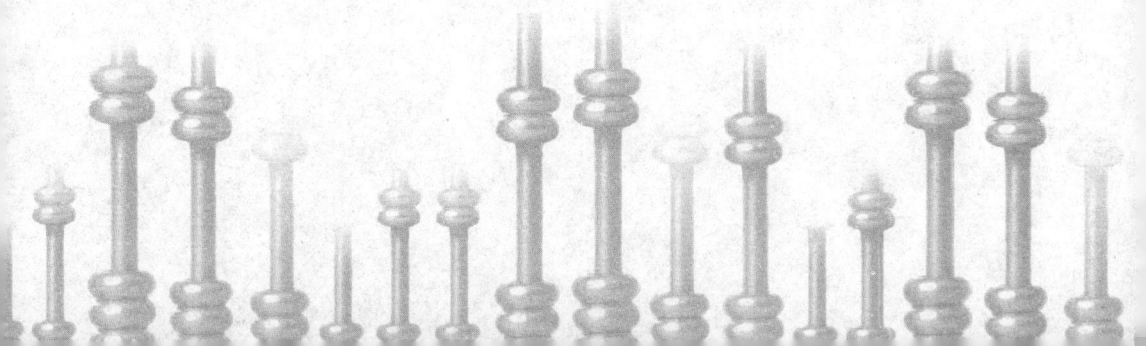

——— 第一章 ———

看懂财务报表，解读企业背后的经营状况

看懂财务报表并没有想象中的那么难，只要静下心来，
了解报表分析的相关知识和技能，
就可以很容易看懂看似高深的财务报表。

◎ 看懂财务报表，必须弄清两个问题

在很多外行人看来，看懂财务报表绝对是一项艰难的任务。面对庞大的数据和文字量、烦琐的财务信息以及令人头疼的表格，我们像是被淹没在数据的海洋之中，似乎找不到任何头绪，也不知道从哪里着手。其实，看懂财务报表并没有想象中的那么难。财务报表不过是一个记录公司所有投入和支出的账本，而会计也不过是这家公司的"管家婆"。只要我们静下心来，了解报表分析的相关知识和技能，就很容易看懂看似高深的财务报表。

搞定财务报表只要我们弄清两个问题。第一，财务报表有哪些内容；第二，财务报表究竟是给哪些人看的。

1. 什么是财务报表

首先，我们要简单地了解一下什么是财务报表。

财务报表就像是反映企业经营状况的一面镜子，它可以体现企业的资产负债、现金流量、赢利以及所有者权益变动等情况。财务报表包含了资产负债表、利润表、现金流量表等及附注。

由于会计主体的性质不同，其会计审核的具体内容和经济管理的要求也有所不同，所以报表的分类也不同。对于企业来说，我们可以按照不同的标准将财务报表分为不同的类型。

（1）按照内容分类。可以分为静态报表和动态报表。静态报表是指综合反映企业一定时期资产、负债和所有者权益情况的报表，比如资产负债表；动态报表是指综合反映企业一定时期的经营情况或现金流动情况的报表，如利润表或是现金流量表。

（2）按编报时间分类。按照财务报表编报时间的不同，可以分为年度财务报表、半年度财务报表、季度财务报表和月度财务报表。

（3）按照编制主体分类。按照编辑主体的不同可以分为个别财务报表和合并财务报表。

（4）按照服务对象分类。按照服务对象的不同，可以分为内部报表和外部报表。

2. 哪些人阅读财务报表

生活中，每个人对自己的收入和支出都应该有一个账本，到了月底或是年底会计算自己赚了多少钱，存了多少钱，有多少钱用在供房、供车，有多少钱用在日常生活，还有多少钱用在股票、基金之类的投资上等等。当然，企业也必须要知道这些信息和情况，只不过企业的财务信息比个人更复杂、更系统一些。

通常我们个人的收入和支出情况，只有我们自己或是妻子、丈夫知晓就可以了。可是企业这样一个庞大的组织，会有有更多的人关心其资产管理、财务管理以及是否盈利等情况，比如说投资者、债权人、员工、政府等等，它们都与企业利益息息相关。它们需要阅读财务报表来掌握自己所需要的信息，并且通过分析财务报表中的数据来了解企业的财务状况，以便做出正确及时的决策。

当然，不同的阅读者关心的问题不同，阅读报表的目的也不同，侧重点自然也就有所不同。

下面这些人都是需要看懂财务报表的人。

（1）投资者（股东）。作为企业的投资者或是所有者，最关心的就是企业的盈利能力、投资风险大小和企业的发展前景等问题，然后决定是继续向企业追加投资，还是需要收回投资或是转让股份。如果企业的财务状况不好，出现了利润持续减少、亏损持续增大甚至负债累累的情况，那么企业就面临破产的危机。这时，投资者或是股东就会决定收回投资或是转让自己的股份。

还有一些是潜在投资者。潜在投资者如果想要投资某企业，就必须分析该企业的财务报表，认真了解企业的运营情况、盈利情况，以免做出错误的决策。

（2）债权人。债权人也是最关心企业财务报表的人。企业的债权人包括向企业提供借款的个人或是企业机构，包括银行以及其他金融机构（比如财务公司、保险公司）。上市企业还可以通过出售股权的形式向社会募集股权资金，持有该公司有价债券的人都是该企业的债权人。

债权人最关心的是企业的偿债能力。债权人可以分为短期债权人和长期债权人。短期债权人的借款期限一般在一年以内，所以他们关心的是企业短期偿债能力。而长期债权人的借款期限在一年期以上，所以他们更关心企业连续支付利息和到期归还本金的能力。

当然，企业的效益是确保企业提升偿债能力的基础，如果一家企业连续亏损、资不抵债，又怎么会有良好的偿债能力呢？所以债权人不仅要分析贷款的报酬和风险，还要分析其盈利情况和生产经营情况，考虑是否决定出让债权。

然而，债权人也应该考虑企业的长期发展趋势。比如一家企业的财务状况不佳，但是整体状况逐渐好转，债权人也可能继续向企业贷款。

（3）企业的管理者。企业管理者是企业日常生产经营的主体，涉及的内容最为广泛。他们既要关注企业投资者的利益，又要关注债权人、员工、客户等多方面的利益。

作为企业的经营者，管理者应该掌握企业财务状况的各个方面，并且使各种经济资源得到有效利用。同时，投资者或是股东为了确保管理者的积极性，往往将企业效益或是股权分红等指标与管理者的绩效联系起来，如此一来，管理者也会因涉及自身利益而特别关注企业财务报表。

（4）政府监督部门。作为企业的监管部门，比如财政、税务、国有资产管理部门和企业主管部门等都需要阅读财务报表。这些政府部门关心的是企业的纳税情况、企业生产经营的合法性以及职工收入和就业情况。

如果该企业是国有企业或是存在国有股份，那么国有资产管理部门还是该企业的投资者和监管者，为了避免国有资产的流失和损失，确保国有资产保值增值，就更应该仔细地分析财务报表了。

（5）供应商。企业供应商为企业提供某种商品或是劳务，为了判断是否能与该企业长期合作，除了解其销售信用水平，也会考察企业的财务状况。如果企业财务状况不好，那么供应商就会面临收不到款项的问题，所以供应商一般会根据财务报表情况考虑是否对该企业延长付款期。

（6）企业员工和工会组织。由于企业的经营状况和财务状况关系到员工的切身利益，所以企业员工也十分关心企业的财务报表。如果一家企业财务状况不好，无法实现赢利，那么员工的薪酬、岗位的稳定性、社会福利以及社会保险等情况就会面临危机。

（7）中介机构（注册会计师、咨询人员等）。注册会计师通过分析企业财务报表可以确定审计的重点。财务报表分析领域的逐步扩展与咨询业的发展有很大关系，在一些国家，财务分析师已经成为了专门职业，他们专门为各类报表使用人提供专业咨询。

除此之外，企业产品的购买者、竞争对手、公众及其他利益相关者，对企业财务报表也应该有所了解。作为产品购买者，他们关注的是企业经营是否稳定，是否能建立长期供销关系，是否可以获得稳定货源；竞争对手则可以根据某企业财务状况，制定和调整自己发展战略，在市场竞争中占据有利地位；而作为公众，他们关注的则是企业的就业政策、环境政策、产品政策等方面。

总之，不同的阅读者对财务报表都有特定的阅读要求，他们需要对企业报表进行详细地解读，以确保自己的利益不受到损害。而他们阅读报表的目的最终可以概括为：评判企业过去的经营业绩、衡量企业的财务状况、预测企业的发展趋势等等。

◎ 从资产负债表，看清企业的健康状况

资产负债表是反映企业某一时期财务状况的报表，简单地说就是企业的一张财富总清单。它可以告诉我们在这一时期企业拥有多少资产、需要承担多少负债、所有者可以获得多少权益。

它也是企业最重要的会计报表之一，显示了企业财务杠杆利用水平的高低，也显示了企业的长期偿债能力和短期偿债能力与资本运营能力等，以便投资者、管理者对企业经营管理做出长远的规划和决策。如此重要的一张财富清单，投资者和管理者怎么能不搞明白呢？

资产负债表的编制依据是"资产＝负债＋所有者权益"这一会计基本恒等式。它是根据资产、负债和所有者权益（或股东权益）之间的相互关系，按照一定的分类标准和顺序，将企业某一特定时期的资产、负债和所有者权益等项目进行适当排列，并且对日常工作中所形成的大量数据进行整理后编制而成的。

通过资产负债表，我们可以知道企业在这一特定日期内拥有或是控制的所有经济资源、所承担的现时义务和所有者对净资产的权益。比如，某企业的资产总额是多少，其中流动资产有多少，非流动资产有多少；这些资产中有多少是投资者投入的，有多少是向债权人借来的。

1. 资产负债表的分类和主要结构

资产负债表的结构可以分为三种类型。

（1）账户式资产负债表；

（2）报告式资产负债表；

（3）营运资金式资产负债表。

目前国际上流行的资产负债表结构为账户式和报告式，而我国企业基本采用的是账户式结构。下面就一一介绍各种资产负债表的格式。

（1）账户式资产负债表。

账户式资产负债表又被称作横式资产负债表，其理论依据是"资产总额＝负债总额＋所有者权益总额"这一会计恒等式。它利用账户形式列出各类项目，将各类信息分为左右两方，左边列出资产类的各个项目数额，右方则列出负债类和所有者权益的各个项目数额，并保持左右两方的数额平衡。

一家销售公司某一会计期间，货币资金是10000元，存货是5000元，应收账款是2000元，固定资产是20000元。另外这个公司有银行借款10000元，应付账款5000元，应交税费是2000，实收资本是15000，未分配利润是5000。

那么，该公司应该将货币资金、存货、应收账款、固定资产列在资产负债表的左边。将银行借款、应付账款、应交税款、实收资本、未分配利润列在右边，并且左右两边的数额相等。即：

10000＋5000＋2000＋20000＝10000＋5000＋2000＋15000＋5000

下面是账户式结构资产负债表：

资产负债表

编制单位：　　　　　　　　　　　　　　年　　月　　日　　（单位：元）

资产	行次	期末余额	年初余额	负债和所有者权益（股东权益）	行次	期末余额	年初余额
流动资产				流动负债			
货币资金				短期借款			
交易性金融资产				交易性金融负债			
应收票据				应付票据			
应收账款				应付账款			
预付款项				预收款项			
应收利息				应付职工薪酬			
应收股利				应缴税费			

续表

资产	行次	期末余额	年初余额	负债和所有者权益（股东权益）	行次	期末余额	年初余额
其他应收款				应付利息			
存货				应付股利			
其中：消耗性生物资产				其他应付款			
一年内到期的非流动性资产				一年内到期的非流动负债			
其他流动资产				其他流动负债			
流动资产合计				流动负债合计			
非流动性资产				非流动负债			
可供出售金融资产				长期借款			
持有至到期投资				应付债券			
长期应收款				长期应付款			
长期股权投资				专项应付款			
投资性房地产				预计负债			
固定资产				递延所得税负债			
在建工程				其他非流动负债			
固定资产清理				负债合计			
生产性生物资产				所有者权益（股东权益）			
有形资产				实收资本（股本）			
无形资产				资本公积			
开发支出				盈余公积			
长期待摊费用				未分配利润			
递延所得税资产				所有者权益（股东权益）合计			
其他非流动性资产							
非流动资产合计							
资产总计				负债和所有者权益（股东权益）合计			

（2）报告式资产负债表。

报告式资产负债表也被称作垂直资产负债表，它是上面会计恒等式的变形，其转换为："资产－负债＝所有者权益"的模式，并在此基础上编制。它将所有企业项目数额自上而下进行排列，即资产类别列在上方，负债类列在中间，所有者权益在最下方。

报告式结构资产负债表如下：

资产负债表

编制单位：　　　　　　　　　　　　　　年　　月　　日　　（单位: 元）

项　　目	期初余额	期末余额
资产		
流动资产		
交易性金融资产		
存货		
流动资产合计		
非流动资产		
可供出售金融资产		
固定资产		
非流动资产合计		
负债		
流动负债		
短期借款		
应付票据		
应付员工薪酬		
非流动负债		
长期借款		
非流动负债合计		
负债合计		
所有者权益		

续表

项　目	期初余额	期末余额
实收资本（或股本）		
所有者权益合计		

（3）营运资金式资产负债表。

营运资金式资产负债表仍按照"资产－负债＝所有者权益"这一模式，但是突出的内容是营运资本这项信息。

营运资金是指企业的流动资产总额减去各类流动负债后的余额，所以也叫作净营运资本，它是企业非流动资产和清偿非流动负债的资金来源。通过分析这种财务报表有利于评判企业的偿债能力和财务风险，也可以看出企业的盈利能力。

营运资金式资产负债表如下：

资产负债表

编制单位：　　　　　　　　　　　　　　年　月　日　（单位：元）

项　目	金　额
流动资产	
减：流动负债	
营运资本	
加：非流动资产	
减：非流动负债	
所有者权益	

通过上面的表格，资产负债表的各项信息资料一目了然，这样我们就可以更详细、直接地了解企业的健康状况。既然资产负债表是企业的财富清单，那么对于企业投资者、债权人、管理者来说就非常重要。下面我们就来了解一下它的主要作用。

资产负债表对于阅读者分析企业的财务状况有非常重要的作用，有利于企业投资者、债权人以及管理者分析企业的资产质量和资本结构，帮助他们更准确地判断企业财务风险和投资风险等。

（1）资产负债表反映了企业所拥有经济资源的总额和具体构成情况，包括企业拥有多少经济资源、投资者投资所占比重、债权人投资所占比重以及所有者权益所占比重等重要信息。

（2）资产负债表反映了企业资产的总额及结构，其中包括企业某一时期资产的总额以及分布情况。企业的资产结构就是指资产的分布情况。

比如流动资产所占比重、非流动资产所占比重；有形资产所占比重、无形资产所占比重等等。

它反映了企业生产经营过程的主要特征，有利于投资者、债权人或管理者了解企业结构情况、变现能力的强弱以及生产经营的稳定性等。

（3）资产负债表反映了企业的负债总额及结构，包括企业未来需要清查债务的数额；投资者在企业资产中所占的份额，以及所有者权益的结构情况。

企业的负债和所有者权益的比重反映了企业的财务状况是否存在风险，以及风险程度究竟是多少。而负债结构则反映了企业偿还债务的紧迫性和偿债压力，它可以帮助债权人、所有者分析企业生产经营安全程度和抗风险的能力，并且对于未来的投资进行准确客观的决策。

◎ 读懂利润表数据，分析企业真实经营能力

利润表也叫作损益表，是反映企业一定期间生产经营成果的财务报表。它反映了企业净利润的形成过程，也体现了企业所得利润的计算过程。它是企业综合业绩的体现，也是进行利润分配的主要依据，所以是财务报表中主要的报表之一。

与资产负债表相比，利润表是一张动态报表，不仅反映了企业某段时间的盈利情况，还告诉我们这些利润的来龙去脉。

利润表的编制依据就是"利润＝收入－费用"这一恒等式。由此，还可以衍生出其他的会计等式：

营业利润＝营业收入－营业成本－营业税金及附加－销售费用－管理费用－财务费用－资产减值损失＋公允价值变动收益＋投资收益

利润总额＝营业利润＋营业外收入－营业外支出

净利润＝利润总额－所得税费用

从利润表中，我们可以看出企业的收入、成本、费用等情况，了解企业生产经营的收益情况、成本耗用情况以及企业真正的赚钱能力。下面，我们就具体了解一下，企业的利润究竟是由哪些项目构成。

1. 企业利润的构成要素

概括地说，企业的利润主要包括营业利润、企业金融利润、营业外利润、利润总额这四个项目。

（1）营业利润。营业利润是指企业销售产品或提供劳务的过程中所取得的利润，是企业营业收入扣除营业成本和营业税金及附加之后的余额。它反映了企业生产、采购、销售各个环节的经济效益，并且不受企业筹款方式、营业外收支的影响。而在营业利润中最主要的组成部分就是主营业务利润。

不管是工业企业还是商业企业，其主营业务利润都是由主营业务收入减去主营业务成本、主营业务税金及附加而得来的。其中主营业务成本包括材料或商品采购成本、人员工资、设备耗损折旧、营业税及附加等项目。

主营业务利润对于企业来说非常重要，它是企业利润形成的主要渠道，也是企业自我发展资金的主要来源。如果一个企业的主营业务利润数额比较大，那么说明这个企业的产品主营业务情况良好，其产品销售具有一定的市场占有率，并且业绩也非常好。

相反，如果一个的企业主营业务利润小，那么就说明其产品市场占有率低，销售业绩不理想。而造成这个结果的原因可能是主营业务规模小，负担不了成本费用，或是企业成本费用过高。

现在市场竞争异常激烈，谁的商品市场占有率高、企业主营业务规模大，就会获得更高的利润，获得更长远的发展，否则，企业就会被市场淘汰。

所以，企业应该想办法增加主营业务利润，扩大企业的规模效益，减少各项成本支出。

（2）企业金融利润。企业金融利润也叫作投资利润，是指企业长期投资收益和短期融资收益减去相关费用的差额，是企业在经营长期投资和短期借贷的经济活动中所获得的经济效益。

随着货币市场的不断完善，金融业的持续发展，这一指标在企业利润中的比例也会不断增加，对于企业的发展具有举足轻重的作用。

（3）营业外利润。营业外利润是企业主营业务收入减去支出的余额，反映了企业营业外项目的收支平衡。

营业外收入是与企业日常生产经营活动没有直接关系的各项收入，包括非流动资产处置利得、非货币性资产交换利得、出售无形资产收益、债务重组利得、企业合并损益、盘盈利得、因债权人原因确实无法支付的应付款项、政府补助、教育费附加返还款、罚款收入和捐赠利得等。

由于营业外收入并不是由企业经营资金耗费所产生的，不需要企业付出任何代价，所以说它可以算是一种纯收入，不应该和相关费用相配比。

而营业外支出就是与企业日常生产经营没有直接关系的各项损失，其中包括非流动资产处置损失、公益性捐赠支出、盘亏损失、非常损失、罚款支出等。其中税法规定，各项赞助支出；因违反法律、行政法规而交纳的罚款、滞纳金等项目不得税前扣除的。

营业外利润的多少反映了企业利润形成中营业外业务所起到的作用，以及企业捐赠、罚款、固定资产出让等方面对企业实现利润的影响。

（4）利润总额。企业的利润总额由营业利润加上投资收益、补贴收入、营业外收支净额等非营业利润构成。它综合地反映了企业的赚钱能力，也是企业进行利润分配的主要依据。

此外，和企业利润总额有密切关系的还有净利润，它是一个企业经营的最终成果，是指在利润总额中按规定交纳了所得税后公司的利润留成。

一般来说，企业的净利润多，经营效益就好，赚钱能力就强；企业的净利润少，经营效益就不好，赚钱能力就差。

某家电销售企业，2015 年的营业收入为 5000 万元，进货成本为 1000 万元，房屋租用开支为 400 万元，人工成本是 100 万元，其他业务成本为 500 万元。其中营业税率是 3%，企业所得税率是 25%。那么这家家电销售企业的净利润为：

营业税＝营业额 × 营业税率 =5000×3% = 150（万元）

营业利润＝营业收入－营业税－原料成本－房屋租用开支－人工成本－其他业务成本 =5000-150-1000-400-100-500=2850（万元）

净利润＝利润总额 ×（1 － 所得税率）= 2850×（1 － 25%）= 1909.5（万元）

注意，这个事例中忽略了投资收益、补贴收入等非盈利利润。

总体来说，企业的各项利润指标间也有一定的关系，如果企业的营业利润高，那么利润总额和净利润也会较高。

2. 利润表的基本格式

上面我们已经提到过，利润表的编制依据是"利润 = 收入 - 支出"这一会计恒等式。而在编制利润表的过程中，一般由表首、基本部分和补充资料这三部分组成。

表首部分主要包括了财务报表的名称、编制单位、计量单位、报表编号以及报表编制的期间。尤其注意的是，利润表的编表日期，一般要填写"某年某月份"或"某个会计年度"。

利润表的主体就是基本部分了，主要反映了收入、成本费用和利润各项目的具体内容及其相互关系。在实际工作中，利润表一般有"本月数"和"本年累计数"两栏。"本月数"栏列出各项目的本月实际发生数，"本年累计数"栏则列出各项目自年初起至本月止的累计实际发生数。

因为计算利润的方法有两种，所以利润表的格式也分为两种，即单步式利润表和多步式利润表。

下面，我们就来了解利润表的基本格式。

（1）单步式利润表。单步式利润表是把某一时期的所有收入加在一起，然后再把所有支出加在一起，最后计算出企业当期的净利润。

利润表（单步式）

编制单位：　　　　　　　　　　　年　月　日　　（单位：元）

	项目	行次	本月数	本年累计数
收入	主营业务收入			
	其他业务收入			
	投资收益			
	营业外收入			
	收入合计			
支出	主营业务成本			
	主营业务税金及附加			
	其他业务支出			
	营业费用			
	管理费用			
	财务费用			
	投资损失			
	营业外支出			
	支出合计			
利润总额				

从上面的利润表中，我们可以得出下面的关系。

收入合计 = 主营业务收入 + 其他业务收入 + 投资收益 + 营业外收入

支出合计 = 主营业务成本 + 主营业务税金及附加 + 其他业务支出 + 营业费用 + 管理费用 + 财务费用 + 投资损失 + 营业外支出

利润总额 = 收入合计 - 支出合计

这种利润表一目了然，格式简单且便于编制，避免了项目分类上的麻烦。但是由于它缺少利润构成的详细资料，投资者和管理者无法与企业不同时期的利润表或是同行业的利润表进行比较和分析，使用起来不是非常方便。

（2）多步式利润表。多步式利润表按照企业利润形成的主要环节进行编制。主要反映了企业的主营业务利润、营业利润、利润总额和净利润等项目，详细揭示了企业利润形成的过程。

目前，我国企业普遍使用的都是多步式利润表。

利润表（多步式）

编制单位：　　　　　　　　　　年　　月　　日　（单位：元）

项目			
主营业务收入	减：主营业务成本		
	主营业务税金及附加		
主营业务利润	加：其他业务利润		
	减：营业费用		
	管理费用		
	财务费用		
营业利润	加：投资收益		
	补贴收入		
	营业外收入		
	减：营业外支出		
利润总额	减：所得税		
	减：少数股东损益		
净利润			

与单步式利润表相比，多步式利润表把企业当期相关收入、费用、支出项目按性质进行了详细分类，逐步地反映了利润总额的形成情况。

多步式利润表层次分明、资料详细，有利于企业前后各期报表及不同企业间报表的对比；把企业的净利润与资产总额进行对比，便于计算资产收益率等，反映了企业的资金周转情况以及企业的盈利能力和水平。

◎ 流水不腐，现金流量表就是企业的体检报告

在生活中，我们的衣食住行都离不开现金，并且对这一概念有充分的认识。但是对于现金流量表中的"现金"，你是否也有充分的认识呢？

其实，这两个概念有很大的差别。现金流量表中的现金包括了库存现金、银行存款以及现金等价物。一般来说，这里所说的库存现金、银行存款是资产负债表中的货币资金的内容。它们都是企业最重要的流动资产，可以随时用于支付。

而现金等价物则是企业所持有的变现能力较强的投资，通常包括投资日起三个月到期或清偿的国库券、商业本票、货币市场基金、可转让定期存单及银行承兑汇票等项目。它虽然不是现金，但是其支付能力和现金并没有太大区别，因此可以视为现金，具有期限短、流动性强、易转换为已知金额现金和价值变动风险很小等特点。

现金是企业日常生产经营的"血液"，在日常的经营活动、投资活动以及筹资活动中，这些现金流量形成了企业资金的血液循环，同时也形成了一张完整的现金流量表。

2015年初，某销售企业给销售部制定了销售计划，全年销售收入应该达到2000万元。通过销售部的努力，在年底达到了这一指标，给企业增加了2000万元的现金。同时在这一年中，企业投资活动增加了600万元，筹资活动增加了500万元。而该企业销售货物回款800万元，上一年缴纳税款100万元，购买原料300万元，支付员工工资135万元。以上这些经济活动的现金流动情况都体现在现金流量表中。

所以，现金流量表就是一张反映企业"血液"流动状况的财务报表，它可以反映企业现金的来源和去向。随着经济发展的迅速，企业的生产经

营活动也越来越复杂，因为资金出现问题而导致财务危机的企业也越来越多，所以，企业投资者和管理者越来越关注企业的现金流量状况，现金流量表的地位也越来越高。

1. 现金流量表的组成

不同的现金项目其来源也有所不同。根据现金流量的来源，现金流量表可以分为经营活动产生的现金流量、投资活动产生的现金流量以及筹集活动产生的现金流量。

（1）经营活动产生的现金流量。经营活动产生的现金流量是指企业在日常生产经营活动中产生的现金流入和流出，它是企业现金流量的最主要来源。

与利润表中的净利润相比，企业经营活动的现金流量更能反映企业最真实的经营成果。

（2）投资活动产生的现金流量。投资活动产生的现金流量是指企业在投资活动中所产生的现金流入和流出。

其中包括：企业取得投资收益所收到的现金、构建固定资产所支出的现金、投资支付的现金、收回投资所取得的现金、处置固定资产收回的现金净额等。

（3）筹集活动产生的现金流量。筹集活动产生的现金流量是指企业在接受投资过程中所产生的现金流入和流出。其中包括：吸收投资收到的现金、取得借款收到的现金、偿还债务支付的现金、分配股利利润以及利息支付的现金等。

对于财务报表的阅读者来说，通过现金流量表可以看出：企业在过去的某一时期创造了多少现金；在以后的持续经营中需要多少现金；在厂房和机器设备上投入了多少现金；是否在资产上投入了过量的现金；哪些项目上的资金投入不足等问题。所以，看懂企业的现金流量表对于投资人和管理者来说是非常重要的，不仅可以弄清楚自己手中有多少"银子"，还可以时刻了解企业的现金周转情况，为企业"把脉"。

2. 现金流量表的基本格式

按照企业性质和用途不同，现金流量表可以分为一般企业、商业银行、保险公司、证券公司定格式。所以，企业应该根据自己的性质编制适合自己企业的现金流量表格式。

需要注意的是，政策性银行、信托投资公司、租赁公司、财务公司、典当公司的现金流量表应该按照商业银行现金流量表格式编制，如果有特别需要的话，应该根据本企业的实际情况进行调整和补充。而资产管理公司、基金公司、期货公司应该按照证券公司现金流量表格式进行编制，如果有特别需要的话，应该根据本企业的实际情况进行调整和补充。

一般来说，现金流量表主要反映了资产负债表中各个项目对现金流量的影响。根据其用途可以划分为经营、投资及融资三个活动分类。

它主要分为主表和附表（补充资料）两大部分。主表的各项目金额实际上是每笔现金流入、流出的归属，而附表的各项目金额则是相应会计账户的当期发生额或期末与期初余额的差额，同时附表也是现金流量表中必不可少的一部分。

（1）企业现金流量表主表的格式。

现金流量表

编制单位：　　　　　　　　　　　　　　年　　月　　日　　（单位：元）

项　目	本期金额	上期金额
一、经营活动产生的现金流量：		
销售商品、提供劳务收到的现金		
收到的税费返还		
收到其他与经营活动有关的现金		
经营活动现金流入小计		
购买商品、接受劳务支付的现金		
支付给职工以及为职工支付的现金		
支付的各项税费		
支付其他与经营活动有关的现金		
经营活动现金流出小计		
经营活动产生的现金流量净额		
二、投资活动产生的现金流量：		

续表

项　目	本期金额	上期金额
收回投资收到的现金		
取得投资收益收到的现金		
处置固定资产、无形资产和其他长期资产收回的现金净额		
处置子公司及其他营业单位收到的现金净额		
收到其他与投资活动有关的现金		
投资活动现金流入小计		
构建固定资产、无形资产和其他长期资产支付的现金		
投资支付的现金		
取得子公司及其他营业单位支付的现金净额		
支付其他与投资活动有关的现金		
投资活动现金流出小计		
投资活动产生的现金流量净额		
三、筹资活动产生的现金流量：		
吸收投资收到的现金		
取得借款收到的现金		
收到其他与筹资活动有关的现金		
筹资活动现金流入小计		
偿还债务支付的现金		
分配股利、利润或偿付利息支付的现金		
支付其他与筹资活动有关的现金		
筹资活动产生的现金流量净额		
四、汇率变动对现金及现金等价物的影响		
五、现金及现金等价物净增加额		
加：期初现金及现金等价物余额		
六、期末现金及现金等价物余额		

（2）现金流量表附表的格式。

一般情况下，附表项目可以直接取自会计账目的发生额和余额，其中包括净利润、固定资产折旧、无形资产摊销等项目。它是现金流量表的补充资料，企业可以采用间接法在现金流量表附注中披露这些信息。

现金流量附表

编制单位：　　　　　　　　　年　月　日　（单位：元）

补 充 资 料	本期金额	上期金额
一、将净利润调节为经营活动现金流量		
净利润		
加：资产减值准备		
固定资产折旧、油气资产折耗、生产性生物资产折旧		
无形资产摊销		
长期待摊费用摊销		
处置固定资产、无形资产和其他长期资产的损失（收益以"—"号填列）		
固定资产报废损失（收益以"—"号填列）		
公允价值变动损失（收益以"—"号填列）		
财务费用（收益以"—"号填列）		
投资损失（收益以"—"号填列）		
递延所得税资产减少（增加以"—"号填列）		
递延所得税负债增加（减少以"—"号填列）		
存货的减少（增加以"—"号填列）		
经营性应收项目的减少（增加以"—"号填列）		
经营性应付项目的增加（减少以"—"号填列）		
其他		
经营活动产生的现金流量净额		
二、不涉及现金收支的重大投资和筹资活动		
债务转为资本		
一年内到期的可转换公司债券		
融资租入固定资产		
三、现金及现金等价物净变动情况		
现金的期末余额		
减：现金的期初余额		
加：现金等价物的期末余额		

续表

补 充 资 料	本期金额	上期金额
减：现金等价物的期初余额		
现金及现金等价物净增加额		

其次，如果企业有子公司以及其他营业单位，也应该在补充资料中披露相关现金流量表的信息。

现金流量附表

编制单位：　　　　　　　　　　　　　　　年　月　日　（单位：元）

项　目	金　额
一、取得子公司及其他营业单位的有关信息	
1.取得子公司及其他营业单位的价格	
2.取得子公司及其他营业单位支付的现金和现金等价物	
减：子公司及其他营业单位持有的现金和现金等价物	
3.取得子公司及其他营业单位支付的现金净额	
4.取得子公司的净资产	
流动资产	
非流动资产	
流动负债	
非流动负债	
二、处置于公司及其他营业单位的有关信息	
1.处置子公司及其他营业单位的价格	
2.处置子公司及其他营业单位收到的现金和现金等价物	
减：子公司及其他营业单位持有的现金和现金等价物	
3.处置子公司及其他营业单位收到的现金净额	
4.处置子公司的净资产	
流动资产	
非流动资产	
流动负债	
非流动负债	

◎ 那是谁的钱，不要忘了所有者权益变动表

所有者权益变动表是反映企业本期（一般是指年度或中期）内至截至期末所有者权益变动情况的报表。它反映了所有者权益各组成部分当期的增加、减少等变动情况。

比如，如果一个企业的当期股本增加，说明企业财务状况良好，发展规模也不断扩大；如果一个企业的当期股本减少，说明企业的财务状况恶化，生产经营出现了问题。企业管理者应该考虑重整减资以弥补亏损情况。

1. 所有者权益变动表的主要内容

对于上市企业来说，所有者权益变动表具有十分重要的意义，它可以告诉我们各股东投入资产的具体信息，为利润分配和股利分配提供最直接的参考。

在这张报表中，企业应该单独列出下面这些信息内容。

（1）净利润；

（2）直接计入所有者权益的利得和损失项目及其总额；

（3）会计政策变更和差错更正的累积影响金额；

（4）所有者投入资本和向所有者分配利润等；

（5）提取的盈余公积；

（6）实收资本或股本、资本公积、盈余公积、未分配利润的期初和期末余额及其调节情况。

其中，直接计入所有者权益的利得和损失就是其他综合收益的项目。

另外，企业的投资者可以从这张报表中获得所有者权益总量增减变动的信息，以及所有者权益增减变动的结构性信息。更重要的是，投资者可以从中分析出所有者权益变动的根本原因。

2. 所有者权益变动表的基本格式

在编制所有者权益变动表的过程中，会计人员必须遵循一定的格式和原则。一般来说，表头需要列出"本年金额"和"上年金额"两栏内容。

所有者权益变动表"本年金额"栏内各项数字一般应根据实收资本（或股本）、资本公积、盈余公积、利润分配、库存股、以前年度损益调整等科目的发生额进行填写。

所有者权益变动表呈现的是矩阵的格式，一方面它列出了导致所有者权益变动的交易或事项，也就是所有者权益变动的来源，以及某一特定时期所有者权益的变动情况；另一方面它列出了所有者权益各组成部分，包括实收资本、资本公积、盈余公积、未分配利润、库存股以及所有者权益合计等项目，以及对所有者权益各部分的影响。

下面是所有者权益变动表的基本格式：

所有者权益变动表

编制单位：　　　　　　　　　　　　年　　月　　日　　（单位：元）

项　目	行次	本年金额						上年金额					
		实收资本（或股本）	资本公积	盈余公积	未分配利润	库存股（减项）	所有者权益合计	实收资本（或股本）	资本公积	盈余公积	未分配利润	库存股（减项）	所有者权益合计
一、上年年末余额													
1. 会计政策变更													
2. 前期差错更正													
二、本年年初余额													
三、本年增减变动金额（减少以"—"号填表列）													
（一）本年净利润													
（二）直接计入所有者权益的利得和损失													

续表

项　　目	行次	本年金额						上年金额					
		实收资本（或股本）	资本公积	盈余公积	未分配利润	库存股（减项）	所有者权益合计	实收资本（或股本）	资本公积	盈余公积	未分配利润	库存股（减项）	所有者权益合计
1．可供出售金融资产公允价值变动净额													
2．现金流量套期工具公允价值变动净额													
3．与计入所有者权益项目相关的所得税影响													
4．其他													
小计													
（三）股东投入资本													
1．股东本期投入资本													
2．本年购回库存股													
3．股份支付计入所有者权益的金额													
（四）本年利润分配													
1．对股东的分配													
2．提取盈余公积													
（五）所有者权益内部结转													
1．资本公积转增资本													
2．盈余公积转增资本													
3．盈余公积弥补亏损													
4．本年年末余额													

◎ 披露财务报表附注，看懂企业盈亏的秘密

附注是对在资产负债表、利润表、现金流量表和所有者权益变动表等报表中列示项目的文字描述或明细资料，以及对未能在这些报表中列示项目的说明等。它是对财务报表的补充说明，是财务会计报告体系的重要组成部分，从中我们可以更全面更充分地了解企业的财务状况，看懂企业盈亏的秘密。

在阅读财务报表报告时，我们不能仅仅关注那些报表数据，更应该关注其附注。这对于我们理解报表中的数字以及企业的真实情况具有很大的帮助。那么，附注向我们展示了哪些具体内容，又具有什么作用呢？下面我们就详细地了解一下。

1. 财务报表附注包含的具体内容

（1）企业的基本情况。

① 企业的名称、注册地、组织形式和总部地址；

② 企业的主要业务性质和主要经营活动；

③ 母公司以及集团最终母公司的名称；

④ 财务报告的批准报出者和财务报告批准报出日。按照有关法律、行政法规等规定，企业所有者或其他方面有权对报出的财务报告进行修改。

（2）财务报表的编制基础以及必须遵循企业会计准则的声明。

编制基础主要包括：会计年度、记账本位币、会计计量所运用的计量基础、现金和现金等价物的构成。

企业应当明确说明所编制的财务报表符合企业会计准则体系的要求，真实、公允地反映了企业的财务状况、经营成果和现金流量。

（3）重要会计政策和会计估计。

例如，企业的计量的基础是什么、金融资产如何核算、固定资产提计折旧的方法和存货如何核算等。

这一部分的内容在财务报表附注中所占的比重比较大。

（4）会计政策和会计估计变更以及差错更正的说明。

如果企业的会计政策和会计估计发生了变更或出现了会计差错，在附注中应该具体说明。

（5）重要报表项目的说明和披露格式。

这一部分的信息对于报表使用者来说，是比较重要的信息，它解释了财务报表中重要项目的由来，对于分析财务报表非常重要。比如货币资金的具体状况、应收账款的账龄分析、存货减值的分析、固定资产的折旧分析等内容。

（6）或有事项的说明。

（7）资产负债表日后事项的说明。

（8）关联方关系及其交易的说明。

2. 几种附注披露格式

附注是财务报表重要的组成部分，下面我们介绍一些常用的附注表格：

（1）应收款项。应收账款可以分为两种类型，一种是按账龄结构披露的格式，另一种是按客户类别披露的格式。

应收账款按账龄结构披露的格式

账龄结构	期末账面余额	年初账面余额
1 年以内（含 1 年）		
1 年至 2 年（含 2 年）		
2 年至 3 年（含 3 年）		
3 年以上		
合　　计		

注：有应收票据、预付账款、长期应收款、其他应收款的，比照应收账款进行披露。

应收账款按客户类别披露的格式

客户类别	期末账面余额	年初账面余额
客户 1		
客户 2		
客户 3		
客户 4		
……		
其他客户		
合　计		

注：有应收票据、预付账款、长期应收款、其他应收款的，比照应收账款进行披露。

（2）存货附注披露的格式。

存货的披露格式

存货种类	年初账面余额	本期增加额	本期减少额	期末账面余额
1. 原材料				
2. 在产品				
3. 库存商品				
4. 周转材料				
5. 消耗性生物资产				
……				
合　计				

存货跌价准备的披露格式

存货种类	年初账面余额	本期计提额	本期减少额		期末账面余额
			转回	转销	
1. 原材料					
2. 在产品					
3. 库存商品					
4. 周转材料					

续表

存货种类	年初账面余额	本期计提额	本期减少额		期末账面余额
			转回	转销	
5. 消耗性生物资产					
6. 建造合同形成的资产					
……					
合　计					

（3）固定资产的附注披露格式。

固定资产的披露格式

项目	年初账面余额	本期增加额	本期减少额	期末账面余额
一、原价合计				
其中：房屋、建筑物				
机器设备				
运输工具				
……				
二、累计折旧合计				
其中：房屋、建筑物				
机器设备				
运输工具				
……				
三、固定资产减值准备累计金额合计				
其中：房屋、建筑物				
机器设备				
运输工具				
……				
四、固定资产账面价值合计				
其中：房屋、建筑物				
机器设备				

续表

项目	年初账面余额	本期增加额	本期减少额	期末账面余额
运输工具				
……				

注：企业确有准备处置固定资产的，应当说明准备处置的固定资产名称、账面价值、公允价值、预计处置费用和预计处置时间等。

（4）资产减值准备附注的披露格式。

资产减值准备的披露格式

存货种类	年初账面余额	本期计提额	本期减少额		期末账面余额
			转回	转销	
一、坏账准备					
二、存货跌价准备					
三、可供出售金融资产减值准备					
四、持有至到期投资减值准备					
五、长期股权投资减值准备					
六、投资性房地产减值准备					
七、固定资产减值准备					
八、工程物资减值准备					
九、在建工程减值准备					
十、生产性生物资产减值准备					
其中：成熟生产性生物资产减值准备					
十一、油气资产减值准备					
十二、无形资产减值准备					
十三、商誉减值准备					
十四、其他					
合　　计					

随着市场经济的发展，人们对于财务报表的要求越来越高，需要了解的信息也越来越复杂全面，所以附注的地位和作用越来越显著。

　　一般来说，财务报表和财务报表附注之间是主次关系，它们之间是相辅相成的，一方面财务报表是附注的根本，如果没有了财务报表，那么附注的存在就没有任何意义了；另一方面，附注是财务报表的补充，没有了它，财务报表的各项功能就不可能实现了。

—————— 第二章 ——————

资产就是企业的家当，把企业构架建立起来

明明白白地了解企业的家当，搞懂资产类项目究竟有哪些特征，
便可以将企业的架构建立起来，更好地利用其经济资源。

◎ **正确区分开流动资产和非流动资产**

想要准确地分析资产负债表，明明白白地了解企业的家当，就应该弄明白资产类项目究竟有哪些？这些项目具体有哪些特点？以及它们在企业的生产经营中起到了什么作用？

简单来说，资产可以分为流动资产和非流动资产两大类。但是，你真的可以区分哪些项目是流动资产，哪些项目是非流动资产吗？

流动资产是指那些可以在一年或超过一年的营业周期内转化为现金或被耗用的资产项目。包括货币资金、交易性金融资产、应收票据、应收账款、预付账款、应收利息、应收股利、其他应收款、存货、一年内到期的非流动资产和其他流动资产等。

非流动资产是无法在一年或超过一年的营业周期内变现或耗用的资产项目。包括持有到期投资、长期应收款、长期股权投资、投资性房地产、固定资产、固定资产清理、生产性生物资产和无形资产等。

下面，我们就详细地了解这些资产项目。

1. 流动资产

在了解流动资产之前，我们先了解什么是正常的营业周期。

正常的营业周期是指企业从购买用于生产的商品或劳务的原材料开始，到将生产的产品变换为现金或现金等价物所需要的平均时间。一般来说，企业的营业周期短于一年，并且在一年内通常会有几个营业周期。

在资产负债表上，流动资产通常会按照其流动性递减的顺序进行排列。也就是说，越是容易变现的项目越会被排列在前端。比如货币资金流动性最强，应该排在最前端。

（1）货币资金。货币资金是指在企业生产经营过程中，处于货币形态的那部分资金。它可以立即投入流通，用来购买商品或是劳务，是企业中最活跃的资金，流动性最强，是企业重要的支付手段和流通手段。所以它是衡量一个企业流动资产是否充足的重要指标。

一般来说，企业在进行商品买卖、发放员工工资、偿还借款时，运用的都是货币资金。

在资产负债表中，货币资金可以分为库存现金、银行存款和其他货币资金。

另外，其他货币资金包括外埠存款、银行汇票存款、银行本票存款、信用证保证金存款、信用卡存款和存出投资款等。

2016 年 3 月 12 日，北京某销售企业为了临时采购原料需要，在天津工商银行开设外埠存款账户，存入 8000 元存款。3 月 15 日，采购员上交供货单位发票，货物价值 3000 元，需要交纳增值税 510 元，这时货物还未收到。这笔交易结束后，该企业就应该将剩余的资金 4490 元转回开户银行。

货币资金对于任何一个企业都是非常重要的，企业管理者以及财务人员应该掌握资金收支管理的策略。

① 企业管理者必须保持现金流入与流出数额的同步。

② 充分利用企业从开出支票到收票人收到支票以及银行将款项划出企业账户的时间。

③ 尽量缩短应收账款的回收时间，增加企业货币资金的流入。

④ 在不影响企业信誉的情况下，尽可能推迟应付款的支付，以减少企业资金的流出。

（2）交易性金融资产。交易性金融资产是指企业为了短期内出售而持有的金融资产，包括股票、债券、基金等。它的流动性非常强，仅次于货币资金，所以也被称作为次现金或准现金。

交易性金融资产很容易变换为现金，并且具有以下特点：

① 企业持有的目的是短期的，开始持有的目的就是为了在短期内获得利润。一般情况下这个期限不会超过一年（包括一年）。

② 它在市场上异常活跃，其公允价值能够通过活跃市场来获取。公允价值就是买卖双方在公平交易的条件下和自愿的情况下所确定的价格。

③ 企业在持有期间，不对其进行计提资产减值损失。

A 企业持有一家上市公司的股票，其目的并不是长期持有，而是为了获得更多的利润。如果股票出现大幅上涨的情况，企业就会立即卖出获利。同时企业所持有的债券、基金等其他金融资产也具有以上特点。

（3）应收票据。应收票据是指企业持有的未到期的或未兑现的票据。它是一种债权凭证，企业可以按期兑换为现金，也可以自由地转让给他人。根据我国现行法律规定，商务票据的期限不得超过 6 个月，所以它也是一种流动性很强的资产。企业可以在到期后兑现资金，也可以在未到期时向银行贴现得到现金。

应收票据可以分为商业承兑汇票和银行承兑汇票。

商业承兑汇票是由收款人签发，经过付款人承兑，或由付款人自己签发并承兑的票据。

银行承兑汇票是收款人或承兑申请人签发，经过承兑申请人向开户银行申请，经银行审查同意承兑的汇票。相比较之下，银行承兑票据比商业承兑票据信用度更高，兑现更有保障。

票据到期价值的计算公式为：

票据到期价值 = 票据面值 × （1 + 票面利率 × 票据期限）

A 企业持有 B 企业一张价值 5000 元的商业汇票，持有期限为 90 天，票面利率为 10%。在实际业务中，为了计算方便，常把一年定为 360 天。那么到期兑现的价值就是：

5000×（1+10%×90/360）=5125

在资产负债表上，企业把应收票据到银行贴现后，未来付款人是否如期到款并不确定，因而形成异项或有负债，这种情况需要在附注中进行说明。另外，已经贴现的商业承兑汇票也应该在附注中单独进行说明。

（4）应收账款。应收账款是指企业向其他企业销售商品或提供劳务，但其他企业并未付款而形成的债权。

具体来说，应收账款是企业销售商品、产品或提供劳务等，应当向购货客户或接受劳务的客户收取的款项。而在实际生活中，企业为了争取客户、扩大销售，往往会采用赊销的方式来销售商品，或是延期收取货款的方式。这就是发生应收账款的主要原因。

虽然应收账款是企业流动性的资产项目，但是企业的应收账款不应该过多。因为如果应收账款过多的话，就会造成企业资产被占用过多的情况；一旦账款收不回来，就会给企业造成巨大的损失，影响企业的财务状况。企业的应付账款太多可能会造成坏账的情况，而坏账太多的话，就会给企业的经营、财务带来很大压力。

（5）应收利息和应收股利。应收利息就是企业作为债权人借给其他企业的款项所应该收取的利润。

应收股利则是企业作为投资者向其他企业投入资金所应收取的现金股利或应收其他单位的利润。这两者是企业对外投资活动所产生的经济资源。

（6）预付账款。预付账款是指企业按照购货合同的规定，向供应单位预先支付的货币资金或货币等价物。它包括预付的贷款和预付的购货定金。作为流动资产，它不是用货币资金来抵偿的，而是要求供应单位在短期内提供劳务或服务或以某种商品来抵偿。

与应收账款相比，因为没有票据的保障，所以预付账款的风险要大得多。如果一个企业的应付款项过多、应收款项过少的情况，那么就会出现负债过多、财务状况不佳的情况。尤其值得注意的是，应收账款过多的企业，存在着比较大的坏账风险，如果再增加预付款的话，就会给企业造成巨大的损失。

（7）存货。存货是指企业在日常经营活动中所持有的，以备出售的成品或商品，还有为了出售仍然处在生产过程中的在产品与将在生产过程或提供劳务过程中消耗的材料、物料等。

总的来说，存货包括了企业的各类原材料、在产品、半成品、产成品、商品以及包装物、低值易耗品和委托代销商品等。

存货是流动资产的重要组成部分，不过与其他流动产品相比，它们要经过一段时间的生产和销售周期，所以其流动性比较差。

另外，存货是企业一项非常重要的经济资源，通常占总资产比重非常大。但是，如果企业存货过多，也就意味着商品严重积压，这也会导致企业面临严重的财务风险。

（8）其他应收款。其他应收款是指企业发生非购销活动所产生的应收债权。

包括企业应收的各种赔款罚款、应收出租包装物的押金、应向职工收取的各种垫付款项、存出保证金和备用金等。

（9）待摊费用。待摊费用是指企业已经支出，应该由企业本期和以后各期分摊的各项费用。其中包括预付租金、预付保险费、低值易耗品摊销、技术转让费、广告费、固定资产修理费和一次购买金额较大的印花税等。

待摊费用的摊销期限不应超过一年，如果超过一年的话就应该计入长期待摊费用之中。

某企业 2016 年年度计划广告费用为 28400 元，机器设备修理费用为 45000 元，预付房屋租金为 24000 元。那么，该企业的待摊费用为 97400 元，每月平均预提为 8116.6 元。

待摊费用可能存在着人为调节成本、费用的情况，成为企业调节利润的主要手段之一，而成为一项不良资产。所以报表使用者在阅读资产负债表时，应该特别关注这个项目。

2. 非流动资产

（1）持有至到期投资。持有至到期投资是指到期日固定、回收金额固定或可确定且企业有明确意图和能力持有至到期日的非衍生性金融资产。它包括企业持有的在活跃市场上有公开报价的国债、企业债券、金融债券等金融资产。

一项金融资产能否被划分为持有至到期投资，必须同时满足以下三个特征：

① 投资者在确定的时间内可以获得应收的本息。

② 企业有足够的能力能持有这项资产到某一特定到期日，并且不受外部因素的影响。

③ 企业必须有明确的意图想要将这项资产持有至到期。

（2）长期应收款。长期应收款就是企业融资租赁产生的应收款项，采用递延方式分期收款，实质上为具有融资性质的销售商品和提供劳务等经营活动所产生的应收款项。

某公司分期收款销售一批商品给另一家公司，成本为 400 万，长期应收款金额为 500 万，当期收回增值税为 170 万，现值为 450 万。那么，企业应计入长期应收款项目为 500 万，其他差额计入未确认融资收益。实际上，这项交易在本质上具有融资性质。

（3）长期股权投资。长期股权投资是企业购买的其他企业的股票。它是一项长期投资，不能随意抽回或出售，投资企业作为被投资企业的股东，按所持股份比例享有权益并承担责任。当企业盈利时，投资者享有相同的收益，如果企业亏损，投资者同样也承担相同比例的损失。

比如，你的朋友想创办一家公司但资金不够，你拿出 20 万资金借给朋友，并且要求对方在一定期限内偿还。这种情况下，企业的亏损和盈利与你无关，你有权在到期日偿还 20 万资金。如果你觉得朋友的公司发展前景良好，于是决定将这 20 万作为投资的股本，这样你就拥有了这家公司的股权，这笔资金就是这家公司的长期股权投资。那么你就按照所持股份比例来享有权益和承担责任。

长期股权投资有两种核算方法：成本法和权益法。通常情况下，企业拥有被投资单位 20% 以上的表决权资本，对被投资单位有控制及共同控制或重大影响的，应采用权益法核算，否则采用成本法核算。

但是，长期股权投资的流动性比较弱，很难兑现为货币资金，其风险性也较大。投资者应该谨慎考察长期股权投资，寻找高质量的长期股权投资。

（4）固定资产。固定资产是企业为了生产商品、提供劳务以及进行经营管理等而持有的，使用年限在一年以上的有形资产。其中包括企业的厂房等建筑物、机器设备、仓库和运输设备等。

固定资产是企业资产中非常重要的一部分，一般金融比较大且为企业长期拥有，所以它可以体现企业的规模、技术、工艺水平等，对企业的经济效益和财务状况有重大的影响。一般来说，企业的规模越大，厂房、办公楼也就越多，机器设备也就越先进，固定资产的数额也就越大。当然，不同行业的固定资产，其占总资产的比重是不同的。但是这些固定资产的变现能力也比较弱，流动性也较差。

另外，融资租赁所获得的机器设备、办公楼等也应该计入固定资产，因为它们是企业分期付款购买的，最终归企业所有。而传统的租赁方式所取得的机器设备、办公楼等，最终所有权不属于企业，所以不能计入固定资产之中。

某家企业与其他企业签订合同，租用一间价值 200 万元的厂房，每年支付 50 万元，分四年付清，这样这间厂房就是该企业的固定资产；如果该企业签订合同，以每月 3000 元的价格租用一间厂房，那么这间厂房便不属于本企业的固定资产。

需要注意的是，我们应该关注固定资产的累计折旧和清理等情况。固定资产累计折旧就是指固定资产在使用过程中，因为陈旧、损耗而逐渐减少的价值。而固定资产清理就是将固定资产出售、报废、毁损等原因转入清理的固定资产净值，以及在清理过程中所发生的清理费用和清理收入。

（5）无形资产。无形资产是指企业所拥有或控制的，没有实物形态的非货币性长期资产。通常包括专利权、非专利技术、商标权、著作权、特许权、土地使用权和商誉等资产项目。

无形资产具有下述特征：不具备实物形态；属于非货币性长期资产；为企业使用但是不能出售的资产；创造经济利益方面存在较大的不确定性。

需要注意的是，企业中很多重要经济资源都是无形的，但是并不属于无形资产的范畴，如客户关系、人力资源等。无形资产是企业有偿获取的，只有花费了支出，才能作为无形资产入账。

（6）可供出售的金融资产。可供出售的金融资产就是除了贷款和应收款项、持有至到期投资和以公允价值计量，且其变动计入当期损益的金融资产之外的非衍生性金融资产。

某企业购买三年期的国债，存在活跃的交易市场。如果企业打算立即出售，这些国债就会被划分为以公允价值计量，且其变动计入当期损益的金融资产；如果企业打算三年期到期后出售，则应该划分为持有至到期投资；如果持有目的不明确，就应该被划分为可供出售的金融资产。

上面我们详细地介绍了资产的各个项目，相信我们可以更容易地看懂资产负债表，更好地了解企业的财务状况以及生产经营状况。

◎ 不要小看存货的力量，这也是一种资产

存货是企业比较重要的流动资产，虽然其流动性比现金等流动资产差，但是对于提高企业的经济效益却具有非常重要的作用。由于市场变化莫测，其产品价格也时常，所以存货也可能会发生跌价或增值的情况。并且存货通常会出现损耗的情况，所以现在很多企业都非常重视存货的管理，以避免存货跌价，减少企业的经济损失。

一般情况下，在工业企业中，存货不应该超过总资产的30%，而商业流通企业的比重则更高一些。对于一个企业来说，加强存货管理具有重要的作用，它直接影响了销售利润的高低和企业资金的使用效率。

1. 存货周转率

存货周转率是衡量企业其存货情况的重要标准。由于它的流动性不强，所以通常会出现处理不及时的情况，从而导致企业经济效益的减少。所以，我们应该注意分析企业的存货周转率，加快其周转速度，减少企业的存货损失。

存货周转率是衡量和评价企业购入存货、投入生产、销售收回等各环节管理状况的综合性指标，是销售成本与平均存货的比值。

即：存货周转率 = 产品销售成本 / [（期初存货 + 期末存货）/2] ×100%

存货周转率同样也可以用周转天数来表示，其计算公式为：

存货周转天数 =360/ 存货周转率

某企业 2015 年度销售成本为 300 万，年末存货余额为 800 万，2014 年末存货余额为 500 万，则：

存货周转率（次数）=300/ [（800+500）/2] ×100%=46%

存货周转天数 =360/0.46=782.6

那么，存货周转次数越多越好吗？一般来说存货周转次数多说明企业的销售情况良好，企业的经济效益良好；相反，企业的销售状况不佳，并且存在着存货积压的情况，其经济效益自然也就不好。

2. 存货变动的主要原因

存货能为企业未来的生产和经营带来更多的财富，但是在这个过程中，存货的价值会发生变动。

存货变动率 =（本期期末库存 – 基期期末库存）/ 基期期末库存 ×100%

而存货变动的原因主要体现在以下几个方面：

（1）呆滞损失。商品在储存的过程中，虽然原商品的使用价值并没有发生变化，但是由于社会需要发生了变化，所以商品的效用价值就会降低，导致商品无法按照原价值继续在社会上流通，形成长期聚积在储存领域的呆滞商品，这些商品最终被进行降低价格处理或报废处理。

比如，目前液晶平板电视是社会需要、消费者需要的产品，如果企业再生产技术落后的电视机，那么就无法在社会上流通，会造成呆滞损失。

（2）时间价值损失。存货也是企业资产重要的组成部分，实际上也是货币储存的一种形式。储存时间越长，利息支付越多，积压的资金就越多，自然也就减少了企业扩大投资的机会。

（3）商品本身的损耗。在储存过程中，因为本身的性质、自然条件等影响，或是人为因素的影响，会导致商品的价值发生损耗。主要包括了商品的自然损耗：干燥、风化、黏结、散失和破碎等；由于仓库保管人员的失职或保管不善、水灾、地震造成的非常损失，以及包装破损而造成的漏损等；还有商品在装卸、搬运、中转到分库验收、过磅、上垛、入库过程中产生的损耗。

总之，商品库存存放的时间越长，其价值就损失得越多。虽然有些损耗是合理的，但是为了避免一些不必要的损耗，企业应该加快其存货的周转率。

（4）存货的跌价。存货遭受毁坏，存货全部或部分陈旧过时或销售价格低于成本等原因，使存货成本不可收回而产生了损失，从而造成了存货的跌价。这样一来，企业可能会进行计提存货跌价准备，也就是对于低于市场价格的存货进行的财务处理。

存货是否需要计提跌价损失，关键在于存货所有权是否属于本企业，存货是否处于加工或使用状态。而那些不属于企业所有的存货，都不需要计提存货跌价损失，比如受委托代销的产品；处于加工或使用过程中的存货也不需要计提存货跌价损失，比如委托加工物资、在产品（存货实物形态及数量不容易确定）、在用低值易耗品（价值低且已摊入成本）等。

存货跌价准备的计算公式为：

存货跌价准备＝库存数量×（单位成本价－不含税的市场价）

如果计算结果是正数，那么说明存货可变现价值低于成本价，企业存在着损失，应该按照这个数据进行计提存货跌价准备；如果计算结果是负数，那么说明存货的价值已经增加了，就不需要计提了。

某食品企业库存10吨食盐，每吨成本价格为5000元，不含税价格为4000元，那么该企业的存货跌价准备应该如此计算：

存货跌价准备＝库存数量×（单位成本价—不含税的市场价）=10×（5000-4000）=10000 元

也就是说，该企业应该按照 10000 元的数额来进行存货跌价准备。

总之，存货是企业重要的资产之一，对其企业发展具有十分重要的作用。在实际财务管理中，不应该忽视存货的重要性，而应加强存货的管理，让存货发挥其最大的作用。

◎ 应收账款，只有收回来的才是钱

应收账款是企业重要的流动资产之一，指企业在正常的经营过程中因销售商品、产品、提供劳务等业务，应该向购买单位收取的款项。包括应由购买单位或接受劳务单位负担的税金、代购买方垫付的各种运杂费等。

它是企业应该向对方收回的款项，是企业的一项债权，与企业的销售收入有十分密切的关系。一般来说，企业应该及时收回应收账款，这样才能弥补企业在生产经营过程中消耗的资金，才能保证企业持续地经营下去。在实际工作中，企业可能会遇到被拖欠的应收账款的情况，应该及时地、积极地进行催账，以免出现呆账、坏账。如果确定某项应收账款确实无法收回，会计人员应该在取得有关证明并按规定程序报批后，作坏账损失处理。

也就是说，应收账款是否能够收回具有不确定性，这完全取决于对方的信用和行为。企业的每项应收账款都有发生坏账的可能性。既然如此，那么企业为什么还会允许赊账的存在呢？为什么还会产生应收账款呢？

其实，应收账款的出现是随着市场经济的发展而产生的，是当今市场经济不可缺少的一部分。随着市场竞争越来越激烈，每个企业都想争取更大的市场占有率，获得更多的利润，那么他们就必须利用各种手段来扩大销售规模。在这个过程中，赊账就成为了最重要的途径和方法。另外，对于很多大型企业来说，其发货时间和实际收到货款的时间往往存在着时间差异，这就产生了应收账款。

由于它是随着企业的销售收入而产生的，所以在应收账款中总有一部分不能收回，形成呆账和坏账，并且直接影响企业的经济效益。既然应收账款是无法避免的，那么企业应该如何更好地进行管理呢？如何降低企业坏账、呆账的风险呢？

下面，我们就具体来了解一下应收账款的管理技巧。

1. 延长信用期，但是一定要把握好尺度

企业在进行应收账款管理时，对于特殊的应收账款可以延长信用期，但是一定要把握好这个尺度。也就是说，并不是所有的客户都能可以给予延长信用期，同时也不能无限度地延长信用期，会计人员应该把握好时间的尺度。

那么，什么样的客户不能延长信用期呢？

其一是那些根本没有能力付款的客户。当客户在生产经营中遇到了困难，陷入财务困境，从而无法按时付款时，企业应该慎重考虑其信用额度。虽然客户并不是故意拖欠付款，但是企业还是应该对客户的具体情况进行调查分析。如果企业财务状况只是一时的并且有好转的迹象，可以延长信用期；如果客户的经营状况很坏，并且有破产的迹象，就应该及时追回欠款。

其二是客户故意拖延的情况。在实际生活中，有些客户账上明明有钱可以支付货款，但是为了自己的利益却故意拖延付款的时间，想办法找理由拒绝付款。在这种情况下，企业决不能给予延期付款的待遇，并且还要采取一些必要的措施进行催款，以防变成坏账。

2. 了解客户的信用度，降低应收账款坏账的风险

目前赊账是企业最主要的促销手段之一，也是企业扩大销售、占领市场的最有效工具。但是，企业在赊账前一定要调查客户的信用度，从而决定是否继续与该客户合作，并决定双方的交易方式和付款期限。

我们经常说，考察一个企业是否具有竞争力，不仅要看其财务状况，更要看它是否具有信誉。一般来说，我们在与一个客户合作之前，应该考察其生产经营情况如何、信誉是否良好以及是否具有良好的偿债能力等等。

客户的信誉，是评判客户是否具有良好信用度的最重要依据。企业可以根据客户历史交易信息以及口碑来评价一个企业的品质。通常来说，品质好的企业，其信誉也较好，赖账的风险也低。

客户的财务状况和实际偿债能力也是企业必须了解的关键要素。企业可以通过仔细阅读客户的财务报表来分析其财务状况和偿债能力。一般来说，资产越多、规模越大的企业，财务状况就会越好，偿债的能力也就越强，赖账的风险也就越小。

另外，一些客户可能会在财务报表上做手脚，所以，企业还应该看看客户是否具有可以用来抵押的资产，或是为其付款的担保人。如果客户确实出现无法付账的情况，企业还可以拍卖其资产，或是找担保人偿还。

3. 定期核对往来账目，确保账目准确无误

对于那些长期合作的客户，企业应该定期对应收账款进行核对，并且由相关负责人进行签字，以免出现款项出错的情况。

企业应该制定标准的对账单，其中包括合同号、金额、项目名称等信息。一般来说，核对往来账目是由债权人企业发起的，如果发现漏记、多记的应收账款应该及时修改。这样，不仅可以保证账目的准确无误，还可以避免舞弊情况的发生。

4. 编制账龄分析表，合理确定账龄

账龄就是企业尚未收回的应收账款的时间长度，是分析应收账款最重要的信息。账龄越长，发生坏账损失的可能性就越大。一般来说，根据企业自身的情况，合理的周转天数设定为30天，即可分为30天以内、30~60天、60~120天及120天以上。那些账龄在合理周转天数以上的应收账款都可能出现坏账的情况，给企业的财务状况带来不好的影响。

我们可以根据应收账款的时间长短来分析企业坏账的损失，这就是账龄分析法。

应收账款账龄分析表如下：

应收账款账龄分析表

编制单位：　　　　　　　　　　　　　年　　月　　日　（单位：元）

客户名称	金额	占总额的比重	信用期内	过期30天内	过期30～60天内	过期60～90天内	过期90～120天内	过期120天以上

从上面的图例我们可看出，企业有多少应收账款在信用期内，有多少应收账款已经超过了信用期，以及过期的时间长短、数额大小以及所占总额的比率。这样就可以计算出企业有多少应收账款会造成坏账。如果某一个客户大部分款项都超期，那么企业就应该采取相应的措施进行催款了。

5. 确定合理的催账方法，及时收回账款

催账是企业收回应收账款的最直接、最有效的方法，所以企业应该根据自身和客户的实际情况来确定合理的催账方法。如果客户暂时遇到财务困难，企业不应该逼得太紧，而应帮助其渡过难关，这样才能尽快收回账款。如果客户故意拖欠，企业就应该运用法律手段来维护自己的利益。如果客户财务状况非常糟糕，已经濒临破产，那么企业就应该及时向法院起诉，以便在破产清算时得到部分清偿。

总之，企业应该想办法催账，及时收回应收账款，避免遭受相应的损失。

6. 设立合理的信用标准，加强应收账款的管理

在企业的生产经营中，总是避免不了坏账的情况，所以企业应该制定措施，谨防坏账。而为客户制定信用标准就是加强应收账款管理的有效方式，所谓信用标准就是企业可以接受的有关客户信用方面的最低标准。

一般来说，企业的信用标准越严格，应收账款出现坏账损失的可能性

就越小，但是严格的信用标准不利于销售的扩大；反之，如果一个企业的信用标准宽松，那么应收账款出现坏账损失的可能性就越大。企业必须权衡利弊，制定一个合理的信用标准，这样既可以避免坏账的发生，也可以刺激企业的消费。

◎ 时间价值很重要，及时收回别人欠你的钱

什么是时间价值？

时间价值指的是货币的时间价值，也是资金的时间价值。简单来说，在没有投资风险和通货膨胀的情况下，今天的1元钱的价值也大于1年后的1元钱的价值。

具体来说，货币时间价值是指货币随着时间的推移而发生的增值，是资金周转使用后的增值额。

投资者进行投资就必须推迟消费，对投资者推迟消费就必须给予相应的报酬，这种报酬的量应与推迟的时间成正比。一定量的资金存入银行或投资生产经营时，会取得一定的利息和利润，由此而产生的资金就是时间价值。资金的时间价值就是使用资金的最低成本，使用资金的时间越长，成本就越高。这样一来，就要求企业的资金通过企业生产经营活动获得的收益要高于时间价值。

一般来说，资金时间价值可以用绝对数表示，也可以用相对数表示，即以利息或利息率来表示。但是在实际工作中，对这两种表示方法并不做严格的区别，企业通常会用利息率来体现资金时间价值的大小。

那么，时间价值是怎样计算的呢？

一般来说，企业通常会利用利息率来表示资金的时间价值的大小。以银行存款来说，企业开始存入的钱叫作本金，它是计算利息的基础，利息就是按照事先规定的利率和存款期限，通过一定的计算方法计算出来的存

款报酬。

利息计算有两种制度，即单利制和复利制。

1. 单利的计算

单利是一种不论时间长短，仅仅按照本金计算的利息，当期所产生的利息不加入下期本金，从而不改变计算基础的方法。

所谓终值，就是企业资金在未来某段时间的价值。而现值，就是企业资金在现在的价值，是指企业不同时期的资金按照一定的折现率而折现到现在的价值。

在计算中经常使用的符号是：

P——本金，也叫作期初金额或现值

i——利率

I——利息

S——本金和利息之和，又叫作本利或终值

t——时间

单利终值的计算公式：

$S=P+I=P+P \cdot (i \cdot t)=P \cdot (1+i \cdot t)$

2011 年 1 月 1 日，某企业将 20000 元资金存入银行，年利率为 8%，期限为 5 年，并且于 2016 年 1 月 1 日到期，那么到期时的终值就是：

$S=20000 \times (1+8\% \times 5)=28000$ 元

而 $I=S-P=28000-20000=8000$ 元

另外，通过单利终值的计算公式可以衍生出单利现值的计算公式。

单利现值的计算公式为：

$P=S/(1+i \cdot t)$

某企业想要在 5 年后购进一台设备，价格为 20000 元，年利率为 6%，那么企业现在应该存入多少钱？

$P=20000/(1+6\% \times 5)=15384.6$ 元

通过这个事例说明，如果企业现在存入 15384.6 元，经过 5 年之后，就可以获得 20000 元资金，来购买机器设备了。而 20000-15384.6=4615.4

元就是企业这 5 年来获得的时间价值。

2. 复利的计算

复利是指不仅对本金计息，而且将本金所产生的利息在下期转为本金再生利息的一种计息方法，俗称利滚利。通常来说，复利的计算结果比单利计算更准确一些。

复利终值的计算公式：$S_n = P(1+i)n$

还是上面的事例：

某企业拥有资金 20000 元，利率为 8%，投资时间是 5 年，那么到期时的终值就是：$S = 20000(1+8\%)5 = 21600$ 元

复利现值的计算公式为：$P = S(1+i)-n$

比如这家企业想要在 5 年后购进一个设备，价格为 10000 元，利率为 8%，那么现在企业应该存入银行多少钱？

$P = 10000(1+8\%)-5 = 6806$ 元

由此我们可以看到，时间价值对于企业发展来说非常重要。因为在市场经济下，货币就是商品价值的外在体现，现在的货币只能用来支付现在的商品，而将来的货币只能支付将来的商品。这样一来，现在的钱肯定要比将来值钱得多。所以国家就会利用市场利息来反映国家平均经济增长和社会资源稀缺性。另外，当出现通货膨胀时，现有货币总是在价值上高于未来货币，并且随着时间的推移，货币价值就会不断地降低。

所以，如果想要企业获得更多的经济利益，那么就应该及早收获应收账款，或是尽量拖延应付账款的支付，利用时间的差异来增加企业的现金流入。

◎ 付账时，请别忘了去掉你的预付账款

在企业的资产项目中有一项比较重要的流动资产，那就是预付账款。顾名思义，它就是企业预先支付给客户的一笔款项。企业在采购货物和材料时，为了确保交易的顺利完成，按照合同的规定通常会预先支付一定的定金或货款，等到交易完成之后才会支付全部款项。

具体来说，预付账款就是企业在日常销售活动中，按照购货合同的规定，预先以货币资金或货币等价物的形式支付给供应单位的款项。其实，预付账款就是企业暂时存放在客户那里的钱，在交易发生之前或是交易尚未完成之前，这笔钱还是企业的，属于企业的资产项目。

一般来说，企业的应付账款应该分为预付的货款和预付的购货定金。在日常核算的过程中，预付账款应该按照实际付出的金额入账。而在实际经营中，预付账款不是用货币抵偿的，而是要求对方在短期内提供劳务或服务或以某种商品来抵偿。

某建筑公司向本市一家钢铁生产销售企业购买了一批钢材，价值200万，双方合同规定建筑公司支付 20% 的预付款，即 40 万，钢铁生产销售企业必须在一个月之后交付全部货物。同时，生产销售企业向建筑公司开具了收款单据，而建筑公司采购人员也应该向企业填写预付款申请单。在实际付款时，采购人员还应该向企业提交公司采购单、公司收货单和供应商发票等票据。

1. 预付账款的会计处理

预付账款账户应该核算企业按照合同规定向购货单位预付的款项。一般应该按照购货单位设置明细账来进行核算。

如果企业的预付账款数额不大或是业务不多的话，可以直接向这笔款

项记入"应付账款"的借方。企业在预付时借记"应付账款"科目时，通常在收到采购的商品后再进行冲销。但是，企业采用这种会计处理方法的情况下，"应付账款"的某些明细账户可能会出现借方余额。在期末，应付账款明细账的借方余额应该在资产负债表中列作资产项目，而各明细账的贷方余额列作为负债项目。

如果企业的预付账款业务比较多，会计人员应该给每一个客户设置明细账，详细地列出预付款项的金额和日期、采购商品的规格及数量、到货日期及注销日期等。

值得注意的是，企业的预付账款不得作计提坏账准备。如果供货单位出现破产或是无法提供货物的情况，会计人员应该将原计入预付账款的金额转入其他收款，并且作计提坏账的准备。

2. 预付账款核算应该注意的问题

会计人员在核算预付账款时，应该注意以下几个问题。

（1）不得利用预付账款作为非法结算的"中转站"。按照相关会计规定，企业的预付款业务必须以有效合法的供应合同为基础，不得出现违法核算的情况。而在实际工作中，一些企业却利用预付款这一项目来为他人进行非法结算，将其作为回扣或佣金来据为己有，或是利用这一项目来私设小金库。

（2）不得利用预付账款来隐匿收入。在实际工作中，很多企业在销售商品后并不进行收入确认，而是将销售收入暂时存放在"预付账款"账户中，并且在以后再进行会计分录。这样企业就可以利用这个项目来隐匿收入、偷逃税金。

很多企业通常将本应该记入"其他业务收入""营业外收入"账户的事项记入"预收账款"账户，从而达到逃避缴纳流转税和所得税的目的。

预付账款虽然还是属于企业的资产，但是已经支付给客户，所以企业应该慎重进行核算。

◎ 不要忽视机器设备厂房等固定资产

在企业的财务管理中，机器设备、厂房等是企业资产的重要组成部分，它的一个重要特征就是使用寿命较长，一般超过一年。一般情况下，持有固定资产的目的就是生产商品或提供劳务。

固定资产是企业的劳动手段，也是企业赖以生产经营的主要资产。从会计的角度划分，固定资产一般被分为生产用固定资产、非生产用固定资产、租出固定资产、未使用固定资产、不需用固定资产、融资租赁固定资产、接受捐赠固定资产等。

因为固定资产的使用时间比较长，所以经常会出现损耗和折旧的情况。企业在财务管理中，应该对固定资产进行计提折旧。

1. 固定资产的折旧

所谓折旧，就是指固定资产对使用过程中因损耗而转移到产品中去的那部分价值的一种补偿方式。

因为固定资产折旧只是成本的分析，所以折旧不是对资产进行计价，其本身既不是资金来源，也不是资金运用。同时，固定资产折旧并不承担固定资产的更新，并且对现金流量产生了一定的影响。

计提折旧的固定资产主要包括：

（1）房屋建筑物；

（2）在用的机器设备、仪表、运输车辆、工具器具；

（3）季节性停用及修理停用的设备；

（4）以经营租赁方式租出的固定资产和以融资租赁式租入的固定资产。

不计提折旧的固定资产主要包括：

（1）已提足折旧仍继续使用的固定资产；

（2）以前年度已经估价单独入账的土地；

（3）提前报废的固定资产；

（4）以经营租赁方式租入的固定资产和以融资租赁方式租出的固定资产。

不同的固定资产折旧年限有所不同。一般情况下，固定资产计算折旧的最低年限如下：房屋、建筑物的折旧年限为 20 年；飞机、火车、轮船、机器以及其他生产设备的折旧年限为 10 年；与生产经营活动有关的器具、工具、家具的折旧年限为 5 年；飞机、火车、轮船除外的运输工具的折旧年限为 4 年；而电子设备的更新换代比较快，其折旧年限为 3 年。

一般来说，企业常用的折旧方法分为以下几种：

（1）年限平均法。这种方法是指按照预先估计的使用年限平均分摊固定资产的价值。使用这种方法时，每年的折旧额是固定的，这也是目前企业使用最普遍折旧的方法。

其计算公式是：

年折旧率 =（1- 预计净残值率）/ 预计使用寿命（年）×100%

月折旧率 = 年折旧率 /12

月折旧额 = 固定资产原价 × 月折旧率

某运输公司新购买 5 辆卡车，每辆卡车价格为 30 万元，共计 150 万元。卡车的折旧年限为 4 年，而根据税法规定固定资产的净残值率为 5%。那么，

该企业的年折旧率 =（1-5%）/4×100%=23.74%

月折旧率 =23.75%/12=1.97%

月折旧额 =300000×1.97%=5910 元

（2）工作量法。这种方法是按照实际工作量来分摊固定资产的价值。比如在实际工作中，一些生产设备或运输设备会出现磨损不均匀的情况，这时这种方法就非常适用了。

其计算公式是：

单位工作量折旧额 = 固定资产原价 ×（1- 预计净残值率）/ 预计总工作量

某项固定资产月折旧额 = 该项固定资产当月工作量 × 单位工作量折

旧额

（3）双倍余额递减法。它是一种加速折旧的方法，折旧率通常是平均法的两倍，它适用于受科学技术影响较大的、更新换代较快的固定资产。

计算公式如下：

年折旧率 =2/ 预计使用寿命（年）×100%

月折旧率 = 年折旧率 /12

月折旧额 = 固定资产净值 × 月折旧率

（4）年数总和法。它也是一种加速折旧法，适用于受科学技术影响较大的固定资产。

其计算公式如下：

年折旧率 = 尚可使用年限 / 预计使用年限的年数总和 ×100%

预计使用年限的年数总和 =n·（n+1）/2

月折旧率 = 年折旧率 /12

月折旧额 =（固定资产原价 - 预计净残值）× 月折旧率

其实，折旧是一种费用的支出，但是在计提时并没有发生实际的现金支出，而是对于固定资产的一种长期分摊。这有利于企业合理地计算利润，以及重新购置新的固定资产。

除了折旧之外，固定资产还有更新、维修和修理等不同情况。

固定资产更新是指固定资产在物质形式上进行的替换，在价值形式上进行的补偿。

2. 固定资产的盘点

一般来说，固定资产的价值比较高，使用周期比较长，所以管理盘点存在着一定的难度。盘点固定资产不仅可以解决企业固定资产设备不清、闲置浪费、虚增资产等问题，还可以为企业的资产管理提供可靠、高效的信息，并且为企业的未来决策提供可靠的依据。盘点固定资产还有利于企业资产管理的标准化，让固定资产管理变得更加准确、全面。

固定资产的盘点主要有下面两种方法：

（1）账面盘点法。账面盘点法就是将固定资产的项目分别设立账目，然后将每项资产的数量和相关信息记录在账面上。这样一来，企业就可以随时从账册上审查企业固定资产的信息和数量。

（2）实地盘点法。实地盘点法按照时间的不同可以分为期末盘点和循环盘点。期末盘点是指在会计计算期末统一清点所有物品数量的方法；循环盘点是指在每天、每周清点一小部分物品，一个循环周期将每种物品至少清点一次的方法。

3. 固定资产的清理

企业在日常经营活动中，难免会出现固定资产报废、出售或是有损坏的情况。这时，企业就应该对固定资产进行清理和结算，以增加企业的经济效益，减少相关的资产损失。

当企业出售、报废和损毁的固定资产转入清理时，应该按照下面的公式进行计算。

借：固定资产清理（转入清理的固定资产账面价值）

累计折旧（已计提的折旧）

固定资产减值准备（已计提的减值准备）

贷：固定资产（固定资产的账面原价）

而当发生清理费用时，应该按照下面的情况进行记账。

借：固定资产清理

贷：银行存款

某企业机器设备因为闲置而需要清理，原价格是 500 万元，售价 400 万元收到现金，已提折旧为 350 万元。会计分录应该如下：

（1）先注销固定资产和折旧。

借：固定资产清理——某机器设备 400 万

累计折旧 350 万

贷：固定资产 500 万

（2）收回价款。

借：库存现金 400 万

贷：固定资产清理——机器设备 400 万

固定资产是企业最重要的资产，在企业总资产中占据比较大的比重。企业在进行资产管理时一定不要忽视这些固定资产。做好固定资产的折旧和清理，才能更大限度地利用企业资产，获得更多的经济效益。

————— 第三章 —————

用别人的钱为自己赚钱，负债也是另一种资产

企业负债就是向别人借来的钱，它也是企业的重要资产之一，
不过这笔资产却不是随意使用的。
企业在使用别人的钱时，应该有效地规避其风险。

◎ 认清企业负债各个项目，规避投资风险

负债，就是企业向别人借的钱，也是企业最重要的资产之一，虽然它可以用作企业的生产经营，但是在一定时期内必须偿还给别人。对于企业来说，负债是企业必须承担的现时义务，企业在履行其偿还义务时必然会造成经济利益的流出。另外，只有企业过去的交易或者事项才能形成负债。

负债的分类项目与资产是相对应的，它可以分为流动负债和非流动负债。具体来说，流动负债项目主要包括：短期借款、交易性金融负债、应付票据、应付款项、预收款项、应付职工薪酬、应交税费、应付利息、应付股利、其他应付款、一年内到期的非流动负债和其他流动负债等。

而非流动负债项目主要包括：长期借款、应付债券、长期应付款、专项应付款、预计负债、递延所得税负债和其他非流动负债等。

我们只有具体地了解负债的各类项目，才能彻底明白自己的负债情况，向谁借了钱、借了多少钱，以及这些项目究竟有哪些特征等问题。

1. 流动负债

流动负债，也叫作短期负债，是指企业在一年的时间内（包括一年）需要偿还的负债。它的偿还期限比较短，所以企业还款有一定的压力。它反映了企业的短期偿还能力，也是债权人非常关心的财务指标，因为短期负债比例的高低直接影响了企业的价值。

（1）短期借款。短期借款是企业为了日常生产经营活动，而向银行或者其他金融机构借入的各种借款，其偿还期限在一年以内（包括一年）。

银行的短期借款有很多种，包括生产周期借款、临时借款、结算借款、买方信贷、临时借款、票据贴现借款和专项储备借款等。它们的期限一般不会太长，通常在取得借款日企业就会按照取得金额入账。

某公司向银行借款 100 万元，期限是一年，年利率是 10%。那么到期后企业需要向银行还款则是 110 万元。

短期借款数量的多少，主要取决于企业生产经营活动对流动资金的需要量，以及现有流动资金的沉淀、短缺情况。

一般来说，企业的短期借款的数量应该与流动资产相适应，但是不应该超过流动资金的金额；另外，短期借款应该和企业当期收益相适应，应该考虑企业收益水平是否高于借款利率。

（2）交易性金融负债。交易性金融负债是指企业利用短期获利方式进行融资而形成的负债。比如应付短期债券等。它的偿还期限比较短，给企业的偿还带来了比较大的压力。

企业的负债必须同时具备下列条件才能算是交易性金融负债：即承担金融负债的目的必须是为了近期出售或回购；它是企业采用短期获利模式进行投资的一部分；它属于衍生金融工具。

某企业为了筹集资金，发放了 10 万股短期债券，每股价格为 3.5 元，期限为 9 个月。到期后，企业就必须进行偿还。

（3）应付票据。应付票据，也叫作短期应付票据，是指企业在日常销售过程中，采用商业汇票结算方式而发生的票据。一般来说，应付票据由出票人出票，并且委托付款人在指定日期内付款给收款人或者票据的持票人。

它是企业的一种债务，期限一般不得超过 6 个月，主要包括商业承兑汇票和银行承兑汇票。

在分析应用票据时，应该看它是否带有利息，出票人是否发生过延期支付到期票据的情况，以及查看企业开具的票据是银行承兑汇票还是商业承兑汇票。如果是商业承兑汇票，企业应具体了解关联方交易的事项、价格、目的等因素。

（4）应付账款。应付账款也是企业的一种债务，是指企业因为购买材料、商品或接受劳务供应等所发生的债务。比如说，甲企业向乙企业提供了商品或劳务，但是乙企业尚未付款，这笔款项就是乙企业的应付账款。

与应收账款类似，应付账款同样没有票据的约束，所以还款的压力比应付票据小很多。而在实际经营活动中，很多企业都会遇到账款遭到拖欠的情况。如果某企业应付款数额急剧增加，就说明企业的支付能力和偿债能力出现了问题。另外，企业大量地拖欠账款也会破坏企业的商业信誉，并且面临破产的危机。

（5）其他各项负债项目。应付职工薪酬包括员工的工资、福利、奖金和津贴等款项。

应付股利是指企业接受股权投资者投入的资金，按照股东大会、董事会或者类似机构的决议，已经宣告支付，但是却尚未支付的股利。

其他应付款是指除了以上几种债务外，企业应该支付的其他款项，比如职工未按期领取的工资、其他企业存入的保证金等。

需要注意的是，其他应付款的规模和变动与主营业务的关系不是很大，但是数额不能太大，且时间不应该过长。

2. 非流动负债

非流动负债是指除了流动负债之外的负债，偿还期通常在一年或者一年以上的一个营业周期，所以也叫作长期负债。

它主要是企业为筹集长期投资项目而借入的资金。比如，企业为了购买大型设备而向银行借入的中长期贷款，因为它们的偿还期限比较长，所以企业的偿还的压力相对比较小。

非流动负债可以保持股票价格的稳定和企业原有的股权结构不变，并且不影响原有股东对企业的控制权。但是它可能带来股东收益的减少，以及给企业带来较大的财务风险。

（1）长期借款。长期借款是指企业向银行或其他金融机构借入的一年以上（不含一年）的各项借款。一般来说，长期借款主要是企业向各专业银行、商业银行取得的借款，并且也可以向财务公司、投资公司取得。

它的偿还期比较短，但是利率比较高。有一定数量的长期借款则表明企业获得了金融机构的有力支持，拥有较好的商业信用和比较稳定的融资渠道。但是，长期借款的数额不应该过高，否则就会影响企业的偿债能力。

那么，如何判断企业的长期借款是否适当呢？我们可以从下面两个因素来考量：一是长期借款与固定资产、无形资产的规模是否相适应。一般来说，长期借款应该小于固定资产和无形资产之和；二是企业长期借款利息费用的处理是否合理。

（2）应付债券。应付债券是指企业为了筹集长期资金而在到期时应该付钱给持有人的债券，基中包含了其产生的利息。它是企业筹集长期资金的重要筹资方式，但是其价格受同期银行存款利率的影响比较大。一般情况下可以分为按面值发行、溢价发行、折价发行。

如果企业债券发行的价格与同期银行存款利率相同，就是按面值发行；如果票面值高于同期银行存款利率，企业就会按照超过票面价值的价格发行，就是溢价发行，相反就是折价发行。

（3）长期应付款。长期应付款是指除了长期借款和应付债券以外的债务，主要包括应付补偿贸易引进设备款和应付融资租入固定资产租赁费等。它是一种很重要的筹集长期资金的方式，主要以先用设备，后付款的方式来筹集。

例如，企业需要购进一台大型设备，除了利用长期借款、应付债券等方式筹集资金外，还可以采用分三年或是更长时间分期支付。这时，这笔付款就属于企业的长期应付款。

（4）预计负债。预计负债是指企业根据或有事项等相关准则确认的各项负债。其中包括对外提供担保、未决诉讼、产品质量保证、重组义务以及固定资产和矿产权益弃置义务等。

那么，什么是或有事项呢？具体来说，就是由过去的交易或事项形成的，其结果须由某些未来事项的发生与否才能决定的不确定事项。它具有很多不确定性，不确定其是否发生或不确定其发生的具体时间和金额。

例如，某空调企业生产的空调可能出现质量问题，导致顾客遭受严重损失，未来甚至可能发生赔偿问题，而这些问题就是或有事项。一般来说，或有事项可以分为预计负债，或有负债和或有资产。

（5）专项应付款。专项应付款是指国家作为企业的所有者所投入的有专门用途或特定用途的款项。它是一种负债的形式，不需要以资产或增加其他负债来偿还。主要包括新产品试制费拨款、中间试验费拨款、重要科学研究补助费拨款等。

需要注意的是，专项应付款必须专款专用，并且不需要以资产或新的负债来偿还。

（6）递延所得税负债。递延所得税负债是指企业根据所得税准则确认的因纳税暂时性差异产生的所得税负债。

递延税款是指由于税法与会计制度在确定收益、费用或损失时时间不同而产生的会计利润与应税所得的时间性差异。

企业负债采用的就是"借鸡生蛋"的道理，借别人的钱来为自己赚钱。企业可以利用负债来扩大生产经营规模，获得更多的经济利润。但是，并不是说企业的负债越多就越好，如果企业的负债超过了资产总额，就会出现资不抵债的情况，使得企业面临极大的财务风险，甚至引发破产。

所以，企业在分析财务报表时，一定要仔细分析负债各项的数额和比例，使其更加合理合法，这样才能保证企业的正常运行，以及长远稳定的发展。

◎ 认清虚假负债项目，识别资产负债表中的虚假信息

在实际生活中，很多负债较多的企业为了吸引更多的投资，让投资者看不清企业负债累累的情况，通常会选择粉饰财务报表的方式来欺骗投资者。所以，不管是投资者还是债权人都应该学会认清企业虚假负债项目，巧妙地识别报表中的虚假信息。

我们知道，负债项目包括了流动负债、长期负债两种主要形式。而在报表造假的过程中，一般表现为少列负债或是虚报负债并侧重于漏列负债的情况，也就是我们通常所说的低估负债。

一般来说，企业往往就是利用藏匿凭证的手法来进行负债类的低估，通常不会留下确凿的证据。所以，投资者以及债权人应该分析负债的各个项目，识别其中的虚假信息，更清晰地分析企业的财务状况。

1. 在实际财务操作中，一般会采取以下这几种方式造假

（1）改变负债确认的条件。在实际工作中，会计人员会很快将那些属于企业债务的款项入账为负债，或是将一些属于企业负债的项目不列入负债的项目；故意推迟或提前确认负债时间和结账日期，比如将本期的负债推迟到下期才入账。这样一来，财务报表中就会出现少列负债或是多列负债的情况。

（2）变更负债计量的标准。会计人员不按照实际的应付金额入账，而是故意低估、少列或高估、虚列负债项目的账面价值，造成财务报表中负债项目的价值过低或是过高。

比如，企业本期向银行借款 10 万元，会计人员为了粉饰账目会只入账 5 万元，等到下一期再入账 5 万元；或是本期实际支付客户账款 5 万元，并未入账而等到下期再入账。

（3）违背负债的形成、偿还的会计核算原则。在实际工作中，会计人员可能不会按照实际发生的时间和金额对某项交易活动的应付账款、预收账款进行入账，而提前对还没有发生的员工工资、劳动保险费、利息、大额修理费、税金等项目进行入账，导致实际发生额与账面数额不相符。

（4）通过关联方交易，滥用债务重组政策来冲销负债。比如，某生产销售食品的企业下属有一家独立核算的原料子公司，每年母公司都会向子公司购进相关原料。当企业发生财务困难时，企业就会利用债务重组的方式来冲销自身的负债。

2. 如何审计被低估的负债

通常，企业会利用不同手段来粉饰报表，而对于投资者和债权人来说，影响最大的就是虚增利润、高估资产和低估负债等因素。

那么，我们如何识别一个企业的负债是否被低估了呢？

主要的方法就是对负债项目进行重新分类。前面我们提到，企业负债应该按照其流动性分为流动负债和非流动负债。而在审查低估负债的过程中，可以根据负债是否带息、无息等特征，对报表负债项目进行重新分类。

（1）将负债分为带息负债和无息负债。

带息负债主要包括短期借款、长期借款、长期应付款、应付债券和可转换公司债券等。这一类负债主要特征是其偿还期限比较固定，流动性的风险主要取决于带息负债项目累计余额的大小。低估的情况包括：应该对项目进行计息的并没有计息，应计入逾期缴纳的罚金和利息却没有计入；应该计入账面的相关费用却没有计入。

而无息负债则是除了有息负债外的其他负债项目。

（2）将负债分为敏感类负债、经营类负债及其他负债。

敏感类负债：敏感类负债主要包括应交税金、预计负债、应付股利和专项应付款等项目。

在会计核算中，这些项目的政策性、法律性比较强，在审计的过程中应该对其进行审计，考察其完整性、合法性以及披露的是否充分。

低估的情形主要包括：应该计入账面却并没有计入的税金，以及有关的滞纳金、罚息，应该计入账面却没有计入的或有事项，应该计入账面却没有计入的预计负债。

经营类负债：经营类负债主要包括应付账款、应付票据、预收账款等项目。

其中，前两者是企业因为购买商品、接受劳务而形成的债务；后者是因为企业销售商品、提供劳务而形成的债务。

这一类负债项目的特征主要是：金额比较大、占据资产总额的比例比较高；短期偿债能力比较强；是企业经营资金的重要来源渠道；与企业主营业务有密切的关系。

低估的情形主要包括：应该计入账面却没有计入的应付账款或应付票据、提前转销的预收账款等。

其他负债项目：主要包括其他应付款、预提费用、应付工资、应付福利费等。

低估的情形主要有：应该计入账面却没有计入的其他应付款、工资、员工福利，或是当期应承担但未入账的工资费用等。

总之，低估负债并不是为了使企业的账面好看，它不仅使报表使用者高估企业的盈利情况，还高估了企业的偿债能力，这对于分析企业的财务状况和生产经营情况具有不良的影响。

◎ 别人的钱不好花，学会防范企业的筹资风险

资金是企业生存和发展的重要命脉，一个健康发展的企业不仅要充分利用企业内部的资金，更要合理科学地利用从外部筹集来的资金。但是，企业融资的过程中，不仅为企业带来了经济效益，同时也给企业带来了更大的风险。

一般来说，企业融资必然要支付一定的利息，而这也会增加企业按期

偿还债务的负担。因为企业资金利润和借款利息都具有不确定性的特点，所以，企业在生产经营中所获得的资金利润率就会高于或是低于借款利息率。如果利润率高于借款利息率，那么企业就有利可图；反之，企业就将面临无法偿还债务的风险。

如果企业的经营决策正确，管理行之有效，那么企业资金的利润率就会高于借款利息率。在市场竞争日益激烈的今天，金融市场也是瞬息万变，这可能会导致企业管理措施的失当，从而导致企业决策失误，也是企业融资风险产生的原因。

简单来说，融资风险就是企业在筹集资金的活动中，由于筹资的规划而引起的收益变动的风险。通常，企业筹集的资金来源于两个方面：一个是所有者投资，包括企业的资本金以及由此衍生的公积金、未分配利润；另一个是从银行等金融结构借入的资金。

对于这两者来说，借入资金这种方式具有很大的融资风险，表现为企业是否能够及时足额地还本付息。因为借入资金严格地规定了借款人的还款方式、还款期限和还付本息金额等，所以企业若不能利用这笔资金按时产生利润，那么也许就不能按时还付本息。这样一来，企业就必须付出更高的代价来还付本息，比如付出高额的利息，或是被银行低价拍卖抵押财产，或是拍卖库房和机器等价值高的固定资产。

而对于所有者投资来说，因为它不存在着还付本息的问题，属于企业自身的自由资金，所以它的融资风险相对而言比较低，只体现在资金是否能否高效地运用。如果资金能够高效地运用，创造了更多的经济效益，那么融资风险就没有那么高；如果企业资金的使用效果低下，无法满足投资者的投资回报期望，就会导致企业股票下跌，加大企业融资的风险。

那么，融资风险具体体现在哪些方面呢？

（1）信用风险。

信用风险是指企业融资项目有关参与方不能履行相关规定的责任和义务而产生的风险。比如银行向企业提供贷款时，必须考察企业的偿债能力、资本结构、资产总额等项目。

（2）完工风险。

完工风险是指企业承担的项目因为无法完工、延期完工或者完工后无法达到预期标准而产生的风险。它是项目融资的核心风险之一，主要体现为贷款利息的增加、贷款偿还期限的延长以及错过了市场的机遇。

（3）生产风险。

生产风险是指企业在试生产阶段和生产经营过程中产生的各项风险，比如技术风险、资源风险、能源和原材料供应风险及生产经营风险等。

（4）市场风险。

市场风险是指企业在生产经营活动中，能否照计划维持产品质量与产量，以及产品市场需求量与市场价格波动所带来的风险，主要包括价格风险、竞争风险和需求风险。

（5）金融风险。

金融风险是指企业的项目融资过程中产生的利率风险和汇率风险。利率和汇率的变化对企业现金流量、销售活动产生了巨大的影响，所以企业应该仔细分析和预测金融市场上可能出现的变化。包括汇率波动、利率上涨、通货膨胀、国际贸易政策等因素引发的金融风险。

（6）政治风险。

政治风险主要包括两个方面，一个是国家风险，比如借款人所在国现存政治体制的崩溃，对项目产品实行禁运、联合抵制、终止债务的偿还等风险；另一个是国家政治经济政策稳定性风险，比如税收制度的变更、关税及非关税贸易壁垒的调整，外汇管理法规的变化等因素引起的风险。

（7）环境保护风险。

随着环境保护意识的提高，公众和国家对工业化进程中环境污染的惩罚越来越严格，许多国家颁布了严格的法令来控制辐射、废弃物、有害物质的运输，以及不可再生资源的利用等。所以，企业应该重视融资项目可能出现的环境保护方面的风险。

融资风险对于企业生产经营活动和未来发展趋势具有重要的意义，所以企业应该有效地防范融资风险。那么，为了有效地防范融资风险，企业应该做哪些方面的努力呢？

（1）增强企业的盈利能力和现金获取能力。

总资产报酬率反映了企业全部资产综合运用效率的水平，当这个指标的期望值高于银行贷款利率时，表明企业的综合效益不仅可以承担借款的压力，而且具有一定的盈利能力，在这种情况下，企业可以继续适当地进行融资；反之，企业的综合效益就无法承担借款的压力，甚至可能会出现亏损的情况。这样一来，企业就无法再进行借款了。

不过，当企业现金净流量和经营活动现金净流量都大于零时，说明企业的偿债能力比较强，可以考虑负债经营。

（2）避免过度的负债经营。

一般来说，企业的经营规模越大，抵抗融资风险的能力就越强，可以适当地增加负债；如果企业的经营收入稳定，其偿债能力就会比较强，其融资风险也比较低，可以适当地增加负债；盈利能力比较强的企业，获得现金的能力也比较强，企业也具有较高的信誉，所以其筹资能力也比较强，可以适当地增加负债；同时，如果企业的债务利息和本金是以现金形式支付的，那么说明企业获取现金的能力比较强，现金流量也较多，企业负债经营的能力也就越强。

（3）关注利率的变化。

前面我们说过，利率的变化对于企业的融资有很大影响。当利率比较高时，企业不应该进行融资，或是只筹借经营急需的短期资金；当利率处于由高到低的过渡时，企业也不应该进行融资；当企业不得不进行融资时，应该尽量采用财务浮动利率的计息方式；而当利率比较低时，对于企业的融资比较有利，但是应该避免因为投资过热而引起的融资过度；当利率处于由低到高的过渡期时，企业应该根据资金的需求量筹集长期资金，并且尽量采用固定利率的计息方式。

（4）增加自身的风险意识。

企业融资之后，因为资本供求的变化、利率水平的变化、资本结构的变化、获利能力的变化等，会导致实际结果与预期效果有差距。这就要求企业必须树立风险意识，正确地认识自身的风险，制定规避融资风险的相关风险方案，将风险降到最低。

◎ 掌握融资技巧，是企业吸引投资的关键

企业融资是企业获得资金的过程，所以掌握融资的技巧，是企业吸引投资的关键。如果掌握了相关技巧，就可以达到事半功倍的效果。

下面是企业融资的几个技巧，我们来具体了解一下。

1. 降低成本，找到最合适的债权人

我们在市场上买东西时，通常会货比三家，找到最物美价廉的商品。通常企业在融资的过程中，也应该对所需要的成本进行比较，尽量减少企业融资的成本，找到符合本企业实际情况的债权人。企业在融资的过程中，需要支付一定的成本费用，不同企业借款人所支付的成本也有所不同。比如，银行等金融机构是企业主要的融资对象，而在获取银行贷款的同时，企业也需要支付一定的利率。目前，我国各家银行的贷款利率会在一定范围内上浮或下浮。而各家银行为了吸引更多的客户，会给企业各种优惠活动，在这种情况下，企业就应该谨慎行事，对比各家银行贷款利率的高低以及其他收费项目等情况。只有选择了融资成本最低的银行，才能降低资本成本，提高企业的经济效益。

2. 知己知彼，了解投资方的实际情况

除了银行等金融机构外，投资公司、个人也是企业融资的主要对象，尤其现在金融市场上风投公司越来越多。企业想要获得融资，就必须做到知己知彼，了解投资方具体情况，包括之前的投资历史、是否投资过同行业的企业、投资者的管理理念等等。只有根据自身的实际情况来寻找投资方，才能做到事半功倍。

3. 选择最适合自身条件的融资方式

目前我国有很多融资方式，每种融资方式各具特色。企业在融资过程中，应该根据自身的生产经营特征来选择最适合自己的融资方式。

一般来说，企业的每个项目都有时间限制，而融资所取得的资金也有时间限制。有的借款期限较长，有的期限则较短，而期限越长的借款其成本就越高。所以，企业应该根据自己的情况，选择与自己相适应的融资方式。

另外，企业在融资过程中，应该关注利率的变化。如果预期利率会上升，就应该采用长期的融资方式；如果利率会下降，就应该采用短期的融资方式。这样，才可以避免利率上升对企业融资成本的负面影响。

4. 杜绝盲目融资，做好相应的财务分析和规划

很多企业在进行融资的过程中，尤其是一些中小型企业，很容易陷入盲目融资的误区。在企业遇到财务困难时，他们只是为了筹集资金而着急，却没有规划好如何使用融得的资金。如果没有合理适当的财务分析和规划，企业怎么能更好地利用资金，创造更多的经济效益，这也是投资者最关心的问题之一。如果企业资金使用不当，不仅会给生产经营带来麻烦，还会造成资金的浪费和损失。所以，企业应该杜绝盲目融资，做好相应的分析和规划。

5. 注重企业品牌形象，增强自身的竞争力

企业融资是否成功很大程度上取决于企业信誉的好坏。一个信誉良好的企业，竞争力强的企业，在融的过程中，很容易获得投资者的信任和支持。如果一个企业没有良好的信用和品牌形象，不仅无法获得更多的投资，还会在市场竞争中举步维艰。

企业的品牌形象和信誉是企业最直接的身份证，如果出现任何拖欠和不还借款的情况，都会对企业的形象造成不良的影响，成为企业将来融资的绊脚石。所以，企业在日常生产经营中，一定要保持良好的信用记录，树立良好的品牌效应。

企业融资对于企业的长期发展具有十分重要的作用，不仅可以保证企业日常生产经营的正常运行，还有利于增加企业的规模和竞争力。所以企

业应该根据自身的具体情况来选择最适合自己的融资方式，以保证所筹措资金发挥最大的经济效用。

◎ 负债率高，到底是好事还是坏事

企业在生产经营过程中，可以通过借债来获取更多的资金，利用财务杠杆的正面作用，以此来获得更多的经济效益。一般情况下，通常会用负债率来体现企业所借款项的具体情况。

负债比率就是企业负债与资产和净资产关系的比率。它反映了企业支付长期债务的能力。

其公式是：

资产负债率＝（负债总额/资产总额）×100%

那么，负债率到底是高好还是低好呢？

一般来说，负债率越高说明企业借来的钱就越多，因此企业可以运用的资金就越多，企业的规模就越大，盈利能力也就越强。如果企业在经营状况良好的情况下，可以通过借债来获取更多的资金，利用财务杠杆的正面作用，就能获得更多的经济效益。

但是，并不是负债率越高就越好，企业的负债比率越大，其面临的财务风险就越大，经营风险也就越高，并且影响到企业的偿债能力。股神巴菲特认为，企业负债率越高，你的投资风险就越大。如果企业的经营管理不善，自身的资金不足，而负债率又过高的话，那么就会出现经营风险。这种情况下，企业的资金不仅无法保证偿债，其财务杠杆无法增加企业的经济效益，其负面作用还会加剧财务状况的恶化。

另外，财务分析者的分析角度不同、身份不同，对资产负债率的高低看法也会有所差别。对于债权人来说，资产负债率越低越好，这样贷款风险也会越小，债权人的权益就越有保障；对于股东来说，资产负债率越高越好，这样企业的资本会越来越高；对于经营者来说，则希望企业的负债率能保持正常范畴，因为负债率过高会导致企业难以继续筹到资金；反之，企业的生产经营就会缺乏活力，也不利于获得利润。

那么，企业的负债率是不是就一定是越低越好呢？

这种说法也是错误的。企业资产负债率低的话，虽然可以保障其偿债能力，但也降低了生产经营的风险。如果负债率过低的话，就说明企业所拥有的资金不足，可能会限制企业生产经营活动的开展，也不利于企经济效益的实现，更会影响到企业的长远发展。

所以，一般情况下，一个企业的资产负债率应该保持在60%~70%之间，最高不能超过85%及以上，否则，企业的生产经营就会面临危机。如果资产负债比率达到100%或超过100%，那就说明企业已经没有净资产了，或是出现了资不抵债的情况。

因此，企业的负债率既不是越高越好，也不是越低越好。企业应该根据自身的负债对所需要的资金成本进行分析，并且根据市场的经济环境、经济条件、经济形势做出是否能够举债经营的判断。

只有保证负债率在适当的范围内，即保持在60%~70%之间，才能保证其发挥财务杠杆作用，创造更多的经济效益，同时保证企业有能力偿还相应债务，降低企业的财务风险和经营风险。

◎ 企业融资，用最小的代价获取最大的利益

企业想要保持正常的生产经营以及长期的发展，就需要大量的资金来扩大企业规模。但是，现实生活中，很多企业可能存在着资金短缺的情况，不能满足企业的发展需要的情况，这就需要向企业的投资者和债权人去筹集资金。而企业进行资金筹集的行为与过程，就是融资。

具体来说，企业的融资就是企业根据自身的生产经营状况、资金拥有

的状况以及公司未来经营发展的需要，通过科学的预测和决策，采取适当的方法进行资金筹集的行为。

1. 融资的基本类型

一般来说，企业的融资可分为直接融资和间接融资。

直接融资是指资金的最终需求者向资金的最初所有人直接筹集资金的行为。它不需要经过金融机构的媒介，由政府、企事业单位以及个人直接以最后借款人的身份向最后贷款人进行融资，而资金则直接用于企业的生产、投资和消费。

直接融资的重要形式包括企业发行股票、企业债券或通过各种投资基金、资产重组、借壳上市等。

直接融资有下面两个优点：一是资金供求双方联系紧密，有利于企业合理地配置资金，并且提高其使用效益；二是它的成本比较低，收益比较大。

不过，直接融资还有下面几个缺点：融资双方受到多方面的限制，比如资金数量、期限和利率等方面；它使用的金融工具的流通性比较弱，兑现能力比较低；最主要的缺点是其风险比较大。

间接融资是企业通过金融机构取得资金的融资活动。一般来说，拥有暂时闲置货币资金的企业会通过存款的形式，或是购买银行、信托、保险等金融机构发行的有价证券将闲置的资金提供给这些金融机构，然后这些金融机构再以贷款、贴现等形式提供给企业使用，从而实现资金融通的过程。

与直接融资相比，间接融资相对集中，基本上通过金融机构来进行的，而金融中心具有重要的地位和作用；并且由于金融机构的管理比较严格，信誉程度较高，风险性也相对较小，融资的稳定性较强；另外通过金融中介的间接融资均属于借贷性融资，到期均必须返还，并支付利息，具有可逆性。

2. 企业融资渠道

企业融资有很多渠道，这些渠道是多种多样的，企业应该按计划进行融资，以保证企业正常的生产经营。

（1）银行等金融机构。银行等金融机构是企业筹集资金的最重要渠道，一般可以实现期望的结果。对银行来说，它一般不愿承担太大的风险，因为银行借款没有利润要求权，所以不愿意向风险大的企业或项目提供借款，即使预期利润非常高。相反，银行非常欢迎那些实力雄厚并且收益或现金流稳定的企业，很乐意向其提供贷款。

（2）证券融资。在资本市场日渐发展的情况下，证券融资已经成为了企业最直接的形式，它主要包括股票、债券。证券融资的收益性比较强，但是其风险也比较大，企业需要直接承受市场经济的高风险。

（3）股权融资。企业可以通过上市发行股票的形式来进行融资。发行股票是一种资本金融资，投资者对于企业的利润有要求权，但是也需要承担过高的风险。

企业还可以通过发行债券来筹集资金，但关键是要选好发债时机，充分考虑未来利率的走势预期。但是发行债券也有一定的限制，只有国有独资公司、上市公司、两个国有投资主体设立的有限责任公司才有发行资格，并且对企业资产负债率以及资本金等都有严格限制。

（4）招商引资。招商引资也是企业进行融资的主要方式，它实际上也是一种股权融资，但并不是通过市场进行公开发售的。它与发行股票具有一定的类似性，但是风险性比较小。一些规模比较大、财务状况良好的企业比较受到投资者的欢迎。

（5）民间借贷。民间借贷也成为企业融资的一种途径，一般来说，中小企业比较喜欢运用这种方法来筹集资金。目前，民间资本越来越流行，因为商业银行的贷款条件严格，不愿意贷款给它们，所以很多中小企业都会选择这种方法。

据不完全统计，中小企业贷款申请遭拒率达 56%，所以民间借贷成为了最受欢迎的借贷形式。另外，民间借贷主要包括民营银行、小额贷款、第三方理财、民间借贷连锁、担保、私募基金、银企对接平台、网路借贷、金融超市、金融集团、民资管理公司、民间借贷登记中心等。

（6）租赁融资。当企业资金出现短缺的情况下，可以运用租赁融资的方式来进行筹资。

比如，某企业需要购入价格 100 万的机器设备，可以分 5 年的租赁期，每年支付 20 万的租赁费，期满后设备就归企业所有了。这种方法不仅解决了企业的资金问题，还可以尽快投入生产经营。

另外，企业还可以从政府、社会组织、其他企业和个人那里获得所需的资金。一般情况下，政府会有一些对特殊行业、中小企业进行补贴的优惠政策，企业可以向政府提出申请，获得低息贷款。而有些企业为了获得更多的经济效益，通常会对其他企业进行投资。

融资是企业获得资金的有效手段，简单来说就是拿最小的代价获得最大的经济效益。它不仅可以减少企业的资金占有量，还可以最大限度地扩大企业的生产，获得更大的经济效益。

—————— 第四章 ——————

不清楚利润从哪里来，你永远赚不到钱

利润最大化是每个企业追求的目标，
想要实现这个目标就必须清楚利润是从哪里来的，
否则你永远也赚不到钱。

◎ 营业收入，为企业注入"新鲜血液"

没有足够的收入，企业就无法生存和发展，而增加企业的营业收入就是企业经营活动的重要目标。只有增加了营业收入，企业的营业利润才能有所提高，企业才能赚取更多的钱。

营业收入是指企业在从事销售商品、提供劳务和让渡资产使用权等日常经营业务过程中所形成的经济利益的总流入，主要分为主营业务收入和其他业务收入。

主营业务收入是企业现金流入的主要来源，就像是企业的新鲜血液一样，为其生产经营添加无限的活力，对企业的经济效益有至关重要的作用。不同的行业，其主营业务收入也有所不同。

比如制造业的营业收入包括销售产品、半成品，以及提供劳务的收入；而旅游业的营业收入主要包括门票收入、客户收入、营业收入和餐饮收入等收入。

企业营业总收入的计算公式：

营业总收入＝主营业成本＋其他业务收入＋营业外收入＋投资收益＋补贴收入

营业总支出＝主营业成本＋其他业务成本＋营业外支出＋主营业务税金及附加＋管理费用＋财务费用＋销售费用

企业的营业净收入＝总收入－总支出

总之，一个企业的营业收入是其主要经营成果，也是企业取得利润的重要保障。它关系到企业能否正常地运行，能否对各种耗费进行正常合理的补偿。同时，它也是企业现金流入的重要组成部分，通过分析企业的营业收入，可以看清当时市场需求的变化，以便企业管理者做出正确的决策以及改善企业的产品结构。

1. 影响营业收入的几个因素

既然企业营业收入对企业发展具有重要作用，那么它受到哪些因素的影响呢？

通常在营业收入管理中，我们要重视以下几方面的影响因素：产品的价格和销售量、销售退回、销售折扣和销售折让等。

（1）产品的价格和销售量这一因素很好理解，销售产品的价格越高、数量越多，营业收入也就越高。所以，在实际生产经营活动中，很多企业会尽量提高产品的价格、减低产品的成本或是通过降低产品的价格的方式，来增加产品的销售量。

（2）销售退回是指产品已经销售出去；并且实现了营业收入，但是由于客户对产品的品种或质量不满而要求退货的情况。如果企业的销售退回过多的话，就说明产品的质量出现了问题，企业应该加以重视。

（3）销售折扣是指企业根据客户的订货数量和付款时间而给予客户的折扣或价格优惠。它有时是企业扩大销售量的有效手段，有时可能是因为企业产品不符合市场需求而引起的。它主要分为现金折扣和商业折扣。前者是企业为了尽快收回款项的有效手段，后者则是为了扩大销售量和稳定客户源。

比如某企业销售给某商场一批空调，价值 50 万元，如果商场马上付清货款的话就能享受 90% 的折扣，如果三个月内付清货款的话就享受 95% 的折扣，如果三个月之外付款的话就要全款付清了。

（4）销售折让是指企业向客户交付商品后，因商品的品种、规格或质量等不符合合同的规定，经过与客户协商而在价格上给予的减让。这种情况是企业自身产品的问题，所以企业应该给予重视，并且积极改善产品的品质。否则，企业的日常生产经营活动就会受到影响，企业的信誉也会受损。

2. 企业提高营业收入的手段

所有的企业都想方设法提高自己的营业收入，以便获得更多的利润。那么，企业应该采用怎样有效的方式呢?

想要找到这个问题的答案，我们就必须先了解一个财务名词：主营业务收入增长率。

主营业务收入增长率是指企业销售额的增长幅度，是判断企业主营业务发展状况的重要指标。但是，它必须和企业的应收账款增长率来进行比较才能分析出结果。

其计算公式：

主营业务收入增长率 =（本期主营业务收入 - 上期主营业务收入）/ 上期主营业务收入 ×100%

其实它是一种环比增长率计算，用本期的数据与上期的数据运算就可以得出增长率。

一般来说，企业的这一指标最好要超过 10%，这说明企业的产品正处于成长期，尚未面临产品更新换代的风险；如果这一指标在 5%~10% 之间，说明该企业的产品已进入稳定期，但是不久就会进入衰退期，企业应该及时研发新产品；如果这一指标低于 5%，说明企业产品已进入衰退期，主营业务利润开始下滑，如果企业不能及时推出新产品就会面临衰落的危险。

另外，这一指标有可能出现负数的情况，这时企业就应该提高警惕了。当主营业务收入增长率低于 –30% 时，说明企业的主营业务利润出现了大幅滑坡，企业需要进行业务结构的调整，研发新的主营业务，否则就会面临破产的危险。

下面介绍一下企业提高营业收入的主要手段：

（1）调整销售手段、扩大产品销售量。在市场经济下，企业的销售手段对于产品的销售具有很大影响，它可以扩大产品的销售量，增加销售收入。

（2）提高产品的品质，增加企业的良好信誉。优质的产品才能受到客户的欢迎，才能扩大销售数量。同时，只有提高产品的品质，才能提高企业的信誉，为企业生产经营创造良好的环境。

（3）提高服务质量，做好售后工作。企业不仅要注重产品的质量，也要提高企业的服务质量，其中最重要的就是提高企业服务态度和服务水平。提高服务质量可以减少销货退回，增加企业的销售收入，而且还会增加企业的产品竞争力，培养客户的忠诚度。另外，售后服务对于企业也很重要，它是企业市场竞争和打开产品销路的重要手段。

（4）及时办理结算，加快货款回收。一般来说，企业的货款结算与回收应该统一由财务部办理，但是销售部门也应该协助财务部门做好货款回收工作。货款收回的速度越快，企业资金周转速度也就越快。如果企业货款拖欠太多就会产生坏账的情况，甚至影响企业经营目标的实现。

（5）及时做好信息反馈，根据市场需求调整企业的经营活动。企业在生产销售产品的过程中，应该以市场为导向，根据市场需求变化来调整自己的经营活动。这样一来，企业不仅可以根据市场信息调整产品不合理的地方，还可以为未来的发展提供充足的资料。

所以，提高企业营业收入是提高利润的重要手段，企业只有做好这方面的工作，才能组织好生产和销售，保证营业收入的实现和提高企业的经济效益。

◎ 弄清利润是怎样计算出来的

利润是企业销售产品收入减去成本和税金后的余额，也是企业经营成果的体现。企业想要赚取更多的钱，除了提高营业收入之外，还应该减少业务成本的支出。

所以，搞懂企业是怎样计算利润的，不仅可以分析企业的赚钱能力，还可以为企业提供数据参考，便于他们分析哪些项目赚钱能力强，哪些项目赚钱能力弱，最终调整企业的产品结构。

一般来说，企业通常会利用下面几个指标来分析企业的赚钱能力：销售利润率、主营业务利润率、成本费用利润率、总资产利润率以及资产净利率。

1. 销售利润率

销售利润率是企业净利润和营业收入的比值。

其计算公式为：

销售净利率 = 净利润 / 销售收入净额 ×100％

一般来说，企业销售净利率是衡量企业经营销售的指标，反映了在不考虑非营业成本的情况下，企业通过经营活动获得利润的能力。它是企业最基本的获利能力，如果没有过大的销售利润，那么企业根本没有办法实现盈利。

一家日用品生产企业 2015 年的销售收入是 2000 万元，销售成本是 1200 万元，所缴纳的营业税是 60 万元。支付人员工资是 150 万元，向银行借款 40 万元，并获得了股票投资收益 20 万元。另外，企业处置固定资产损失 20 万元，支付其他费用 30 万元。

那么这家企业的利润计算过程如下：

销售利润 = 销售收入 + 投资收益 − 营业成本 − 营业税 − 管理费用 − 财务费用 =2000+20−1200−60−150−40=570 万元

利润总额＝销售利润－营业外支出－其他费用＝570-20-30=520万元

企业该年度所得税为520×25%=130万元

企业的净利润则是520-130=390万元

企业的销售净利率＝390/2000=19.5%

与销售净利率相对应的是销售毛利率，它是指企业毛利与销售净值的比值，通常也叫作毛利率。而毛利就是销售净收入减去产品成本的余额。其计算公式为：

销售毛利率＝（销售净收入－产品成本）/销售净收入×100%

毛利率说明企业每一元钱销售收入扣除成本后，有多少钱可以用于支付各项期间费用或是形成盈利。它是企业销售净利率的基础，只有足够大的毛利率才能形成盈利。

根据上面的例子，这家企业的销售毛利＝2000-1200=800万元

销售毛利率＝800/2000×100%=40%

行业特征对于企业的毛利率有很大影响，一般来说，商品零售行业的营业周期短、固定费用低，所以其毛利率水平也比较低；而重工业的营业周期长、固定费用高，所以企业的毛利率也较高。而企业的销售收入越高，成本越低，销售毛利就越高；反之，销售毛利就越低。

2. 主营业务利润率

主营业务利润率是指企业一定时期主营业务利润同主营业务收入净额的比值。它说明企业每单位主营业务收入能带来多少利润，反映企业主营业务的赚钱能力，是评价企业经营效益的重要指标。

其计算公式为：

主营业务利润率＝（主营业务收入－主营业务成本－主营业务税金及附加）/主营业务收入×100%

这个指标越高，说明企业产品的附加值越高，市场竞争力越强，从而获利水平就越高；相反，企业的附加值越低，市场竞争力就越弱，从而获利水平也就越低。

这个指标对于企业发展非常重要，只有企业的主营业务表现突出，主

营业务利润率较高的情况下，企业才能在市场竞争中占据有利地位。

企业通过分析这个指标可以考察企业承受价格降低和销售量下降风险的能力，并且根据这个指标的变化，来改进企业的经营管理，降低成本费用，提高盈利能力。

3. 成本费用利润率

成本费用利润率是指利润与各项成本费用的比率，它反映了每一元钱成本费用可以获得多少利润。

其计算公式为：

成本费用利润率 ＝ 利润 / 各项成本费用 ×100％

其中各项成本包括了经营成本、营业成本、税前成本和税后成本。经营成本包括主营业务成本、主营业务税金及附加、营业费用；营业成本包括经营成本、管理费用、财务费用和其他业务支出；税前成本包括营业成本、营业外支出；税后成本包括税前成本和所得税。

这个指标越高，企业的利润就越高，获得的经济效益就越多。所以，企业在财务管理中应该仔细分析成本费用的结构，尽量减少不必要的成本支出，从而提高成本费用利润率。

4. 净值报酬率

净值报酬率，也叫作净资产收益率和权益报酬率，是指净利润与平均净资产比值。它说明了企业所有者权益的收益水平，最能体现企业经营活动的最终成果，是企业价值最大化的基本保证。

其计算公式为：

净值报酬率 ＝ 净利润 / 平均净资产 ×100％

其中，平均净资产就是平均所有者权益。

平均净资产 ＝（期初净资产 ＋ 期末净资产）/2

这个指标反映了企业投资者投资的回报率，通常会与利润分配率进行比较，从而判断其指标的高低。该指标的数值越高，投资者投入资本带来的收益就越高，企业的盈利能力也就越强；反之，投资者投入资本带来的收益就越低，企业的盈利能力也就越低。

我们在财务管理中，应该仔细深入地分析这个指标，充分利用财务杠杆的作用，获取尽可能多的收益。

5. 资产净利率

资产净利率，也叫作资金报酬率，是指企业净利润与平均资产总额的比值。它反映了企业平均资产的盈利能力，以及企业资产利用的水平。

其计算公式为：

资产净利率 = 净利润 / 平均资产总额 × 100%

其中，平均资产总额 =（期初资产总额 + 期末资产总额）/2

这个指标越高，企业资产的利用率就越高，利用资产创造的利润就越多；反之，企业资产的利用率就越低，利用资产创造的利润就越少。它与企业的净利润成正比，与资产平均总额成反比。它是影响企业所有者权益的最重要指标，受到销售净利润率和资产周转率的影响。

除此之外，资产净利率还受到其他各项因素的影响，其中包括产品价格、单位成本、产品产量、产品销售结构及销售数量、产品销售费用和资金占用量大小等。我们在分析这个指标时，必须要综合分析资产负债表的各项数据，根据其变化来了解指标的变化情况。

同时，企业还应该利用杜邦分析法来分析资产净利率，以便提高销售利润率，加速资金周转以及找出经营中出现的问题，从而提高经济效益。

利润是企业经营成果的最终体现，也是投资人和债权人最关心的问题。我们只有掌握了企业计算利润的具体方法和相关指标，才能彻底地了解财务报表，为未来的发展做出正确的决策。

◎ 费用与成本是一回事吗

想要弄清楚企业的利润是如何计算出来的，就必须分析其费用和成本的支出情况，并且尽量减少费用和成本的支出。可是，在实际工作中，仍有很多人分不清费用和成本的区别在哪里，甚至有些人认为费用和成本是一回事。

事实并非如此，费用和成本根本不是一回事，两者存在着很大的区别。下面我们就具体来了解一下他们之间的区别。

1. 含义不同

费用是指企业在日常活动中发生的，使企业所有者权益减少的经济利益的总流出。

费用的产生意味着企业资产的流出、损耗或负债数额的增加以及所有者权益的减少。一般来说，企业的费用可以分为直接费用、间接费用和期间费用。期间费用又包括销售费用、管理费用和财务费用。

成本是指按一定的产品或劳务对象所归集的费用，它是商品经济的价值范畴，是商品价值的组成部分。一般来说，企业在进行生产经营活动的过程中，会消耗一定的资源，其所费资源的货币表现就是成本。

换句话说，成本就是企业生产和销售一定种类与数量的产品所耗费资源用货币计量的经济价值。成本可以分为原料、材料、燃料等费用，它表现了商品生产中已耗费的劳动对象的价值；也可以分为折旧费用，表现为商品生产中已耗费的劳动资料价值；还有职工的工资，它表现为生产者的必要劳动所创造的价值。

2. 计算期不同

费用的计算期主要和会计期间相联系。会计期间，也叫作会计分期，是指将企业持续不断的经营活动分为若干个相等的区间，并且进行会计核算和编制会计报表。它是企业进行财务分析的基础，可以定期反映企业某一期间的经营成果。

前面我们已经详细介绍过，会计期间可以分为月度、季度和半年度。我们可以通过对某一期间的财务分析，了解企业的费用支出情况，看它是否合理。

成本计算期是指产品成本计算所确定的特定期限。它与产品的生产周期相联系，并且受到了产品计价的影响。如果企业的成本计算期与产品生产周期一致，那么在计算的构成中就可以与生产过程同步进行，否则就要按月进行计算，或到生产周期结束时再计算。

比如，企业大量生产某产品时，由于产品生产的不间断性以及品种的单一性，必然会造成每个月都有一部分产品完成，而一部分产品还在生产的情况。为了计算完工产品的成本，则应该按期计算。

3. 计算对象不同

费用的计算是按照经济用途进行分类的，而成本的计算对象则是企业生产的产品。

4. 计算依据不同

费用的计算是以直接费用、间接费用为依据。成本的计算则是以一定的成本计算对象为依据。

5. 账户和原始凭证不同

费用的原始凭证是在生产过程中获得的，账户是生产成本；而成本的原始凭证是成本计算单或成本汇总表及产品入库单，账户是库存商品等。

6. 总额不同

成本是费用总额的一部分，其中不包括期间费用、期末未完工产品的费用等。在一定时间内，费用总额与成本总额不是相等的，两者的内容和价值量有所不同。

7. 两者的作用有所不同

我们在分析企业财务时，可以通过分析费用的比重，了解企业内部结构的变化，从而加强企业费用的管理；而通过分析成本的比重，可以了解企业资金耗费的情况以及实现利润的情况。

总之，企业费用和成本有着千丝万缕的联系，两者都是企业除了偿债支出和分配性支出以外的支出，都是企业经济资源的消耗，说明了企业现金的流出情况。

◎ 管理费用吞了企业多少利润

管理费用属于企业的期间费用，在发生的当期就计入当期的损失或利益。它所含有的项目比较多，金额也比较大，是企业一项重要的费用支出，所以控制好管理费用可以为企业创造更多的利润。

管理费主要内容包括：公司经费、职工教育经费、业务招待费、税金、技术转让费、无形资产摊销、咨询费、诉讼费、开办费摊销、上缴上级管理费、劳动保险费、待业保险费、董事会会费、财务报告审计费、筹建期间发生的开办费以及其他管理费用。

这些项目中，有些不可以减少，即便减少也没有太大的空间，比如咨询费、诉讼费、税金、技术转让费等；有些费用却有很大的减少空间，比如公司经费、业务招待费等。

所以，想要降低企业的管理费用，增加企业的利润，可以从以下几个方面来进行。

1. 办公费

办公费是企业在办公活动中产生的各种费用，这部分费用比较复杂，包括很多琐碎的项目。

内容包括：生产和管理部门文具、纸张印刷品（包括各种规程、制度、报表、票据、账簿等的印刷费和购置费）、报纸杂志费、图书资料费、邮电通信费（包括邮票、邮费、电报、电话费、市话初装费，以及调度通信话路以外的话路租金等），以及银行结算单据工本费等。

虽然这些项目每一项的费用并不高，但是汇总在一起就是一笔不小的数目。而且，如果工作人员故意浪费或是多报办公费用，就可能产生更多的费用。

企业可以通过几种方法来控制办公费用：首先，企业应该编制办公费用的开支计划，从源头上来控制；其次，企业应该加强办公费用审批流程的管理，从而减少办公费用的浪费；最后，企业应该对日常办公用品的使用和日常费用加以控制。

2. 差旅费

差旅费是指企业员工出差所产生的各种费用，主要包括因公出差期间所产生的交通费、住宿费、伙食费和公杂费等各项费用。

这部分费用已经成为企业管理费用的重要组成部分，如果没有一定的规定和限制，恐怕会出现多报滥报的情况，或是人为地提高差旅费标准的情况。所以，企业对于差旅费用的报销有很多严格的报销原则：

（1）差旅费的开支必须控制在各部门预算总额内，如果超过预算的话就不能报销；

（2）员工出差必须事前提出书面申请，填制出差申请单，经过直属上司的批准才能报销；未经过事先批准的，一律不能报销；

（3）员工在出差过程中，如果因为工作需要临时增加出差行程，必须经过出差签批人书面确认或是邮件确认，才能增加行程作为另一次出差；

（4）员工出差必须遵循特定的标准，乘坐交通工具、住宿、补助都必须遵守企业差旅费报销管理制度。

在对差旅费进行控制时，企业可以根据自己的业务范围与一些酒店和航空公司签订协议，从而取得较为优惠的价格；企业可以对不同级别员工实施不同的差旅费报销标准，从而降低企业的差旅费。

3. 招待费

招待费是指企业在招待活动中产生的各种费用。这是企业最重要的管理费用，通常每年都会有很大的支出。

目前，企业为了与客户搞好关系，会有很多招待活动，而且招待标准也越来越高。由于这部分费用比较特殊，许多员工常常通过这些费用来获取利益，所以，企业应该加强招待费用的审批管理，严格控制招待费，避免出现公款私用、滥用公款的情况。这样一来，企业就可以降低招待费用。

企业管理费用是生产经营过程中产生的重要费用，也是企业利润的重要扣除费用。如果不加以控制，就会影响企业利润的实现。

◎ 毛利和净利的差距究竟有多大

企业的利润可以分为毛利和净利，企业在进行财务分析时，通常会格外关注这两个利润指标。这两个指标是企业最重要的财务指标，不仅在日常经营活动中占据着重要的地位，而且还关系到企业的命脉。那么，毛利和净利之间究竟有什么区别呢？它们之间的差距究竟是怎样产生的呢？

1. 毛利润和毛利率

毛利润是指企业销售收入减去原料费用和人工费用的余额。有时企业还可以计入税收成本，或房租成本。

其计算公式为：

毛利润＝销售价格－原料进价－人工费

影响企业最终毛利润的因素有很多，不同的行业或企业在不同的情况下，其毛利润的差别也很大。不过，如果企业的经济效益非常好，就说明企业资源的利用率非常高，那么我们在分析财务数据时，完全可以忽略毛利润这一数据。

企业可以通过增加产品的价格和降低产品成本的方式来提高企业的毛利润。这两个方法说起来非常简单，但是做起来却不容易。如果企业大幅度地增加产品价格，就可能会导致销售额下降，从而导致经济效益的下降。另外，增加产品价格还可能会产生通货膨胀、产品供求关系不良等情况。

而降低生产产品的成本就成为了增加毛利润的最有效方式，所以，企业总是想办法节约成本，加强对成本的管理。

毛利率就是毛利与销售收入（或营业收入）的比值。它反映企业产品销售增长情况，以及创造经济效益的能力。

其计算公式为：

毛利率 =（销售收入 − 销售成本）/ 销售收入 × 100%

= （不含税售价—不含税进价）/ 不含税售价 × 100%

毛利率也是企业重要的财务指标，它关系到企业净利率的具体情况。这个指标受到了很多因素的影响，其中包括市场竞争、研发成本、固定成本、企业营销、品牌效应等。

下面具体来说说这些因素：

（1）市场竞争。人们常说物以稀为贵，如果市场上这种产品比较稀少，那么其质量和价值就占有优势，价格自然也比同类产品高。如果该产品的市场已经接近饱和，那么价格就比较低，从而影响毛利润。

（2）研发成本。现在企业更新换代很快，企业应该更好地开发新兴产品，增加企业的市场竞争力，从而在功能、使用价值及价格上取得优势。

（3）固定成本。固定资产上的投入，如机器设备、厂房、厂租的投入也会影响企业毛利润的实现。如果企业的固定资产投资过多，那么企业为了收回此巨额投资成本，也会提高其产品的毛利。

（4）企业营销。企业为了扩大市场占有率通常会采取相应的营销政策，以低价格打开市场，或是组织促销活动。企业应该重视产品的营销，平衡价格与销量之间的关系，以达到利润最大化。

（5）品牌效应。企业信誉好、有知名度的产品，会容易获得市场的认可，这样企业的毛利润就会越好；相反，如果企业的产品属于杂牌商品，就算其质量很好，也难以迅速占有更大的市场份额。

2. 净利润和净利率

净利润，也被称为税后利润，它是企业利润总额减去所得税后的余额。它是衡量企业经营效益的主要指标，净利润越多，说明企业的经营效益越好。

其计算公式为：

净利润 = 利润总额 − 所得税

这个指标对于企业来说非常重要，它关系到很多人的利益。对于企业投资者来说，它是获得股利的基础，企业的净利润越高，投资者获得的股利就越多；对于管理者来说，它是管理水平的体现，并且企业的净利润越高，管理者获得的奖金和利益也就越多。

而净利率就是企业净利润与主营业务收入的比值，它反映了企业每一元钱净赚多少。

其计算公式为：

净利率 = 净利润 / 主营业务收入 × 100%

= （利润总额 − 所得税费用）/ 主营业务收入 × 100%

我们分析企业净利率时，通常会和毛利率进行对比，以此来分析企业的期间费用。两个比值之间的差距越小，就说明企业的期间费用越少。所以，企业总是想办法减少其期间费用，以达到利润的最大化。

——— 第五章 ———

谁动了我的奶酪，所有者权益的变动

投资者向企业投入了资金，就应该享受分配利润的权利，
你投资的资金多享受的权利就多，投入的少享受的权利就少。
作为投资者一定要弄清所有者权益的变动。

◎ 作为投资者，你应该懂得股东权益

所有者权益通常分为两部分：一部分是生产经营前的投入资本；另一部分是在生产经营中形成的公积金、公益金和未分配利润。具体包括以下几点：

1. 实收资本

实收资本是企业实际收到的、由投资人投入公司的资本金。投资者可以以其所拥有的实物资产、货币资产和无形资产等各种形式的资产对企业进行投资。其中，实物资产包括固定资产和存货；货币资产包括现金及银行存款；无形资产包括专利权、商标权、非专利技术、著作权和土地使用权等内容。

企业必须拥有一定的注册资本才能开业，除国家另有规定外，在经营期间，注册资金不能减少，必须和实收资本一致。注册资本是指企业在设立时向管理部门申请登记的资本总额，是企业享受拥有的权利和承担有限责任的限度。但是，因为某些特殊原因，企业的实收资本可能会与注册资

本不一致，如果差异超过 20%（包括增加或减少），应当持验资证明或资金证明，到原登记机关申请变更注册资本。

在资产负债表上，"实收资本"项目反映的是截至资产负债表日，企业实际收到的投资者投入企业的资本总额。只要不增加投资，该项目数额就是固定的。

2. 资本公积

资本公积是指由投资者或其他人（或单位）投入，所有权归属于投资者，但不构成实收资本的那部分资本或者资产。

资本公积项目主要包括以下几点：

（1）资本（或股本）溢价，是指企业投资者投入的资金超过其在注册资本中所占份额的那部分。

（2）接受捐赠非现金资产准备，是指企业因接受非现金资产捐赠而增加的资本公积。

（3）股权投资准备，是指企业对被投资单位的长期股权投资采用权益法核算时，因被投资单位资本公积变动影响其所有者权益变动，企业按其持股比例计算而增加的资本公积，还包括投资时，初始投资成本小于应享有被投资单位所有者权益份额的差额。

（4）拨款转入，是指企业收到国家拨入的专门用于技术改造、技术研究等的款项完成后，按规定转入资本公积的部分，企业应按转入金额入账。外币资本折算差额，是指企业在接受外币投资因所采用的汇率不同而产生的资本折算差额。

（5）关联交易差价，是公司与关联方之间显示公允的关联交易所形成的差价：这部分资本公积不能用于转增资本、弥补亏损，待公司清算时再予处理。

（6）其他资本公积，是指除上述各项资本公积以外所形成的资本公积，以及从资本公积各准备项目转入的金额。

3. 盈余公积

盈余公积是指企业按照规定从净利润中提取的积累资金，包括法定盈余公积、任意盈余公积和公益金。

法定盈余公积是指按照企业净利润和法定比例计提的盈余公积。法定盈余公积主要用于企业扩大再生产，也可以用于弥补企业亏损或转增资本。按我国相关规定，企业计提的法定盈余公积达到注册资本的50%时，可以不再提取；企业留存的盈余公积数额不得少于注册资本的25%。

企业在计提了法定盈余公积之后，还可以根据企业的实际需要，自行决定提取任意盈余公积。企业在用盈余公积弥补亏损或转增资本时，一般先使用任意盈余公积，在任意盈余公积用完以后，再按规定使用法定盈余公积。

公益金是企业专门用于职工福利设施的支出，如购建职工宿舍、托儿所、理发室等方面的支出。现行制度规定，企业应按照税后利润的5%~10%的比例提取法定公益金。

4. 未分配利润

未分配利润是企业实现的利润在交纳所得税、弥补以前年度亏损、提取盈余公积和向投资者分配利润后的余额。在资产负债表上，如果该项目金额为负数，则表示企业未弥补的亏损，将会冲减所有者权益的数额。

未分配利润通常是企业留待以后年度向投资者进行分配的，在分配前属于企业尚未确定用途的留存收益。

未分配利润与盈余公积的性质相同，其形成与投资者的投资行为无关，是由企业的生产经营活动取得的利润形成的。企业只有实现了利润，才能形成未分配利润。

◎ 你手中的股票，就是获取权益的凭证

对于上市公司来说，发行股票是筹集资金的最有效方式。股票是股份制企业发行给各个股东所持有的所有权凭证，也是借以取得股息和红利的有价证券。股票是企业资本最主要的构成部分，可以以转让和买卖的形式

在市场上流动，但是却不能退还给企业。

也就是说，股东手中的股票就是其获得权益的保证，持有了企业的股票就意味着拥有公司的一份资本所有权，也是企业的所有者之一。另外，股东不仅有权按公司章程从公司领取股息和分享公司的经营红利，还有权出席股东大会，以及参加企业的生产经营活动。

具体来说，股东可以参加股东大会，有投票表决权、并能参与公司的重大决策。但是，股东也承担企业在生产经营过程中所带来的风险。获得收益是投资者购买股票的重要目的，而分红派息是股票投资者经常性收入的主要来源。

1. 股票分红的形式和条件

股票分红是指股份公司在盈利中每年按照股票份额的一定比例支付给投资者的红利，是上市公司对股东投资资金的回报。

而分红是指企业当年的收益，在按照规定提取法定公积金、公益金等项目之后，向股东发放的也是股东收益的一种方式。一般来说，普通股可以享受分红，而优先股则不会享受分红。

分红包括以下几种方式：以上市公司当年利润派发现金；以企业当年利润派发新股；以企业盈余公积金来转增股本。

那么，企业在什么条件下才能分红呢？

一般来说，企业的分红权是股东的一种固有权利，不容公司章程或企业机关给予剥夺或限制。但是实际上，由于股东权体现为一种请求权，它的实现是有条件的。

上市公司以当年利润派发现金必须满足以下条件：即企业当年必须有利润；已弥补和结转递延亏损；已经提取 10% 的法定公积金和 5%~10% 的法定公益金。

企业以当年利润派发新股，即除了满足以上的条件外，还必须满足以下条件：企业前次发行股份已募足并间隔一年；企业在最近三年财务会计文件无虚假记录；企业预期利润率可以达到同期银行存款利润。

企业以盈余公积金来转增股本，除了满足以上两个条件外，还必须满足以下条件：企业在最近三年连续盈利，并可以向股东支付股利；分配后法定公积金存留额不得少于注册资本的 50%。除此之外，根据《公司法》和《上市公司章程指引》的有关规定，上市公司股利的分配必须由董事会提出分配预案，按照法定程序召开股东大会对其进行审议和表决才能实现。

2. 股票分红的计算

股票分红的计算公式包括了计算除息价、计算除权价、计算除权除息价、买卖股权股息等。

每股分红 = 股息 / 普通股加权平均数

除息价 = 股息登记日的收盘价 - 每股所分红利现金额

送红利后的除权价 = 股权登记日的收盘价 /（1 + 每股送红股数）

配股后的除权价 =（股权登记日的收盘价 + 配股价 × 每股配股数）/（1 + 每股送红股数）

例：

你以每股 5 元的价格卖了某企业的股票 1000 股，目前是去 10 送 10，就相当于花费 5000 元卖了 2000 股，那么每股成本就是 2.5 元。那么你在股票上涨进行买卖的时候，就会获得相应的利润。

需要注意的是，股票市场的股价受到市场供求关系的影响很大，所以除权价会作为除权日市场开盘的参考价。

对于股票投资者来说，股利分红可以帮助投资者开拓投资渠道，拓展投资的选择范围，获得更高的投资收益，也可以增加投资的流动性和灵活性，有利于投资者将股本转为资本并继续再投资。

◎ 资本，就是老板手中的大蛋糕

从财务管理学的范畴来说，资本就是企业所有者投入生产经营，并能产生效益的资金。

　　它是企业生产经营活动中最基本的会计要素，是企业生存、发展的必要条件。企业只有拥有足够的资本才能从事生产经营活动，而在这个过程中企业还需要不断地筹集资本，来维持企业的持续发展。

　　不过，企业仅仅拥有足够的资本是不够的，还应该优化其资本结构，使其比例和价值做到合理化，才能更好地发挥其价值。那么，什么是企业的资本结构呢？它具有哪些基本特征呢？怎样才能实现最佳的资本结构呢？

1. 资本结构的含义以及特征

　　简单来说，资本结构就是企业各种资本的价值构成及其比例关系，它是企业某一段时间筹资组合的结果。而狭义的资本则是指企业各种长期资本的构成及其比例关系，尤其是指长期债务资本与长期股权资本之间的构成及其比例关系。

　　一般来说，企业的资本可以分为债务资本和股权资本。

　　债务资本是指债权人为企业提供的短期贷款和长期贷款，是企业负债的重要组成部分，但是不包括应付账款、应付票据和其他应付款等商业信用负债；股权资本则是企业的自有资金，一般是指企业依法取得并长期拥有的且可以自主调配运用的资本。股权资本的筹集方式一般来自企业发行股票债券、直接吸引外资、留存收益和认股权证筹资等。

　　对于投资者来说，企业股权资本的风险比债务资本要高，但是其收益也比债务资本要高。不过，企业债务资本的成本却低于股权成本。

　　资本结构反映了企业债务与股权的比例关系，它很大程度上反映了企业是否具有很强的偿债能力和再融资能力，也反映了企业未来的盈利能力，是衡量企业财务状况的重要指标。同时合理的资本结构可以降低企业融资的成本支出，发挥财务杠杆的调节作用，使企业获得更多的经济收益。

2. 资本结构的分析指标

　　既然企业的资本结构是衡量企业财务状况的重要指标，那么，我们如何分析企业的资本结构呢？在实际财务分析中，我们应该考虑以下几个相关指标，包括股东权益比率、资产负债比率、长期负债比率、股东权益与固定资产比率。

股东权益比率是企业股东权益与资产总额的比率。

其计算公式为：

股东权益比率 = 股东权益总额 / 资产总额 × 100%

这个指标反映了所有者提供资本在总资产中的比重，反映了企业基本财务结构是否稳定。

资产负债比率是指负债总额与资产总额的比值。

其计算公式为：

资产负债比率 = 负债总额 / 资产总额 × 100%

这个指标反映了总资产中有多少金额是通过借款来筹资的，能衡量企业在清算时保护债权人利益的程度。

这个指标越大，企业扩展经营能力就越强，股东权益的运用就越充分；相反，企业扩展经营能力就越弱，股东权益的运用就越不充分。但是，负债不能太多，如果太多的话就会影响债务的偿还能力。

长期负债比率是指长期负债与资产总额的比值。

其计算公式为：

长期负债比率 = 长期负债 / 资产总额 × 100%

它是衡量企业债务状况的重要指标，反映了企业总资产中有多少长期债务是通过借款来筹集的。

股东权益与固定资产的比率也是衡量企业财务结构是否稳定的指标，反映了企业购买固定资产所需要的资金来自所有者资本的比例。其计算公式为：

股东权益与固定资产的比率 = 股东权益总额 / 固定资产总额 × 100%

通过分析上面的几项财务指标，就可以了解企业的资本结构比例情况，并调整其基本结构，以便形成最佳资本结构。

另外，企业的结构受到很多因素的影响，比如行业特性、股东投资动机、企业信用等级与债权人的态度、经营者的态度、企业财务状况、成长能力和税收政策等。

3. 最佳的资本结构

最佳资本结构是指企业在一定时期内，使企业平均资金成本最小、价值最大时的基本结构。它必须满足以下条件：比如，有利于最大限度地增加所有者财富，使企业价值最大化；企业加权平均资金成本最低；资产保持适当的流动，并且使资本结构富有弹性。

如果企业实现最佳资本结构，就可以获得更多的经营资金，进一步扩大再生产，建立更广阔的销售渠道。如果企业资本结构不合理，负债比例过高的话，就会增加短期偿债的压力，从而增加企业财务风险和经营风险。

◎ 盈余公积——投资者最需要了解的项目

投资者非常关心企业的盈利情况以及股利分配情况，而想要分析企业的盈利能力就必须知道一些盈余公积的常识。企业的利润不仅要进行分配，还必须提取一些固定的资金用作某些特殊的用途，比如用来建设企业福利设施等，这一部分资金就是企业的盈余公积。

盈余公积是指企业从税后利润中提取形成的、存留于企业内部、具有特定用途的收益积累。按照其用途的不同，企业的盈余公积可以分为公益金和一般盈余公积两类。

公益金是专门用于职工福利设施的支出，如构建职工宿舍、托儿所和理发室等方面的支出。一般来说，企业公益金的提取并没有严格的规定，应该按照企业的实际财务状况进行提取，但是必须要经过董事会的同意。它既是企业所有者权益的组成部分，也是职工福利的资金来源。

而一般盈余公积则可以分为法定盈余公积和任意盈余公积。

法定盈余公积是指按照企业净利润和法定比例计提的盈余公积。通常，企业的法定盈余公积应该按照税后利润的 10% 提取；而当法定盈余公积累计金额达到了企业注册资本的 50% 以上时，就不应该再提取了，否则就会影响企业利润的分配，以及资金的再利用情况。

任意盈余公积是指根据企业章程及股东会的决议，从企业盈余中提取的公积金。法律一般不会强制规定其提取金额，一般都按照企业的实际利润情况来提取。其目的就是为了减少以后年度可供分配的利润，主要用途是为了扩大企业的再生产。

那么，企业提取盈余公积究竟具有哪些作用呢？

1. 当企业发生亏损的时候，用盈余公积弥补企业的亏损

企业弥补亏算的主要渠道分为三种，一是用企业以后年度税前利润弥补，按照现行制度规定，当企业发生亏损时，可以用以后五年内实现的税前利润进行弥补；二是用企业以后年度税后利润弥补，如果企业发生的亏损经过五年期间未弥补足额的，剩余的部分可以用所得税后的利润弥补；三是如果企业的亏损还没有弥补足额，就可以用企业的盈余公积进行弥补。但是值得注意的是，当企业以提取的盈余公积弥补亏损时，必须由董事会提出并经过股东大会的批准才能实现。

2. 盈余公积转增资本

当企业的财务状况出现问题、需要资金来扩张生产经营时，可以将盈余公积转增为资本。同样，企业将盈余公积转增资本时，也必须经股东大会决议批准才能实现。而且，在转增资本的过程中，必须按照股东原有持股比例进行结转。另外，法律规定，转增资本必须有一定的限制，转增后留存的盈余公积的数额不得少于注册资本的 25%。

3. 盈余公积也可以用来分配投资者的股利

一般来说，如果企业当年没有盈利，没有利润分配给股东，那么就不应该分配股利。但是为了维持企业的信誉，满足投资者的需求，企业也可以用盈余公积分配股利。

但是，分配股利后，企业法定盈余公积金不得低于注册资本的 25%；同时股利率不能超过股票面值的 6%。

盈余公积是企业投资者应该关心的问题，它本身就是企业利润分配的一部分。企业提取盈余公积，就意味着投资者股利分配的减少，所以，投资者应该关注企业的盈余公积的利用是否合理，以避免自身利益的受损。

◎ 赚钱之前，你是否考虑到了投资风险

人们常说，投资有风险，决策须谨慎。一个成功的投资项目可以成就一个企业的辉煌，而一个错误的投资决策则会毁掉企业的发展前景，或是将企业拖入破产的深渊。所以，企业在赚钱之前，应该慎重地考虑一个项目的投资风险。

提高投资收益，降低投资风险，是企业追求的目标之一。而在投资过程中，风险存在限制了投资收益的增长，也限制了企业利润率的增长。为了提高企业的投资效益，投资者应该彻底地了解影响企业投资效益的所有风险因素，在投资收益和风险之间找到平衡点。

1. 投资风险的分类

（1）投资风险可以分为系统性风险和非系统性风险。

系统性风险是指企业无法控制的风险，不能通过有效的投资组合进行分散，也叫作不可分散风险。其中包括通货膨胀、经济衰退和利率上升等。

非系统风险，也叫作可分散风险，企业是可以通过有效的管理进行控制的。比如设备故障、员工罢工和诉讼失败等。

（2）从企业处所的环境分析，投资风险可以分为宏观风险和微观风险。

所谓宏观风险是指在经济活动中，因为国家的政治因素而导致的经济损失。主要包括了战争风险、国家征收风险和冻结风险。

而微观风险是指企业自身的生产经营给投资收益带来的不确定性风险。主要包括外部经营环境的变化、市场供求的变化、税收调整以及通货膨胀的变化，这些都是来源于企业外部；生产事故、技术问题、人才流失和原材料变化等，这些都是来源于企业内部。

（3）从风险的具体成因分析，投资风险还可以分为利率风险、购买力

风险和变现力风险等。

利率风险是指因为利息变动而引起的证券价格下跌，投资人遭受损失的风险。一般来说，银行利率下降，证券价格就会上升；反之，证券价格就会下降。不同期限的证券，其利息风险也有所不同，期限时间越长的证券，利率风险就越大。

购买力风险，又叫作通货膨胀风险，是指由于通货膨胀而使得货币购买力下降的风险。在通货膨胀的情况下，企业购买力风险对于投资者来说非常重要，通货膨胀使得资金购买力下降，资金的实际收益就会下降，从而导致投资者的投资收益风险增加。

比如，年利率是3%，通货膨胀率是5%，也就是说实际利率是负数。当人们持有100元人民币时，年终价值就是103元；但是如果持有100元商品时，年终的价值就是105元。也就是说，人民币贬值了，购买力下降了，年初的100元人民币买到的商品到了年终时就买不到了。这样的情况对于投资者来说是十分不利的，因为他们手中的资金贬值了。

变现力风险，又叫作流动性风险，是指无法在短期内以合理价格迅速出售并变为现金的风险。流动性越高的资产，变现风险就比较小；相反，流动性越低的资产，变现风险就较大。比如企业固定资产流动性低，变现风险就非常大。

2. 如何防范投资风险

投资的目的虽然是为了赚更多的钱，获取更多的经济效益，但投资是一项非常复杂多变的经济活动，受到了各项因素的影响。投资收益的不确定性，使得风险防范显得非常重要。那么，企业应该如何防范投资的风险呢？

（1）鸡蛋不能放在同一篮子里，投资不能集中在一个项目上。人们常说，鸡蛋不能放在同一个篮子里。投资也是一样，企业在投资项目时不应该集中在一个项目上，应该选择不同的项目来降低风险。

比如，在进行证券投资时，可以将资金按照不同的比例投资于类型不同、风险程度不同的各种股票和债券，从而将投资风险降低到最小。或者，在投资债券时，尽量分散时间投资，因为经济发展是有周期性规律可循的，有上涨也有下降，尽量不要在某一时间集中投资。

（2）投资三分法，巧妙地进行投资组合。投资者在进行证券投资时，最好购买数种风险程度不同的证券，进行合理的投资组合。在投资过程中，最常用的方式就是"投资三分法"，就是将全部资产的三分之一存入银行以备不时之需，三分之一用来购买债券和股票等有价证券作为长期资本，三分之一用来购置房产和土地等不动产。

在这些资产中，存入银行的资金具有较高的安全性和变现力，但是收益性比较低；投入有价证券的金融资产具有非常高的收益，然则风险也非常高；而那些用于投资房地产的资产也可以获得经济收益，但是变现能力比较差。只有合理地组合这些资产的构成，才能在避免投资风险的前提下，保证投资的收益。

（3）避免投资陷阱，避免盲目跟风。投资风险的发生是无法避免的。企业总是想方设法地认识投资风险，规避投资风险。然而，在实际投资过程中，有很多难以预见的投资陷阱，让企业陷入危机之中。很多投资者为了规避投资风险，喜欢跟随成功者的步伐，什么项目火热，就马上投资什么项目；别人投资什么项目，自己就投资什么项目。这样或许真的会降低投资的风险，但是也会陷入投资的陷阱之中。不少过热的投资项目大多存在着泡沫，如果盲目地跟风反而会遭受更大的损失。同时，跟风投资具有滞后性，总是比别人慢半拍，可能会失去最佳的投资机遇。所以说，超前的投资意识是投资者成功的关键因素。

（4）不要贪图高回报率。人们常说，风险越高，收益越高。所以，有些企业或个人为了获取更大的利益，不惜冒着高风险去投资那些风险极高的项目，其实这种做法是错误的。企业和个人都不应该过分贪图高回报率，而忽视了投资的合理性和安全性。目前，市场上有很多打着高回报率幌子的项目，这其实是非法的、不合理的，如果企业或个人不进行理智地分析，就很可能会掉入陷阱之中。

（5）对投资项目进行监控，不要只做甩手掌柜。现在市场上存在着很多打着"合作""招商"的幌子来进行非法融资或是大量圈钱。如果投资者不仔细分析项目的具体情况，对投资项目进行有效监控，就会落入不法分子的陷阱之中，难以保证投资的安全性和收益性。赚钱是企业的目的，而投资则是企业持续发展的永恒主题。因为没有投资就没有产出，所以企业应该慎重地选择投资项目，考虑其可能存在的投资风险。

◎ 股利分配，须讲究一定的原则

企业每年都会向股东分配股利，而股利分配则是企业利润分配的一部分。股份制工期通常会在年终结算时，将盈利的一部分利润按照股东所占的份额进行分配。

通过下面的事例，我们可以了解企业的股利分配。

某企业 2015 年的利润总额是 1000 万元，缴纳了所得税、提取了法定盈余公积、任意盈余公积之后的净利润是 800 万元。而企业计划在 2016 年投资资金 700 万元，企业自有资金占总资金的 65%，借入资金占总资金的 35%。所以企业的自有资金是 455 万元，借入资金是 245 万元。

那么，企业在 2015 年向投资者发放股利的数额是 800-455=345 万元

1. 股利主要支付形式

股利分配有很多种形式，常见的形式包括了现金股利、财产股利、负债股利和股票股利。

（1）现金股利是以现金形式支付的股利，是股利支付的主要方式。企业在进行现金股利时，除了要有累计盈余，还要有足够的现金，所以，企业在支付现金股利前应该筹备足够的现金。

（2）财产股利是以现金之外的资产支付的股利，主要是以企业所拥有的其他企业的有价证券的方式支付给股东，比如债券与股票等方式。

（3）负债股利是企业以负债的形式支付股东股利，通常以应付票据的形式支付给股东，在特殊情况下，也可以用发行企业债券的形式来抵付股利。

（4）股票股利是企业以增发股票的方式来作为股利支付的方式。这种方式不会直接导致企业资产的流出或是负债的增加，但是会导致所有者权益等各项目的结构发生变化。

2. 股利分配应该遵循的原则

企业在进行股利分配时，一定要遵循股利政策。而股利政策则是股东大会或董事会对一切与股利有关的事项所采取的具有原则性的做法。它规定了企业是否发放股利、发放多少股利以及何时发放股利等方面的方针和策略。

企业在确定收益分配政策时，应该考核各项因素可能的影响，并且结合自身实际情况来考虑，选择最优的方式和方法。比如说法律因素、股东因素，企业自身因素等。

另外，通货膨胀也会影响企业的股利分配政策，一旦发生了通货膨胀，货币购买力就会下降，企业就必须考虑日后的发展情况，从而留用一定的利润进行再投资。这样一来，企业就会采用比较紧的股利分配政策。

所以，企业进行股利分配时，应该遵循下面几项原则。

（1）按照法律法规分配的原则。企业的收益分配必须按照法律法规的规定进行，这是正确处理各方利益的关键。国家制定和颁布了很多规范企业收益分配的法律法规，企业应该严格按照这些法规执行，不得违反。

（2）谁投资谁受益的原则。企业分配收益时，一定要按照谁投资谁受益的原则进行分配，并且按照投资比例进行收益分配，这是企业处理投资者利益关系的关键。也就是说，企业在向投资者分配收益时，应该按照各方投入资本的多少来进行分配，绝不允许发生任何一方多占多分的现象。

（3）从长远出发，不要只考虑短期收益。企业在进行收益分配时，应该从长远的角度思考，不可以只考虑短期收益而忽略长期收益。只有将两者有效地结合起来，在进行分配的同时注重资产的积累和运用，企业才能持续地发展。如果企业的短期收益很高，但是长期收益却不稳定，那么企业的发展就存在着很大的风险。

为了保持企业持续地发展，在进行收益分配时除了按照规定提取法定盈余公积外,还可以适当地留存一部分利润作为资本积累。这部分资本短时间内不会分配,不仅为企业扩大再生产筹措了资金,同时也增强了企业抵抗风险的能力。

(4)兼顾各方面利益的原则。投资者作为企业资金的投入者,依法享有收益分配的权力,而净利润也归投资者所有。企业在分配股东收益时,必须要按照股本的比利来分配。

同时,企业的利润也离不开管理者以及基层职工的努力工作,所以,在股利分配时一定要顾及这部分人的利益。尤其是对于职工来说,他们是企业利润的直接创造者,除了给予工资奖金等劳动报酬外,还应该能以适当的方式参与到利润分配之中,比如提取公益金、职工集体福利设施构建等方式。

—————— 第六章 ——————

钱是不是越多越好，现金流就是企业的"血液循环"

现金是企业最重要的资产，只有搞清楚企业现金的来龙去脉，
让现金活起来，才能避免资金周转不灵以及企业生产经营活动受损。

◎ 企业账面上的钱越多越好吗

现金是企业最主要的支付方式，也是流动性最强的资产。它具有普遍
的接受性，可以立即用来购买商品、货物、劳务或偿还债务。

那么，是不是意味着企业账面的现金越多越好呢？

其实，并不是如此。为了保证足够的流动性和正常周转的需要，企业
必须持有一定的现金，但同时现金是一种非盈利资产，过多持有的话会造
成浪费，不仅使得企业资产不能充分地利用，更会影响企业经济效益的实现。

如果我们想要彻底地弄清这个问题，就必须弄清现金持有的动机和最
佳现金持有量等问题。

1. 现金持有的动机

现金不能生息，也不能为企业提供效益。所以，在实际生产经营中，
企业必须要保持一定的现金持有量。那么，企业究竟是为什么要持有现金
呢？这就是企业持有现金的动机。

（1）交易性动机。交易动机也叫作支付动机，是指企业在生产经营过
程中，必须持有一定的现金来满足自身经营活动和日常周转的支付需要。

比如支付原材料费用和支付员工工资等。

企业的日常生产经营是持续不断的，在这一过程中，企业需要购买原材料，支付各种成本费用、偿还债务和发放工资等。虽然企业在不断地销售、收回应收账款等行为中会产生一些收入，但是这种收入与支出并不是同时发生的，销售收入的收回具有一定的滞后性。另外，在这个过程中，企业很难做到收入和支出的平衡，即收入可能不能满足支付需要的情况。于是，企业就必须储备一定数量的现金，以便维持正常的经营活动。

（2）预防性动机。企业经营存在着一定的风险性，可能出现这样那样的意外，比如自然灾害等。为了应对企业发生意外后可能产生对现金的需要情况，企业就需要准备一定的预防性现金。

意外事件具有不确定性，可能会发生也可能不会发生，但是一旦发生了就会给企业带来很大的损失。现代企业的经济环境和经济活动越来越复杂，所以企业未来的现金需求也具有很大的不确定性。为了保证企业未来发展持续稳定，生产经营活动得以正常地进行下去，企业应该保持一定的现金储备来应对突发事件。

（3）投机性动机。投机动机是为了满足某种投资或投机的需求，把握突然出现的良好机遇从而获利所持有的一定数额资金。

比如原材料价格突然下降、证券市场突然发生剧烈动荡和国家宏观调控调整利率等。这些机会对于企业获得高额利润都是可遇而不可求的，所以，企业应该持有一定数量的现金，以抓住良好的机遇。

2. 最佳现金持有量

为了保证企业正常的生产运营和资金周转，企业必须确定现金的最佳持有额度。确定了这个额度之后，企业应该严格把控企业的现金流向。如果货币持有量超过了这个额度，企业可以利用多余部分进行短期投资，追加生产经营或支付短期债务；当货币持有量低于这个额度时，企业就不能贸然进行投资了。

最佳现金持有量，又称为最佳现金余额，是指现金满足生产经营的需要，并且使得现金使用效率和收益达到最高时的最低持有量。

那么，企业应该怎样考量其现金持有额度呢？通常来说，确定最佳现金持有量的模式主要有现金周转模式、成本分析模式、存货模式及随机模式。

（1）现金周转模式。现金周转模式就是根据企业的现金周转率来确定企业现金是否为最佳持有的一种方法。一般来说，企业现金周转速度越快，平日持有的现金就越少。通常我们会利用现金循环天数来计算企业的最佳持有额度。

而现金循环天数也被称为是现金周转期，就是企业从购买原料到生产商品，到存货售出，最后收回现金的时间。

其计算公式是：

现金循环天数 = 平均储备期 + 平均收账期 - 平均付账期

某企业平均应付账款天数为 23 天，应收账款天数为 20 天，存货天数为 65 天，则现金循环天数为 65+20-23=62 天。

其年周转次数为 360/62=5.80 次

如果该企业预计一年的现金总需求额为 3000 万元，那么现金最佳持有额为：

3000/5.80=517.24 万元

虽然现金周转模式操作比较简单，但是其模式必须遵循一定的前提条件。首先，企业必须根据往年的历史资料准确测算出现金周转次数，并且假定未来年度与历史年度周转次数基本一致；其次，未来年度的现金总需求根据产销计划可以准确地预计。

也就是说，即使未来年度的周转效率发生了变化，但是也可以根据历史年度的数据预计出来，那么就仍然可以采用这个模式。

还是以上面的例子来说明，如果该企业预计一年现金周转次数比上一年提高了 10%，那么我们可以计算出下年的周转次数：

未来年底现金周转次数 = 上一年度现金周转次数 ×（1+ 预计提高速度）= 5.80 ×（1+10%）=6.38 次；

而现金最佳持有额度 =3000/6.38=470.21 万元

（2）成本分析模式。在实际生产经营活动中，企业的持有现金必然与一些成本发生关系，这些成本主要包括投资成本、管理成本和短缺成本。这三者组成了相关总成本，成本分析模式就是以此为基础来计算企业的现金最佳持有额度。

现金作为企业资金的重要组成部分，有的是来自债权人，有的是来自股东，所以持有现金必须要考虑相应的投资成本。持有现金越多，相应的投资成本也就越多。而企业的管理成本通常是比较固定的，在一定相关范围内不会随着现金余额的多少而变动。

另外，短缺成本是指企业现金持有不足而导致的损失。当企业的现金严重不足，且需要偿还大量的债务时，就会引起严重的财务危机，甚至可能导致倒闭破产。所以，企业应该持有一定的现金。

某企业为了确定最佳持有数额，制定了三种不同的方案。具体情况如下：

A 方案：现金持有量是 50000 元，投资成本是 3000 元，管理成本是 2000 元，短缺成本是 6500 元；

B 方案：现金持有量是 60000 元，投资成本是 5000 元，管理成本是 2000 元，短缺成本是 3500 元；

C 方案：现金持有量是 80000 元，投资成本是 7000 元，管理成本是 2000 元，短缺成本是 2800 元；

我们可以得出，A 方案的总成本是 11500 元，B 方案的总成本是 10500 元，C 方案的总成本是 11800。所以 B 方案的总成本最低，这家企业的最佳现金持有量是就是 60000 元。

还有，运用成本分析模式确定最佳现金持有量时，只考虑因持有一定量的现金而产生的投资成本及短缺成本，而不用考虑管理成本。

（3）存货模式。存货模式是一种简单的模式，在这种模式下的最佳现金持有量，就是持有现金的投资成本和证券变现的交易成本相等时的现金持有量。其着眼点就是保证现金相关成本之和最低。

（4）随机模式。随机模式是指企业可以根据历史经验和需求，预算出一个现金持有量的控制范围，制定出现金持有量的上限和下限，争取将企业现金持有量控制在这个范围之内。

一般来说，当现金持有量达到该区域的上限时，就应该将现金部分地转换为有价证券；当现金持有量接近下限时，就应该出售有价证券来收回货币资金。

总之，并不是企业的现金持有量越多越好，而应该适当地保持持有数额。如果企业现金持有过多的话，就会影响企业投资收益的提高；而现金持有不足的话，就会影响企业的支付能力和偿债能力。

◎ 搞懂现金管理，让现金"活"起来

现金是企业最重要的资产，是以货币形式存在的企业资产，对于企业发展具有非常重要的作用。而现金流量就是企业现金增加或减少的数量，企业收入增加就会导致现金流入的增加，而支付费用增加就会导致现金流出的增加。

现在每个企业都非常重视现金的管理，但是还是存在着这样或那样的管理问题，比如资金周转不灵、资金短缺、挪用公款和贪污现金等等。所以，企业应该精通现金日常管理的手段，让现金真正地"活"起来。

只有让现金活起来，才能避免资金周转不灵、生产经营活动受损的情况。只有搞清楚企业现金的来龙去脉，才能避免出现现金舞弊的情况。

那么，在实际财务管理中，现金管理需要哪些有效的手段呢？

1. 及时收回账款，提高现金的使用效率

在实际工作中，企业应该及时收回应收账款，尽可能加快收款，这样才能加快现金的周转速度，提高企业利用资金的效率。企业可以利用销售折扣或折扣销售的方式来尽量缩短应收账款的时间，或是及时地对账、催账，尽量加快现金的流入。

只有加快应收账款的收回速度，企业才能更好地利用资金扩大生产，从而达到增加经济效益的目的。

2. 控制现金支出的时间和数量

有收入就必须有支出，现金的流出也会影响企业自身对现金的利用。所以，企业应该最大限度地保持现金保存量，控制现金支出的时间和数量，以确保进行正常的投资活动和突发事件。

比如，企业在支付应付账款的时候，可以适度地利用时间差来延迟客户货款的支付。企业在支付员工工资时，也可以利用员工支取工资的时间差来准备现金。一般来说，员工到银行兑现工资有一定的规律，前几天的兑现率分别为 40%、10%、5%、5%。所以，企业就不必在发工资的第一天就准备好全部资金。

另外，企业应该制定严格的审批制度，控制现金支出的数量，以加强现金的管理。比如员工的差旅费、福利费用和个人奖励等，都必须经过特别申请报批才能支出。

3. 利用现金浮游量

什么是现金浮游量呢？它是指银行账户上与企业账户上现金的差额。为什么会产生这种情况呢？

在实际工作中，企业为了支付客户货款开出了一定数额的支票，因为某种原因客户并没有第一时间到银行兑现。也就是说，从企业开出支票到银行从企业账户中划出这笔款项，中间有一定的时间差。虽然企业开出支票，但是这笔款项还在企业的账户上，企业还可以自由地利用这笔资金。如果能够正确地适当地利用这种差额，可以帮助企业进行短期的资金周转。

企业可以选择在多个银行开户，然后选择一个能使支票流通在外时间最长的银行来支付。但是一定要注意时间的限制，避免出现银行存款透支的情况，否则就会影响到企业的信誉。

4. 有效地管理资产，加快现金流动

有效地管理企业的资产也可以改善企业的现金流量。企业资产占用现金的数额越大，现金的流动就越慢。比如，企业存货越多，占用的资金就越多，现金流动就越慢；机器设备等固定资产越多，占用的资金就越多，现金流动就越慢。

所以，企业应该有效地进行存货管理和固定资产管理，减少存货的数量，及时清算闲置和折旧的固定资产，以增加企业资金的流入，加快现金的流动。

5. 实行内部监督，杜绝现金舞弊

企业每天都有大量的现金流入和流出，如果不加强现金的管理，很容易出现舞弊的现象。

所以，在现金管理中，要做到会计和出纳人员的权责分明和相互监督作用，做到管钱的不管账，管账的不管钱。同时，还要制定现金收支的复核制度，仔细核对现金的来龙去脉，以减少差错以及现金舞弊陷阱。

所以，加强现金流的管理是企业生存的基本要求，只有加快企业现金的流动性，提高现金的使用效率，才能将企业的资金更快地转化为生产力，才能保证企业健康、持续地发展，有效地提高企业的竞争力。

◎ 练就一身催账的本领，尽快收回应收账款

资金是企业生产经营活动赖以正常运用的血液，如果外部资金无法及时回笼，企业资金周转就会出现问题，从而危及正常的生产经营活动。尽快收回企业的应收账款，避免因为拖欠时间过长而导致坏账的发生，就能有效地控制企业现金风险。

所以，企业应该加强应收账款的管理工作，尤其是尽快收回拖欠的应收账款，以免给企业带来极大的困扰和损失。

前面我们已经说过了应收账款的管理技巧，现在我们就具体介绍一下，企业的会计人员应该如何催账，以便尽快收回账款。

企业想要尽快收回应收账款，就应该练就一身催账本领，做个出色的催账高手。人们常说催账是一门技术活，那么企业催账应该掌握哪些技巧呢？

1. 催款要直截了当，打消对方拖延躲闪的意图

"欠账还钱是天经地义的事情"。所以企业应该直截了当地催账，不要因为对方的拖延闪躲而不好意思催账。

不错，催账的确非常困难，因为任何企业都不愿意资金流出，甚至有些企业故意调整或是拒绝支付账款。如果企业想要尽快收回应收账款，就应该摆正自己的位置，直截了当地告诉对方你的目的，打消对方拖延躲闪的念头。如果会计人员一开口就扭扭捏捏、吞吞吐吐，对方就很难支付货款。

2. 遇到什么人说什么话，对于不同情况不同对待

企业对各种不同的过期账款，采用的催账方式也应该有所不用。如果客户只是过期几天，那么企业就不应该过多地打扰，适时地提醒一下就可以了，否则就会容易失去客户；对于过期比较长的客户，应该婉转地催账；而对于那些过期时间很长的客户，企业就应该慎重对待了，应该增加催账的力度和次数，必要时也可以采用比较严厉的措辞，否则就会有产生坏账的可能。

3. 弄明白欠账的原因，对症下药

在催款之前，企业应该弄明白账款拖欠的原因，究竟是企业资金紧张，财务状况不良，还是因为对方故意赖账或是对方对企业的产品不满意而拖延付账。

如果是对方资金紧张、周转不灵，企业应该要求对方承诺汇款的确切日期，并且减少供货或是停止供货。

如果对方是习惯赖账的客户，那么就应该加紧催收，了解其固定资产的情况，看是否可以实物抵债。在催账的过程中，企业应该要求对方核对账目，在相关单据上签字盖章，并且做最坏的打算。

4. 不要拖长账龄，要经常催账

一般来说，账龄越长的账款收回的概率就越低。两年以内的账款收回的概率往往超过80%，而超过两年的账款收回的概率可能只有20%左右。另外，如果企业拖长了账龄，对方就会有习惯赖账拖延的心理，通常企业会要求对方先支付一部分，这也最终导致不能全额收回的情况。

5. 识破对方躲债的借口

通常来说，很多客户为了拖欠货款，会采用躲避的方法。有些客户还会想各种办法不按时还款，如资金紧张、付款时间未到、产品销售情况不好以及财务人员不在等原因。这时会计人员不能放松，想办法识别客户的各种借口，要求客户及时付款。

6. 对于自命清高的客户，应该多多赞美

有些客户自命清高，性格比较傲慢，这样财务人员进行收款时就会经常碰钉子。不妨多多赞美这些客户，设法让其放下防备的心理，倾听对方感兴趣的事情，并且多提出一些有效的服务，让对方了解到自己的重要性，那么就可以轻松地收回货款。

7. 不要担心失去客户，但是也要避免争论

到期付款是理所当然的事情。有些会计人员害怕催款会引起客户的不满或是失去重要的客户。这种想法是错误的，不仅无法收回应收账款，还会使客户得寸进尺。但是，会计人员也不能因此就情绪激动，采用过激的方法，这样反而会弄巧成拙。

8. 求助于专业收账人员或诉诸法律

企业有时难免会遇到不讲理的客户，这样上面的方法就很难有效了。这时企业应该求助于专业收款人员，或是直接诉诸法律。

每个企业都会遇到催账的事情，如果不能及时收回这些账款，就会形成死账和呆账，增加企业的经济损失。而如果企业的死账呆账过多，就会影响企业现金的流入以及正常的生产经营活动。所以，企业应该掌握一定的技巧，掌握了上面的技巧，相信企业一定可以尽快地收回账款，减少企业的经济损失。

第三篇

Disanpian

掌握会计规则，面对财务操作游刃有余

记账、查账以及会计核算是一个烦琐而复杂的过程，

不过只要你认识并掌握了会计规则之后，

就可以游刃有余地面对这些工作了。

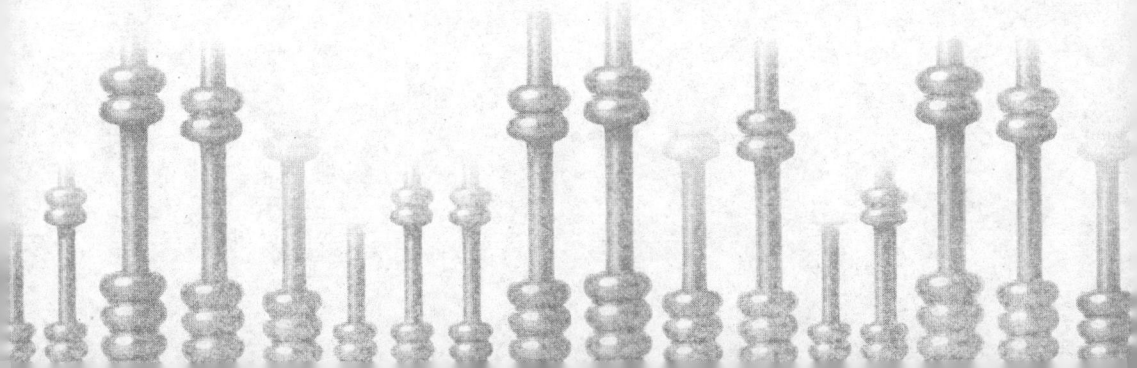

——— 第一章 ———

做好财务预算，但不要想着一劳永逸

"凡事预则立，不预则废。"只有保证财务预算的准确、真实，

才能准确地预测和分析企业的财务状况，

保证企业正常的运行和发展。

◎ 通过全面预算，分析一个企业的发展潜力

古语说："凡事预则立，不预则废。"通过全面预算，不仅可以预测企业财务状况，还可以分析企业的发展潜力。

全面预算是对于企业一定时期内各项业务活动、财务表现等方面的总体预测，其中包括经营预算和财务预算。而经营预算主要包括了开发预算、销售预算、销售费用预算和管理费用预算等；财务预算则包括投资预算、资金预算、预计利润表和预计资产负债表等。

值得注意的是，预算并不等于预测。预测是企业发展的基础，而预算是根据预测结果而提出的对策性方案。

1. 全面预算的主要特征

一般来说，企业的全面预算具有以下几个特征：

（1）整合资源，实现经济效益的最大化。企业经营的目标就是实现经济效益的最大化，而通过编制全面预算可以有效地将企业的各种经济资源整合起来，实现结构的优化组合，以发挥最大的作用。只有将企业的各项

资源都有效地充分地利用，才能提高企业的管理水平和生产效率，并且获得更大的利润。

（2）把握市场动态，以市场的需求为导向。企业的各项经济活动都离不开市场的调控，所以，企业想要在市场中占有足够的份额，增强企业的市场竞争力就必须把握市场的动态和规律，以市场的需求为导向。

企业在编制全面预算的过程中，不仅要考虑自身的发展需求，更要考虑市场的需求，制定出符合市场发展的预算，如此才能保证企业长远持续地发展下去。

（3）调动全体员工的积极性，力求做到全员参与。很多企业认为预算管理是领导阶层和财务部门的事情，不关普通职员的事情，其实这些想法是错误的。

全面预算的"全面"主要体现在两个方面：一个是内容的全面，另一个是人员的全面。它不仅关系到企业生产经济业务的全部过程以及经济业务的各个方面，还关系到企业全体成员的切身利益，忽略任何一方，都会产生不良影响。

所以，员工应该积极参与其中，及时向编制人员反映各方面的信息，这样一来，企业的全面预算才能更加准确和真实。

全面预算是一个综合性的管理系统，涉及企业的各种业务和各个部门，在企业内部控制中起到了重要的作用。另外，它是企业未来的总体收支预测，是一个企业未来经营的目标，同样对企业的生产经营具有很重要的指导作用。它还有利于促进企业各部门之间的协作，减少各部门之间的矛盾。同时，通过全面预算，企业可以加强日后经营活动中各项费用支出的控制，从而有效地降低企业各项成本，提高企业的经济效益。

2. 财务预算在全面预算中的作用

财务预算是全面预算重要的组成部分，在全面预算体系中占据重要的地位。

（1）在现代企业财务管理中，财务预算具有全面综合地协调、规划企业内部各部门经济关系的职能，使各项目统一服务于企业未来的总体经营目标；同时，财务预算还可以使企业决策目标具体化、系统化和定量化，能明确规定有关生产经营人员各自的职责以及目标。

（2）企业通过财务预算，可以建立相关企业财务状况的评价标准，在将实际数额和预算数额相比时，及时发现企业经营项目中存在的问题，以及是否存在着偏差。这样一来，企业才能按照预定的目标进行经济活动，以实现未来的财务目标。

（3）财务预算是总预算，是全面预算体系中的最后环节，可以从价值方面反映企业经营期决策预算和业务预算的结果，使各项预算的执行情况一目了然。而在全面预算中，其他预算都是财务预算的辅助预算，因为企业的最终目标就是实现经济效益。

所以，不论是企业的长远发展目标还是日常的生产经营活动，各部门之间的协调或是各项费用的支出都避不开全面预算。人不预则废，企业如果没有正确合理的预算也无法正常运转和发展。

◎ 熟悉财务预算体系，实行精准化管理

财务预算是指专门反映企业未来一定预算期内预计财务状况、经营成果以及现金收支等价值指标的各种预算的总称。

具体来说，它主要包括：销售预算、生产预算、直接材料预算、直接人工预算、制造费用预算、产品成本预算、销售费用、管理费用预算和现金预算等九个方面的内容。

1. 销售预算

产品销售是企业生产经营中的重要环节，只有将产品销售出去企业才能获取更多的现金。所以，销售预算是企业编制全面预算的关键，也是财务预算的起点，其他预算都以销售预算作为基础。

企业的商品销售直接影响产品的生产数量、材料、人工以及财务支出

管理等各个环节。如果没有合理的销售预算，那么企业的财务预算就没有任何意义了。这样一来，不仅影响到企业的销售业绩，还会影响企业的再生产。

企业在进行销售预算时，应该考虑到企业的生产能力、产品的销售单价和产品销售的收款条件等因素，使得企业达到最佳的销售量和销售单价。

其计算公式为：

企业预计销售收入 = 预计销售单价 × 预计销售数额

某企业生产销售洗涤用品，对于 2014 年度销售情况编制了销售预算，其预计销售量、销售价格和销售收入如下表：

某企业 2014 年度销售预算表

单位：元

季　　度	第一季度	第二季度	第三季度	第四季度	全年
预计销售量（万件）	200	150	200	180	630
预计单价	300	300	300	300	300
销售收入（万元）	60000	45000	60000	54000	189000
预计现金收入					

2. 生产预算

生产预算的编制基础是销售预算，主要内容包括销售量、期初和期末存货、生产量的预算。因为企业经营活动中存在着很多不确定性，通常情况下，企业的生产和销售不能在时间和数量上达到一致性。所以，企业应该储备一定数额的存货，以确保在出现意外的情况下能按照满足供货的需求。

但是，生产预算的编制要考虑企业的自身情况和市场情况，生产量和销售量不能相差太多，如果预算的生产量太多的话，就会导致存货严重挤压的情况，影响企业现金的流通情况。一般来说，企业期末存货应该是下期销售量的 10%。

其计算公式为：

预计生产量 = 预计销售量 + 预计期末存货量 − 预计期初存货量

预计期末存货量 = 下一季度销售量 × 10%

预计期初存货量 = 下一季度期末存货量

案例：

如果某企业 2015 年年初存货 10 万件，年末存货 20 万件，那么这家企业的生产预算如下：

某企业生产预算

单位：万件

季　　度	第一季度	第二季度	第三季度	第四季度	全年
预计销售量	100	180	190	150	620
加：预计期末存货	18	19	15	20	20
合计	118	199	205	170	640
减：预计期初存货	10	18	19	15	10
预计生产量	108	181	186	155	630

3. 直接材料预算

直接材料预算，是以生产预算为基础进行编制的，不过它还要考虑到原材料存货的数量。直接材料预算的主要内容包括：直接材料的单位产品用量、生产需用量和期初期末存量等。

其中，预计生产量的编制依据是生产预算；单位产品用量的编制依据来自标准成本资料或消耗定额资料。

其计算公式为：

生产需要量 = 预计生产量 × 单位产品用量

预计期末存料量 = 下一季度材料总量 × 20%

也就是说，企业各季度期末材料存量是根据下一季度生产量的一定比例确定的，其数额应该是下季度生产量的 20%。

在编制直接材料预算的过程中，企业还应该考虑到材料各季度的现金支出，以便以后编制现金预算。

我们以上面案例的预计生产量为标准，假设本年年初的存料量是 300

千克，本年年末材料存量是 350 千克。那么直接材料的预算如下：

某企业直接草料预算

单位：万件

季　　度	第一季度	第二季度	第三季度	第四季度	全年
预计生产量	108	181	186	155	630
单位产品用量	10	10	10	10	10
生产需要量	1080	1810	1860	1550	6300
加：预计期末存量	300	330	355	350	350
合计	1380	2140	2215	1900	6650
减：预计期初存量	330	345	350	350	330
预计采购量	1050	1795	2180	1550	6320

4. 直接人工预算

直接人工顶算也是以生产预算为基础编制的，其主要内容包括预计产量、单位产品工时、人工总工时、每小时人工成本和人工总成本。其中，预计产量的编制依据是生产预算，单位产品人工工时和每小时人工成本的编制依据来源于标准成本资料。

其计算公式为：

预计人工总时 ＝ 预计生产量 × 单位产品工时

预计人工总成本 ＝ 预计人工总时 × 每小时人工成本

5. 制造费用预算

制造费用主要包括变动制造费用和固定制造费用，由于其流动性不同，所以预算的编制也有所不同。

变动制造费用的编制基础是生产预算，如果有完善的标准成本资料，其预算费用等于单位产品的标准成本乘以产品数量；如果没有标准成本资料，就应该逐一按照产品的数量来预算各项制造费用。

另外，因为固定制造费用与项目的数量无关，通常按照每季度的实际需求的数额来预计，然后再计算出整年的数额。

6. 产品成本预算

产品成本预算主要是指生产预算、直接材料预算、直接人工预算和制造费用预算的综合。主要内容包括产品的单位成本和总成本。

其中，单位产品成本的预算依据是来源于直接材料预算、直接人工预算和制造费用预算；而销售量的数据则来源于销售预算。

7. 销售费用及管理费用预算

销售费用预算是指企业为了实现销售预算所需支付的费用预算。企业在编制销售费用时，应该分析销售收入、销售利润和销售费用之间的关系，努力使销售费用达到最佳的水平。通常，企业安排销售费用时，要利用本量利分析方法，以便获得更多的经济收益。

管理费用是指企业从事管理活动过程中所需要支付的费用预算。随着企业规模的不断扩大，管理职能也越来越重要，当然其费用也应该有所增加。企业在编制管理费用预算时，应该分析企业的业务和财务状况，努力实现费用的合理化。

8. 现金预算

现金预算是指用来预测企业拥有多少库存现金，以及在不同的时期对现金支出的需要量。主要包括：现金收入、现金支出、现金多余或不足、资金的筹集和运用等内容。它是企业进行财务预算的重要内容，通过有效的预算可以了解企业的现金情况。

企业在编制现金预算时，一定要全面考察企业的现金流量状况，帮助企业回避财务风险。

财务预算是一个全面综合的体系，只有实行精准化管理，才能控制企业未来的开销，才能指导企业未来的财务活动和管理活动。

◎ 财务计划和财务预算是一回事吗

财务计划和财务预算是一回事吗？其实，两者还是存在着一定区别的。

财务计划是以货币的形式表示的财务方面的经营计划，是企业在预计计划内资金的取得与运用和各项经营收支及财务成果的综合计划。它是企业经营计划的重要组成部分，是进行财务管理、财务监督的主要依据。

财务计划和财务预算之间存在着密切的联系。财务预算是以货币的形式表现预期财务的结果，是财务计划工作的终点，也是财务控制工作的起点。财务预算是财务管理的重要纽带，可以将财务计划与财务控制联系起来。

前面我们已经详细地介绍了财务预算，现在就具体了解一下财务计划。

1. 财务计划的分类

根据时间的长短，可以分为短期计划和长期计划。

短期财务计划是指一年内的财务计划，其中包括年度、季度和月度。

长期财务计划是根据企业的战略目标制定的，一般可以指定五年的长期计划，它是关系到企业长远发展的关键。

而企业可以根据短期计划的编制，调整各方面各部门的工作，使得企业的资源得到充分的利用，来实现长期的财务计划。

2. 财务计划的主要作用

（1）财务计划是具体化的财务目标，编制财务计划有利于企业内部各个部门的主管和员工了解企业和部门的情况，以及本人在企业财务目标中的地位和责任，有利于企业财务人员实现企业经营目标，合理地使用和筹集资金。

（2）企业通过编制财务目标，将企业经营过程中的各环节各方面工作严密地结合起来，消除部门之间的隔阂和矛盾，并且做到协调一致，使企业资金的运用达到平衡。只有企业各部门之间协调一致，才能有效地利用各项经济资源，实现利润的最大化。

（3）财务计划的控制作用主要体现在事前控制、事中控制和事后控制。

事前控制主要是控制计划单位业务范围和规模，以及预计可使用的资金。企业计划一定要有限度，分清轻重缓急，合理地安排资金。事中控制则是按照计划确定的目标，对计划收入进行督促，实现预期收益和货币资金的流入；对计划中各项耗费和货币资金流出进行审核，防止支出超出预计数额。而事后控制则是指将计划和实际结果进行比较，分析其存在差异的原因，以便改善企业的财务状况。

（4）财务计划不仅可以约束和控制企业的各项活动，还可以评价企业各部门的工作业绩，并为下一期的计划编制提供可靠的依据。

另外，为了让财务计划更好地发挥作用，在财务计划的编制过程中还应该注意以下几个问题。比如，财务计划并不是独立存在的，与财务预算一样也是系统的整体，企业应该将其和营销计划、生产运营计划有效地结合起来。另外，为了让财务计划更真实、数据更有说服力，企业还应该参考同行业竞争对手的相关数据资料，根据自身的实际情况制定出更合理的计划。

◎ 掌握好这几个步骤，就可以更好地做好预算

有效的预算管理可以有效地组织和协调企业的生产经营活动，帮助企业完成既定的经营目标。有效的财务预算，必须遵循以下几个步骤：

1. 从企业长远发展考虑，首先制定一个明确目标

凡事都必须有计划，有了长远的计划，企业才能更好地持续发展。如果企业不能持续地发展，那么预算就成为了无稽之谈了。所以，企业首先应该制定一个明确的目标，这样才能制定合理的预算计划。

2. 全面了解企业各部门情况，获得详细的数据资料

编制财务预算离不开详尽、真实的数据资料，企业想要更好地做预算，就应该向各部门了解情况，收集企业各项经济活动的历史资料。

3. 建立合理的假设是财务预算的关键

财务管理是建立在一个合理的假设之上的，而这也是财务预算的关键。在进行假设时，费用预算应该按照各个项目的合理组成部分来计算。

4. 对企业的销售情况进行预测

企业应该根据自身的实力和市场变化情况，预测其产品的销售情况，比如究竟能占有多少市场份额，与同行业商品相比具有哪些优势和劣势等等。最后，企业就应该对销售数额进行合理的预测和预算。

5. 制定各方面的财务预算

企业根据各部门的实际情况，对成本、费用和收入等各个经济项目进行初步的预算。在预算的过程中，千万不要忽略了现金流的预算，因为在实际工作中，很多管理者都会忽视这一点。

6. 对各部门的预算进行汇总

企业对各个部门的经济活动进行初步预算之后，应该及时与各个部门协调沟通，编制企业整体的销售、生产和财务等预算。

7. 对实际结果和预算结果进行比较和分析

在预算过程中，企业应该在每月底进行总结，总结企业各项预算完成的情况。通过比较和分析实际结果和预算结果之间的差异，企业可以详细地审查其相关信息，检查各项数字是否合理，为以后的预算打好基础。

8. 对出现差额的预算进行审核修改

企业应该迅速地找出出现差额的原因，并且立即采取相应的措施。如果企业的某项费用超出合理预算的范畴，就应该对其进行调整和控制。

9. 进行效果评估

如果企业调查发现了问题并采取修正措施后，就应该对改善效果进行评估。评估过程是一个长期的、需要坚持不懈并且随时进行的工作。在日

常生产经营活动中，企业应该将这项工作当成是每日工作的重点。

预算管理的控制和评估并不是单纯地摆弄表格中的数据，而应该根据数据总结企业经营成败经验，以便改善企业经营管理中不合理的方面。

企业预算编制必须要根据自身条件，选择适合自己经营特点的预算方法，并且找到改善企业生产经营的解决方案。不过，虽然企业预算管理具有重要的作用，但是预算并不能代表企业管理的全部职能。

◎ 选择适合自己的预算方法

在实际工作中，有很多种预算的方法，企业应该根据自身的实际情况，选择适合自己的预算方法。一般来说，常用的预算方法主要有固定预算、定期预算、弹性预算、增量预算、零基预算和滚动预算。

下面我们具体了解一下这些预算方法：

1. 固定预算法

它是最传统、最基本的预算编制方法，适用于财务比较稳定的企业。企业在编制销售预算、成本预算和利润预算时，都可以使用这个方法。在预算中，它不会考虑生产经济活动和财务状况的变动情况，预算方法十分简单。

但是，这种方法比较呆板，如果在预算期间某些经济项目发生了变动，就会造成实际结果与预算数额有较大的差距的情况。

2. 定期预算法

定期预算主要是以固定的会计期间作为基础，比如按照月份、季度来进行预算。它有利于将企业的预算数据和实际数据进行比较，以便更合理地调整预算。但是这种方法存在着间断性，所以不利于各个会计期间的连续性的预算，也不利于企业的长远发展。

3. 弹性预算法

这种方法是与固定预算法相对应的，考虑到了预算期间内各项经济活动的变动情况。它具有灵活多变，适应性强等优点，有利于预算企业的变动成本和利润等。另外，它还可以为企业提供不同业务水平的预算数据，比固定预算更具有参考价值。

4. 增量预算法

它是根据企业上一年的相关数据的变动情况来进行预算的方法。这种方法重点关注的是企业的新增活动以及业务金额的变化情况。通过这种方法，不仅可以了解企业上一年度的经营状况，还可以了解企业近几年的发展趋势。

5. 零基预算法

顾名思义，这种方式是从零开始，不会考虑企业上一年度各项经济活动的实际情况，而是根据本期的业务水平和企业的资金状况来编制预算。它的优点就是不受到原有资金水平的限制，从企业的实际情况出发。

但是，它的工作量较大，需要花费大量的时间和成本，可能还会造成人员浪费。

6. 滚动预算法

滚动预算就是将预算逐期向后滚动的预算方法，使其始终保持为一个固定的期间。一般可以分为逐月滚动、逐季滚动和混合滚动三种方式。

比如，逐月滚动就是企业已经编制了 2015 年 1~12 月的预算，那么在 1 月末需要根据本月的实际情况来调整 2~12 月的预算，并且要补充好 2016 年 1 月的预算，使其预算期间保持不变。

这种方法适用于业务活动比较长、规模比较大且能持续性发展的企业。但是它的工作量也不小。

—————— 第二章 ——————

准确记账，让财务管理有据可依

财务数据是财务管理最关键的依据，
只有保证财务数据的真实、可靠及准确，
才能让财务管理有据可依，而实现这一切的第一步就是准确记账。

◎ 会计凭证，就是会计语言的载体

会计凭证是指记录经济业务发生或完成情况的书面证明，是登记账簿的依据，也是记录经济信息的载体。主要包括原始凭证和记账凭证。

原始凭证又称单据，是在经济业务发生最初之时即行填制的原始书面证明，比如销货发票和款项收据等。

记账凭证又称记账凭单，是以审核无误的原始凭证为依据，按照经济业务事项的内容加以归类，并是以确定会计分录后所填制的会计凭证。比如收款凭证、付款凭证和转账凭证等。

1. 原始凭证的基本内容

原始凭证的种类繁多，来源也比较广泛，形式也有所不同。为了客观地反映经济业务的发生或完成情况，明确有关单位和人员的经济责任，原始凭证必须具有以下基本要素。

（1）即原始凭证的名称；

（2）填制名称的日期和编号；

（3）填制凭证单位名称或者填制人姓名；

（4）对外凭证要有接收凭证单位的名称；

（5）经济业务的内容摘要；

（6）经济业务所设计的数量；

（7）计量单位、单价和金额；

（8）经办业务部门或人员的签名。

另外，原始凭证一般还需要写明凭证的附件和凭证的编号。

原始凭证的表格如下：

仓库出库单

日期编号：

品名	规格	数量	单价	金额	包装数量	件数	备注

供货单位　　　　　　　　验收人　　　　　　　复核人

2. 原始凭证的填制要求

原始凭证是企业财务数据的直接来源，必须保证其真实准确性，所以企业在填制原始凭证时，一定要严格按照填制要求来操作。

（1）记录真实。原始凭证所填列项目的内容和数字，必须真实可靠，符合实际情况，不得弄虚作假，更不能伪造原始凭证。

（2）内容完整。原始凭证所要求填列的项目必须填列齐全完整，不能遗漏、省略任何一项。

（3）编号连续。原始凭证必须要事先印上编号，如果出现作废的情况，应该加盖"作废"的戳记，并且不能随意撕掉或损毁，要妥善保管起来。

（4）手续完备。企业自制的原始凭证必须有经办单位领导人或者其他指定人员的签名盖章；对外开出的原始凭证必须加盖本单位公章；从外部取得的原始凭证，必须盖有填制单位的公章；从个人取得的原始凭证，必须有填制人员的签名盖章。

（5）书写清楚、规范。填写的过程中，文字要简洁，字迹要清晰，不能马马虎虎；不能使用简化字，也不能写连笔字；金额数字大小写要按规定的要求填写。阿拉伯数字要逐个填写，不得连写；金额前要写上人民币符号，中间不得留空格；元以后要写到角分，没有角分的数额要用0补充。

（6）不得涂改、刮擦和挖补。如果原始凭证出现了填写错误的情况，企业不能私自涂改、刮擦和挖补，必须经过出具单位重开或更正，并且在更正处加盖出具单位印章。

（7）要及时填制。各种原始凭证一定要及时填写，不得出现耽搁和拖延的情况，并且按规定的程序及时送交会计人员或机构进行审核。

3. 记账凭证的基本内容

记账凭证是登记账簿的直接依据，也是日常工作中最烦琐的事情。它需要将来自不同单位、不同种类，格式大小不一的原始凭证加以归类整理，并且填制出具同意格式的记账凭证，确定会计分录。

记账凭证主要包括以下基本内容。

（1）记账凭证的名称；

（2）填制记账凭证的日期；

（3）记账凭证的编号；

（4）经济业务内容的摘要；

（5）记账标记；

（6）经济业务事项所涉及的会计科目以及记账方向；

（7）应借、应贷的会计科目（包括一级科目、二级科目或明细科目）和金额；

（8）所附原始凭证的张数；

（9）会计主管、制证、审核、记账等有关人员的签名或盖章。

记账凭证的表格如下：

记账凭证

科目：　　　　　　　　　　　　　　年　　月　　日　　　字第　　号

摘　　要	贷方总账科目	明细科目	√	金　　额
合　　计				

财务：　　　主管：　　　记账：　　　出纳：　　　审核：　　　制单：

4. 记账凭证填制的要求

（1）内容完整。记账凭证的内容应该完整，具备以上全部内容。

（2）连续编号。记账凭证应该连续编号，如果一笔经济业务需要填制两张以上记账凭证，应该按照编号进行填制。这有利于保证记账凭证的完整性，有利于企业将记账凭证和会计账簿进行核对。

（3）审核无误。填制记账凭证时，会计人员应该对原始凭证进行审核，在审核无误的基础上进行填制。

（4）书写要清楚规范，要求同"原始凭证"。

（5）如果出现错误应该重新填制，用红字填写一张与原内容相同的记账凭证，并且摘要中注明"注销某月某日某号凭证"字样。同时，还要用蓝字重新填制一张正确的记账凭证，并在摘要中注明"订正某月某日某号凭证"字样。

（6）空行需要划线注销。在填制完记账凭证后，如果出现空行的情况，应该在空行处画线注销，从金额栏最后一笔金额数字下的空行处到合计数上的空行处。

会计凭证对于企业具有非常重要的意义，可以记录经济业务的发生和完成情况，为会计核算提供原始依据；还可以保证经济业务的真实性、合法性和合理性，为会计监督提供重要依据，同时可以明确企业各部门的经济责任。

◎ 了解会计账簿的分类和设置原则

会计账簿简称账簿，是以会计凭证为依据，用来序时、分类地全面记录一个企业各项经济业务的簿记。组成账簿的账页必须具有一定的格式，账页之前必须是相互联系的。

不同的企业由于经济业务不同和经济管理的要求不同，所需要的会计账簿也有所不同。在实际工作中，会计账簿的格式和形式也是多种多样的，企业应该根据自己的需求来确定账簿的格式。

1. 按照账簿的用途进行分类

不管账簿的格式如何、形式再多种多样，都可以按照其作用进行分类。即可以分为以下三类：序时账簿、分类账簿和备查账簿。

（1）序时账簿。它也称为日记账，是按照经济业务发生或完成时间的先后顺序逐日逐笔进行登记的账簿。它是会计部门按照收到会计凭证号码的先后顺序进行登记的。

在会计发展的早期，要求必须将每天发生的经济业务逐日登记，以便记录当天业务发生的金额。一般按照记录内容的不同，可以分为普通日记账和特种日记账。

（2）分类账簿。分类账簿简称分类账，企业在财务管理中会对全部经济业务事项按照会计要素的具体类别进行分类，而分类账就是按照不同的经济活动分别登记的账簿。

一般可以分为总分类账簿和明细分类账簿。

总分类账簿简称总账，是用来登记全部经济业务，进行总分类核算的分类账簿。

明细分类账簿简称明细账，是用来登记某一类经济业务，进行明细分类核算的分类账簿。

（3）备查账簿。备查账簿简称备查账，它是对序时账簿和分类账簿的补充，如果在实际工作中，企业如果发现序时账簿和分类账簿出现了记载不详细的经济业务，就会对其进行补充。

比如，设置租入固定资产登记簿和代销商品登记簿等。

2. 按照账簿的外表形式进行分类

会计账簿可以从外表形式上进行分类，可以分为订本式、活页式和卡片式三种。

（1）订本式账簿，简称订本账。这是在启用前，就已经将编有编号页码的一定数量的账页装订成册的账簿。

它主要用于总分类账、现金日记账和银行存款日记账等，可以避免账页散失和随意抽换，比较安全，但是却不利于记账人员进行分工记账。

（2）活页式账簿，简称活页账。这是将一定数量的账页置于活页夹内的账簿。它的优点就是根据记账内容的变化而随时增加或减少部分账页。一般适用于各种明细账，使用灵活，并且便于分工记账。

（3）卡片式账簿，简称卡片账。这是将一定数量的卡片式账页存放于专设的卡片箱的账簿。一般用于周转材料、固定资产等明细账，具有可以随时添加账页的优点。但是，这种账簿具有容易失散的缺点，企业应该严格管理，避免账页的丢失。

3. 按照账簿的账页格式进行分类：

会计账簿还可以按照账页格式分类为两栏式账簿、三栏式账簿、多栏式账簿、数量金额式账簿和横线登记式账簿。

案例：下面是某企业编制的三栏式现金日记账。

现金日记账（三栏式）

单位：元

2015 年		凭证号	摘要	对方科目	收入	支出	结余
月	日						
3	8	013	办公费			800	49200
3	9	014	报销差旅			3400	37000
3	10	015	收取货款		50000		67000

2. 企业账簿设置的原则

企业在设置账簿时，应该遵循会计核算的基本要求和会计规范的有关规定，并且依据企业自身的经济业务特点和经营管理的需要，这样才能做好记账工作，保证账簿的准确性、真实性。在进行账簿设置时，一般应当遵循以下原则：

（1）会计账簿要与企业规模和会计分工相适应。企业的规模越大，经济业务就越多，会计分工也就越细，因此导致会计账簿也较复杂、册数也多；相反，会计账簿就没有必要设置那么多，明细分类账也可以简单些。

（2）会计账簿需要满足企业管理的需要，但是也应该避免重复设账。企业设置账簿的目的是为了满足管理所需要的资料，所以应该避免重复设账、记账。比如，在设置材料账时，企业的财务科设置了总账和明细账，而供应科和仓库也设置了一套明细账，这就是重复设置账簿的情况。

（3）账簿设置要与账务处理程序紧密配合。比如，在设置日记总账时，应该先设置一本日记总账，再考虑其他账簿。

（4）账簿设置要与财务报表指标相符合。账簿记录是企业编制财务报表的基础，报表中的相关指标应该可以直接从有关总分类账户或明细分类账户中取得和填列，这样才能加快财务报表的编制，为企业经营管理和编制会计报表提供完整、系统的会计信息和资料。

◎ 账簿登记必须遵循的注意事项和原则

会计账簿的登记，简单来说就是"记账"，是指会计人员根据已经审核无误的记账凭证，将相关经济业务的数据填入到会计账簿中的过程。它是会计工作的重点，在实际工作中，只有准确真实地记账，企业的会计核算和财务分析才能有据可循，才能更加准确真实。

企业的所有经济业务都必须记账，简单来说就是将所有发生收付、进出的变化连续记录下来。而企业记账的目的就是让企业自己查看、翻阅和了解经营活动中业务和数据的变化。

1. 记账前的准备工作

会计人员在记账前，应该做好很多准备工作，只有将准备工作做好了，才能更好地记账。

（1）选购和装订账簿。总账一般采用订本式，企业在选购账簿时应该根据本企业业务量大小来选择，尽量保证一年一本，避免一本账一年都用不完或不够用的情况。

装订账簿时，应该装订整齐，防止账页松动或丢失。

（2）统一笔墨、印台和印章。在记账前，会计人员应该准备统一的笔墨、印章和印油。一般会计人员应该使用同一种印章和印油，使用蓝色或蓝黑墨水。

2. 记账时的注意事项

记账虽然比较简单，但是也不能随随便便记录就行了。在登记账簿的时候，应该注意一些问题和规范，以保证账簿的整洁、清楚、真实及准确。下面我们来了解一下记账过程中的注意事项：

（1）记账的书写要求清楚、规范，其内容要与原始凭证相符；

（2）为了确保账簿记录清晰、耐久、便于保管，账簿禁止修改；

（3）记账时应该使用碳素墨水钢笔或蓝色墨水钢笔，不得使用铅笔、圆珠笔；

（4）记账要及时，而且要仔细认真，提高记账的质量，减少差错；

（5）墨水未干的账页，应该用吸水较强的纸来吸干墨水，这样不仅可以防止未干墨水污染账簿，还不会影响记账的速度；

（6）记账完毕后，应该在记账凭证和账簿上签名及盖章，并且注明表示已登记的符号"√"；

（7）账簿的账页下端最后横线以下，一律空置不填；

（8）订本式账簿应该妥善保管，不得任意撕毁；

（9）结账的通栏横线不要齐格画，可稍稍错上一点，以免红绿颜色相混或是看不到红线；

（10）当记账出现错误时，应该用红字冲销错误记录；

（11）账簿中的文字和数字应该符合规范，一般要靠行格底线书写，不能占全格，最好占三分之二。

3. 记账时应该遵循的规则

在实际操作中，记账必须遵循一定的规则，才能保证记账工作的准确性。具体规则如下：

（1）在开始记账时，必须填列"账簿启用和经管人员一览表"，说明企业的名称、账簿名称、账簿编号、账簿册数、账簿页数和启用日期，而且必须由会计主管人员和记账人员签名或盖章；

（2）记账人员更换时，必须在会计主管的监控下进行，仔细填写交接记录，其中包括交接日期和交接人员姓名等信息，并且必须由交接人员和会计主管人员签名或盖章；

（3）记账时，应该记录下会计凭证日期、编号、业务内容摘要、金额等资料，且数字要准确、摘要要清楚、登记要及时、字迹要整洁；

（4）登记时应该按照账页顺序依次登记，不得跳行，也不得隔页。如果出现了跳行、隔页的情况，应该将其画线注销，并写明"此行空白"或"此页空白"的字样，盖记账人员的私章；

（5）结出各账户的余额后，应该在"借""贷"栏目中写上"借"或"贷"字样；没有余额的账户，应该在余额栏内写上"0"；

（6）每一页账页应该结出本页合计数和余额，并在最后一行写上"过次页"；在下一页第一行"摘要"栏内写出"承上页"字样，并且将上一页的余额抄在下页第一行的"余额"栏；

（7）如果发现账簿出现差错时，应该按照规定方法更正错账，不得随意涂改、挖补、乱擦或用褪色药水消除原有字迹。

所以，严格按照相关规定和方法进行记账，对会计核算以及日后的财务分析具有重要的作用，所以会计人员必须做好记账工作。

◎ 知晓如何填制会计记账凭证

前面我们已经介绍了会计凭证的填制要求，现在我们就详细地解释在实际财务管理中，怎样来填制会计记账凭证。

填制记账凭证是财务人员每天都必须要做的工作，而掌握填制记账凭证的方法，是做好会计工作的一项重要内容。在填制记账凭证过程中，一定要认真负责，保证准确无误，因为稍有差池就会影响财务报表的编制以及企业财务信息的搜集。

在填写会计科目时，应该填写会计科目的全称，不能简写和缩写。另外，为了便于登记日记账和明细账，会计人员还应该详细地填写子项目和细项目。

一般来说，记账凭证中所编制的会计分录应该采用一借一贷或多借一贷的方式，尽量避免多借多贷的会计分录。实际上，多借多贷的会计分录在会计实际操作中并不常见，但是在特殊的情况下还是会采用这样的方式。比如在收回联营投资的过程中，只有多借多贷的方式才能说明各经济业务的来龙去脉。

此外，在填制记账凭证的过程中，会计人员可以根据一张原始凭证来填制记账凭证，也可以根据多张同类型的原始凭证汇总填制记账凭证，当然还可以根据原始凭证汇总表来填写记账凭证。但需要注意的是，填制记账凭证的原始凭证必须是来源于同一类型，不能将不同内容和类别的原始凭证汇总填制在一张记账凭证上。否则在记账时，会给审核数据增添更大的难度，甚至还会造成记账错误的情况。

下面我们就举几个例子来说明填制记账凭证的具体方法。

1. 收款凭证编制

收款凭证左上角设置借方科目栏目，按照收款性质填写"库存现金"或"银行存款"项目；日期填写编制该凭证的日期；右上角填写编制收款凭证顺序号；贷方科目填写与收入现金或银行存款相对应的会计科目；摘要栏目这个填写所记录经济业务的相关说明。另外，最下方应该让相关工作人员进行签字盖章，以明确经济责任。

例：

2015 年 ×× 月 ×× 日，A 企业收到客户 B 企业偿还货款 20000 元，并存入银行。这笔经济业务的分录应为：

借：银行存款 20000

贷：应收账款——B 企业 20000

编制收款凭证如下：

收款凭证

借方科目：银行存款　　　　　2015 年 ×× 月 ×× 日　　　　　收字第 ×× 号

摘要	贷方科目		记账	金额
	总账科目	明细科目		
收 B 企业偿还货款	应收账款	B 企业		20000.00
合计				20000.00

会计主管（签章）　　记账（签章）　　出纳（签章）　　审核（签章）　　制单（签章）

2. 付款凭证编制

付款凭证编制方法与收款凭证基本相同，只是将左上角的借方科目换为贷方科目，将凭证中间的贷方科目转为借方科目。

例：

2016 年 ×× 月 ×× 日，A 企业以现金支付管理费用中的办公室电话费 2000 元。这笔经济业务分录应为：

借：管理费用——电话费 2000

贷：库存现金 2000

编制付款凭证如下：

付款凭证

借方科目：库存现金　　　　　　2016 年 ×× 月 ×× 日　　　　　　付字第 ×× 号

摘要	借方科目		金额
	总账科目	明细科目	
办公室电话费	管理费用	电话费	2000.00
合计			2000.00

会计主管（签章）　　　记账（签章）　　　审核（签章）　　　制单（签章）

3. 转账凭证编制

转账凭证是指根据转账业务的原始凭证填制或汇总原始凭证填制的，用来填列转账业务会计分录的记账凭证。不过，这些业务不包括现金和银行存款收付的各项业务。它是按照先借后贷顺序记入会计科目栏目中的一级科目和二级明细科目之中。会计人员应该按照借、贷方向分别记入借方金额或贷方金额栏之中，而其他项目的填制与收付款凭证相同。

编制转账凭证如下：

转账凭证

2016 年 × × 月 × × 日				付字第 × × 号
摘　要	总账科目	明细科目	借方金额	贷方金额
卖出企业某债券	其他货币资金	存储投资款	64000	
		交易性金融资产		60000
		投资收益		4000
合计			64000	64000

会计主管（签章）　　　记账（签章）　　　审核（签章）　　　制单（签章）

◎ 会计做账的几个误区

做账是会计工作中最基础的一项工作，可是这项工作并不简单，稍不留神就容易出现错误。在做账的过程中，会计人员也很容易陷入误区之中，这是因为他们忽略了很多细节方面的问题。或许你就曾经犯过下面的错误。

1. 借贷相等是填制会计凭证的唯一目的

在填写会计凭证时，必须要求借贷双方相等，但是并不意味着，借贷相等就是填写会计凭证的唯一目的。在会计实务中，会计人员需要考虑很多借贷相等之外的其他事项。

其中包括以下几方面的内容：

（1）票据是否具有真实性、合法性；

（2）审查报销程序、签字是否出现问题以及审批权限是否合理；

（3）是否按照会计准则规定填写会计凭证，是否符合企业管理制度的要求；

（4）审查时间、地点、金额和票据号等各项要素是否与业务内容相符；

（5）审查填制的项目是否有利于日后查账和查询，其数据是否有利于日后提取和使用；

（6）审查特殊项目是否按照制度填写，或者是否得到相关领导的批准；

（7）审查会计凭证各项要素是否填写准确和齐全；

（8）各项支出是否具有预算、是否超出了预算。超预算的项目是否有合理的处理方案。

2. 以票控税，没有发票不能做账

发票是会计做账的主要依据之一，所以，很多会计人员过分依赖发票的作用，必须看到了发票之后才能做账。正因如此，很多会计人员陷入了没有发票不能入账和没有发票入账了也不能税前扣除的误区。

其实，没有发票的项目也可以做账，而关于是否可以税前扣税则是税法方面的事情。在实际工作中，很多会计人员会把会计和税法混淆，甚至出现见票做账、无票不入账、没有发票不会做账的情况。发票并不是会计做账的唯一合法凭证，如果在做账时遇到税局人员只认可发票是唯一合法有效凭证的情况，应该据理力争，维护自己的利益。

那么，有哪些情况是不需要发票就可以税前扣除的项目呢？

（1）员工的薪资、奖金；

（2）社保费用、工会经费；

（3）员工的福利支出费用；

（4）银行借款利息支出；

（5）铁路部门的票据，即车票等凭证；

（6）资产减值损失；

（7）需要向其他企业支付的违约金；

（8）罚款支出；

（9）固定资产折旧的费用；

（10）准备金，其中包括符合税务部门各项规定的资产减值准备金、风险准备金；

（11）企业为境外企业提供劳务时，不需要在国内缴纳营业税和企业所得税，所以也不需要开具正式发票。同时，境外企业开具的账单、外汇管理局提供的支付外汇证明、合同等款项也可以税前扣除。

3. 收据不能做账，也不能税前扣除

很多新进会计人员有这样的疑问，收据能不能报销？能不能入账呢？

有些人认为收据不能报销，因为收据不能税前扣除。其实，这个想法是错误的。他们陷入了一个误区，混淆了会计入账和税法税前扣除的概念。只要这个项目符合会计准则就可以入账，至于能否税前扣除那就是税法的问题了。这个问题我们在前面也已经提到过了。如果出现了款项入账，却不能税前扣除的项目，只要直接在税法方面进行调整就好了。在实务中，我们就经常遇到无法取得发票的情况，那么会计人员也不能因为不能扣除就不给员工报销。

那么，哪些收据是可以税前扣除的呢？

（1）由政府各部门开具的收费票据；

（2）各事业单位开具的收费票据；

（3）企业捐赠慈善部门、相关社会部门的收据；

（4）支付工会各项费用而开具的收据；

（5）法院开具的诉讼费、执行费等费用所开具的收据；

（6）军队部门开具的收据；

（7）其他符合规定的可以税前扣除的收据。

4. 凭证摘要并不重要

在会计凭证填制过程中，很多人都有这样的想法，那就是只要我们的会计科目正确，金额没有任何问题，凭证摘要就没有那么重要了。所以，在实际工作中，很多人并不关心凭证摘要的内容，甚至认为这是可以忽略不计的。

那么，凭证摘要真的不重要吗？答案是否定的。它对于会计人员来说非常重要，并且凭证摘要既不能写得太简单，也不能写得太仔细。把凭证摘要写好并不是一件简单的事情。所以，凭证摘要应该做到简练而不简单，全面而不烦琐，精准而又正确。

5. 会计凭证必须有原始凭证，没有原始凭证不能入账

原始凭证是会计入账的主要依据之一，但是并不是没有原始凭证就不能入账。在会计工作规范中也有这样的规定，除了结账和更正错误的记账

凭证可以不附原始凭证外，其他项目必须要附有原始凭证。

6. 白条不能入账，也不能税前扣除

在日常生活中，很多企业都会遇到赊欠款项的问题，也收到过很多白条。关于白条是否入账的问题，和收据也是同样的道理。只要白条符合会计准则的规定，就可以入账，此时最应该注意的就是会计和税法的区别对待。

以下是日常生活中需要考虑的能否税前扣除的白条：

（1）独生子女补助、高温补贴，取暖费补贴；

（2）离职补贴；

（3）企业员工的各种赔偿；

（4）经济合同规定支付的罚款；

（5）支付给个人的各种补偿、赔偿费用。如拆迁赔偿、青苗补偿费等。但是这些赔偿的款项必须要有赔偿协议；

（6）抚恤金、救济金等补贴；

（7）支付给员工的丧葬费用；

值得注意的是，以上各项款项必须要和当地主管税务机关沟通且提供相关证明材料，才能确定是否能够税前扣除。也就是说，如果没有税务机关的辅助证明就无法确定其是否是合法有效凭证。

比如，发生的经济事项是否具有法院判决书、调解书、仲裁机构的裁定书，或是具有双方签订的提供应税货物或应税劳务协议和双方签订的赔偿协议等的书面文件。

7. 把税法当成了会计做账的重要准则

税法是会计入账的主要依据之一，但是并不是所有的项目都必须按照税法来做，这样一来会让会计陷入困境之中。在生活中的很多企业的老板只是为了赚更多的钱，少交税款，所以导致会计人员做账的目的就是为了报税而服务，并且根据税法的规定而操作。这种情况在小企业尤为严重。

会计人员应该知道会计准则是什么，并且严格按照会计准则来操作，而不是将税法规定当成做账的准则，这样才能更好地管理企业财务，而不仅仅是做一个报税员而已。

◎ 明确责任，做好会计凭证的传递、更换和保管

要想让财务管理有据可循，必须要保证会计信息的准确无误和全面真实。当然做好记账工作是最重要、最基础的方面，同样会计凭证的传递和保管也非常重要。

财务管理是一个持续的、长时间的过程，所以做好会计凭证的传递和保管，不仅有利于企业及时处理和登记经济业务和协调单位内部各部门、各环节的工作，更可以加强经营管理的岗位责任制，对会计进行监督。

1. 会计凭证的传递

简单来说，会计凭证的传递是指从会计凭证的取得或填制开始，经过出纳、审核、记账、装订到归档保管的过程中，在企业内部相关部门和相关人员之间按照规定的时间、路线办理业务手续和进行处理的过程。

（1）会计凭证传递的基本原则。会计凭证的传递应该按照相关原则来进行，要根据经济业务的特点以及企业自身的实际情况，适当地规定各种会计凭证的联数和所流经的必要环节。

在这个过程中，相关部门和人员要按照规定手续进行处理和审核，但是还应该避免不必要的环节；要根据经济业务的需要来办手续，确定会计凭证在各个环节停留的时间，从而保证会计凭证以最快的速度传递，及时地发挥其传递经济信息的作用；为了确保会计凭证的安全和完整，在传递的过程中应该指定专人办理交接手续，力求做到责任明确、手续完备及传递严密。

（2）会计凭证传递的意义。会计凭证的传递对于财务信息的管理具有非常重要的意义，具体来说包括以下几个方面：

通过会计凭证的传递，有利于企业及时地反映各项经济业务的发生或

完成情况，保证会计凭证及时地送到财务部门，及时进行记账、结账，并按照相关规定来编制财务报表；

通过会计凭证的传递，有利于企业恰当准确地组织经济活动，将企业各有关部门和人员的活动密切地联系起来，对各项经济活动进行监督和控制；

通过会计凭证的传递，使得会计凭证起到相互牵制、监督的作用，促进各部门和相关人员及时准确地完成各项经济业务，并按规定办理好各种凭证手续。

2. 会计账簿的更换

会计账簿是企业重要的财务管理的基础，企业在会计年度开始的时候通常都会更换新的会计账簿，同时必须对旧账簿进行妥善的保管。

一般来说，企业的大部分账簿都要至少一年更换一次，比如总分类账、明细分类账及库存现金、银行存款日记等。因为固定资产数量多、变化小，所以固定资产明细账通常可以延续使用，而如果固定资产采用的是卡片式的，则可以使用很长时间。

新更换的账簿，需要将上年相关账户的余额转到新账簿中。换句话说，就是在新账簿相应账户的首页列出相关剩余金额，并且注明"上年余额"字样。

3. 会计凭证的保管

会计凭证保管是指将处理完的会计凭证进行整理、归档和保存的工作。这个环节是保证会计资料完整与安全的重要环节。一般来说，企业应该将装订成册的会计凭证交给专门人员保管，等到年终结算后，必须将整年的凭证移交档案室造册登记，归档集中保管。

在保管过程中，如果相关人员想要查阅的话，应该进行申请，审批通过后才能查阅。同时，还要详细登记调阅凭证的名称、调阅日期，调阅人员的姓名、工作单位及调阅理由等。尤其是原始凭证的查阅需要履行严格的审批手续，查阅企业内部的原始凭证需要经本单位会计机构负责人、会计主管人员批准；查看其他企业的原始凭证时，必须在专设的登记簿上登记，并由提供人员和收取人员共同签名或者盖章。

当然，保管会计凭证并不全部是永久地保管，而是有一定的时间限制。除了年度财务报表及某些涉外的会计凭证、会计账簿属于永久保管外，其他属于定期保管，期限为 3 年、5 年、10 年、15 年和 25 年。

如果到了会计凭证保管期满销毁时，必须严格按制度规定执行，登记造册，经过相关领导审批后才能销毁。

最后，需要注意的是，会计账簿的保管也应该注意其保管期限。一般来说，会计账簿更换下来后，应该将其活页加上封面装订起来，由主管人员签字盖章后，与订本账一起造册归档。一般日记账、明细账和总账的保管期限为 15 年；库存现金和银行存款日记账保管 25 年；而月、季会计报表保管 5 年。而涉外和重大事项会计账簿以及年度会计报表需要永久保管。

另外，随着计算机技术的普及，会计电算化已经成为了一种趋势，所以越来越多的企业采用计算机保管的方式。这种方式不仅方便简捷，而且更有利于定期进行检查。

—————— 第三章 ——————

正确而清晰地核算，保证财务数据的准确性

合理进行会计核算，是会计人员最基本的素质，

而只有把握正确的核算方法和遵守其核算原则，

才能为企业提供更加准确的财务信息。

◎ 会计核算包括哪些内容

会计核算也叫作会计反映，是指以货币为主要计量尺度，对会计主体的资金运动进行的反映。它主要是指对企业过去经济活动进行的事后核算，就是会计工作中记账、算账和报账的总称。

简单来说，会计人员在通过前期的设置账户，按标准进行记账、填制和审核凭证、登记账簿之后，接下来的工作就是会计核算了。

合理地进行会计核算，是会计人员做好会计工作的重要条件，不仅有利于为编制财务报表提供正确及时的数据信息，还有利于企业进行财务的预算和计划，为企业提供更准确的财务信息。它对于会计信息使用者来说，具有非常重要的意义。

另外，企业在进行会计核算的过程中，不仅仅要考虑对重要经济活动的事后核算，还应该考虑到事先核算和事中核算。

我国现行的《会计法》对会计核算的基本内容进行了规定，即对以下会计事项进行及时的会计核算：

款项和有价证券的收付；财物的收发、增减和使用；债权债务的发生和结算；资本、基金的增减；收支与成本费用的计算；财务成果的计算和处理；其他会计事项等。

而会计核算的主要内容包括：成本计算和财产清查。

1. 成本计算

一般意义上的成本核算，就是归集和分配实际成本费用的过程。而广义上的成本计算就是成本的管理。

通过正确的成本计算，可以综合地反映企业整个的生产经营成果，还可以使企业全面地掌握和控制经营过程中各阶段的费用支出。通过对企业成本进行核算，可以寻找降低和节约成本的最佳途径，使企业的经济效益实现最大化。

2. 财产清算

财产清查是指通过盘点实物、核对账目等方式，使企业的财产物资账面数额和实际数额相符的方法。

通过准确的财产清查，可以加强企业财产的安全性和完整性，最大限度地利用企业资产，并且加快企业资金的使用效率和周转速度，以便创造更多的利润。

另外，通过核算企业的财产，可以清楚地了解企业资产的具体情况，为编制财务报表提供更准确的资料信息，帮助投资者和管理者具体了解企业的真实财务状况和生产经营状况。

◎ 会计核算须遵循的几大原则

会计核算是财务工作的基础，对于企业日常生产经营活动以及长远的发展具有重要的意义。想要更好地进行会计核算工作，就应该遵循以下几个原则：

1. 客观性原则

会计人员在进行会计核算时，必须要根据企业自身的实际经济业务来进行核算，不仅要真实地反映企业日常经营活动的真实财务状况和经营成果，还要保证其资料的准确性和可靠性。

客观性原则是会计核算会计信息最基本的要求，也是会计实务工作进行的前提条件。

2. 及时性原则

会计核算工作必须及时、快速，只有及时处理会计信息，才能保证相关数据的真实性和准确性；只有及时处理会计信息，才能保证其及时准确地被利用。

3. 明晰性原则

在处理会计信息时，应该保证会计记录与会计报表的数据清晰、简明，便于会计人员在日后工作中查阅和使用。

4. 相关性原则

会计核算必须满足企业各方面相关信息的需求。如果企业核算的信息与企业的决策和财务分析没有关系，那么核算就没有任何意义了。

5. 可比性原则

在核算中，企业的会计信息必须保持口径一致，这样才能进行横向的对比，才能将信息与企业的不同时期、不同企业的同一时期进行对比，才能分析出企业存在的一些问题。比如在同行业中具有哪些优势、劣势等。

在会计核算中，只有保证会计信息的可比性，才能有助于企业的经济管理和决策。

6. 一致性原则

企业在进行会计核算时，其核算方法和程序必须保持一致，中途不得随意变更会计处理方法和程序。如果随意变更方法，可能导致财务数据产生差错，影响企业的财务分析结果。

7. 权责发生制原则

它是企业会计确认、计量和报告的基础，可以准确地反映特定会计期间企业真实的财务状况和经营成果。

具体来说就是，凡是本期已经实现的收入和已经发生或应当负担的费用，不论款项是否收付，都应作为本期的收入和费用处理；凡是不属于当期的收入和费用，即使款项已经在当期收付，也不应作为当期的收入和费用。

8. 重要性原则

重要性原则是指在会计核算过程中，应该按照经济业务或会计事项的重要程度，采用不同的会计处理方法和程序。

就是说，对重要的会计事项要分别进行核算，力求做到准确无误，并且在财务报告中进行重要说明阐述。对于那些并不太重要的会计事项，在不影响会计信息真实性的前提下，适当地进行简化会计核算，在财务报告中只要简要说明就行了。

9. 配比原则

它是会计分期的前提，就是必须要求某一特定时间内的各项收入与其相关联的成本、费用处于同一个会计期间。会计人员应该在会计期间内，对成本、费用、收入等项目进行核算。如果相关项目不在同一会计期间，就没有核算的必要了。

10. 谨慎性原则

经济活动中存在很多的不确定性因素，在核算的过程中应该保持谨慎小心的态度，更要有防范风险的意识。任何经济活动都可能发生风险，所以会计人员在核算相关项目时一定要合理核算可能发生的损失和费用。同时，会计信息的使用者或决策者要时刻保持警惕，以应对外部经济环境的变化。

谨慎性原则可以预防会计核算中出现呆账和坏账的情况，而它也是计提坏账准备和计提折旧的体现。

◎ 会计核算，方法很重要

会计核算不仅要遵循一定的原则，其核算方法也非常重要。在日常会计实务中，由于会计核算的对象丰富多样，而且非常复杂，所以用来对其进行反映和监督的会计核算方法也不能采用单一的方法，而是应该根据实际情况采用相应的核算方法。

所谓会计核算方法，就是对企业各项会计要素进行完整的、连续的、系统的记录，并用于计算、反映和监督的方法。

总体来说，会计核算主要包括以下几种专门的方法，即：设置会计科目和账户、复式记账、填制和审核会计凭证、登记账簿、成本计算、财产清查和编制财务报告。这七种方法形成了一个完整的、科学的会计核算体系。下面我们就具体地了解这一完整的体系。

1. 设置会计科目和账户

我们知道，会计科目就是对企业的各项会计要素按照不同的特点和经济管理要求，而进行分类核算的类目。

账户则是根据会计科目而开设的，具有一定的格式和结构，用来分类地、连续地记录各项会计要素变动的场所。每一个账户都有一个名称，用来说明会计核算的经济业务。

设置会计科目和账户就是企业在会计核算前必须确定的重要环节，企业应该事先规定这些项目，然后根据这些项目在账簿中开立账户，分类地、连续地记录各项经济业务。

2. 复式记账

复式记账是一种比较常见的记账方法，是与单式记账相对称的方法。单式记账是一种最简单的记账方法，是指在会计核算中，对每一项经济业务只进行单方面的、不完整的记载。简单来说，就是一个账户只记录一笔账。

而复式记账则复杂得多，它通常会对每一项经济业务的两个或两个以上相互联系的账户上进行全面的登记，是一种系统地反映企业的各项经济业务的记账方法。

通过复式记账法，会计人员可以清晰地了解各项经济业务的来龙去脉，还可以通过相关账户的经济业务记录，来审核其记录是否真实准确。

3. 填制和审核会计凭证

前面我们说过，会计凭证是记录经济业务、明确经济责任的书面凭证，也是会计人员登记账簿的重要依据。经济业务发生后，企业会计人员必须及时地填制会计凭证，并在会计人员进行审核后，根据会计的记账方式登记到事先设置好的账户之中。

填制和审核会计凭证不仅为会计核算提供了重要的原始依据，它也是进行会计监督的重要条件。另外，只有经过会计部门和有关部门的审核，确定正确无误后，会计凭证才能作为记账的依据。那些没有经过审核的会计凭证，并不能拿来登记入账。

4. 登记账簿

账簿真实准确地记录了企业的各项经济业务情况，它是企业保存会计资料的主要载体。就是说，在登记账簿时会计人员必须以原始凭证为依据，定期进行结账和对账，这样才能为编制财务报表提供完整、真实、准确的数据信息。

5. 成本计算

通过成本计算，企业可以弄清各项成本的构成情况，比如原材料的采购成本、产品的生产成本和销售成本的具体情况。

企业通过成本计算，不仅可以知晓生产经营过程中发生的各项费用的利用情况，查看其成本是否节省或是超支，还可以监督企业成本费用支出的情况。

通过成本计算，企业可以找到降低成本和优化成本的最佳途径，还可以弄清企业的盈利及亏损的具体情况。

6. 财产清查

前面我们已经具体介绍了财产清查，它可以帮助企业查看各项财产物资和货币资金的保管情况和利用情况，监督企业的各项资产是否有效合理地被利用，是否发挥了最大的价值。

在清查的过程中，如果会计人员发现了某项财产或货币资金的数额与账面结存数额不一致的情况时，应该立即查明其原因并且及时进行调整。这样，才能保证会计核算资料的正确性和真实性。

会计人员在审查和解决问题前，必须经过相关人员或部门的审批才能修改账簿的相关记录，确保账面数额与实存数额保持一致。

7. 编制财务报表

编制财务报表就是对企业日常核算资料的整理和汇总，也是企业在一定期间内经济活动的综合反映。

通过编制和报送财务报表，可以为企业的投资者、债权人、政府机关以及管理者提供有效的会计信息，为企业的生产经营以及决策提供重要的财务依据。

上面各种会计方法相互联系、相互依存，构成了一个完整的方法体系。总体来说，在这个会计核算体系中，主要包括了三个环节，即填制和审核凭证、登记账簿和编制会计报表。在一定的会计期间内，所有的经济业务都是通过这三个环节进行处理的，并且将大量的经济业务转换为对企业有重要作用的会计信息。

这三个环节形成了一个周而复始的变化过程，即从填制和审核凭证到登记账簿，再到编制出会计报表的会计循环过程。

◎ 核算企业固定资产，保障企业的"家当"

固定资产核算，是指对企业某一段时期内固定资产进行重新估值、记录的财务处理过程。

一般来说，固定资产是以实际成本进行初始计量的，当与该固定资产有关的经济利益有可能进入企业，并且该固定资产的成本能可靠地计量时，就应该被确认为固定资产。对固定资产进行核算，不仅可以及时掌握公司固定资产的构成与使用状况，还可以保证企业家当核算的准确。

固定资产的核算主要包括以下几个内容：固定资产的计提折旧、固定资产的期末清查、固定资产的减值提计以及融资租入固定资产的计价。

1. 固定资产的提计折旧

首先我们通过下面的表格来了解固定资产的折旧方法和年限：

固定资产的折旧方法

类　　别	折旧年限（年）	残值率 %	年折旧率 %
房屋及建筑物	20	10	4.5
机器设备	10	10	9
其他设备	5	10	18
运输设备	5	10	18

其中，固定资产的残值收入是指固定资产已不能再继续使用，没有使用价值，将其分解后变卖铜、铁等废料的收入。企业应该根据固定资产的性质和使用情况，合理确定固定资产的预计净残值。值得注意的是，企业固定资产的预计净残值一经确定，就不得随意变更。

一般来说，固定资产计提折旧的方法采用平均年限法，扣除 10% 净残值，其计算方法为：

年折旧率 =（1 — 10%）/ 使用年限

年折旧额 = 原值 × 年折旧率

月折旧额 = 原值 × 年折旧率 /12

2. 固定资产的期末清查

为了保证固定资产核算的准确性，会计人员必须对固定资产进行定期清查、盘点，以掌握实际的数量和质量。这有利于企业了解固定资产是否出现丢失、毁损或未列入账的情况，以保证固定资产的账面数额与实际数额保持一致。

每年会计人员在编制决算报表之前，都必须对固定资产进行全面的清查，以确保报表数据的真实可靠。如果发现有损毁或是丢失的情况，一定要查明其中的原因，经过董事会或经理会议批准后，必须在期末结账前处理好。而盘盈的固定资产计入当期营业外收入；盘亏或毁损的固定资产，在减去责任人或保险公司等赔款和残料价值之后，计入当期营业外支出。

一般来说，对于那些不适用，需要对外出售或提前报废以及非正常损失发生毁损、由于对外投资、债务重组等原因减少的固定资产，应该通过"固定资产清理"科目进行核算。

3. 固定资产的减值测试方法，减值准备计提方法

前面我们已经说过，固定资产在生产经营过程中，出现持续下跌，或是技术陈旧、损坏、长期闲置等减值迹象，则可估计其可收回金额。可收回金额的计量结果说明，固定资产的可收回金额低于其账面价值，就可以将固定资产的账面价值减记至可收回金额。而减记的金额则是资产减值损失，应该计入当期损益，同时计提相应的固定资产减值准备。

同样，当固定资产的减值损失已经确认，在会计期间就不能随意再换回了。

4. 融资租入固定资产的认定依据和计价方法

融资租入固定资产也属于一种资产，但是与其他资产不同，它的所有权不属于企业，但是企业也获得了其所提供的主要经济利益，同时也要承担与该资产有关的风险。

简单来说、它就是承租人通过融资租赁的方式租入固定资产。一般来说，融资租赁方式租入固定资产时，从租赁开始日起，就应当将该租赁资产原账面价值与最低租赁付款额现值相比中的较低者，加上可直接归属于租赁项目的初始直接费用，作为融资租入固定资产的入账价值；将最低租赁付款额作为长期应付款的入账价值，并将两者的差额记录为未确认融资费用。而未确认的融资费用采用实际利率法在租赁期内进行分摊。

某企业采用融资租赁方式租入一台生产设备，按照租赁合同的规定双方确定的租赁资产公允价值为 2000 万元，租赁期限为五年，最低租赁付款额为 2400 万元。

那么，其计算方式就是：

借：在建工程　　　2000

　　未确认融资费用　　　400

贷：长期应付款——应付融资租赁款　　　2400

如果企业在购买这一机器设备时，还支付了运输费、保险费、安装调试费等计 30 万元：

借：在建工程　　　30

贷：银行存款　　　30

◎ 无形资产核算，更注重其准确性

虽然无形资产没有实物形式，但是其会计处理也必须注重准确性。为了核算无形资产的取得、摊销和处置等情况，企业应该设置无形资产和累计摊销等科目。如果无形资产发生减值，还应该设置无形资产减值准备科目来进行核算。

1. 无形资产的取得

一般来说，会计报表中的"无形资产"项目用以核算企业各项无形资产的价值，并且应该按照成本进行初始计量。企业取得无形资产的主要方式包括从外部购得和自行研究开发等。

企业取得各项无形资产时，应该按规定记入借方；企业处置无形资产及无形资产摊销时，记入贷方；余额则表现了企业现有无形资产的价值，应该计入借方。

我们应该通过例子来具体说明：

（1）购入的无形资产，应该按照实际支付款项，借记"无形资产"科目，贷记"银行存款"等科目。

某企业购入一项专利技术，发票价格为 500 万元，相关费用为 30 万元，相关款项已经通过银行转账支付。那么，账务处理如下，单位为万元：

借：无形资产 30

贷：银行存款 30

（2）投资者投入的无形资产，按投资各方确认的价值，借记"无形资产"科目，贷记"实收资本""股本"等科目。同样，通过发行股票而接受投资者投入的无形资产，也应该按照以上方式进行记录。

某企业接受 B 企业所拥有的非专利技术投资，合同规定的价格为 80 万元，并且已经办妥相关手续。账务处理如下，单位为万元：

借：无形资产 80

贷：股本 80

（3）接受捐赠的无形资产，应该按照相关会计制度及规定确定的实际成本，借记"无形资产"科目，以接受捐赠无形资产按税法规定确定的入账价值，贷记"待转资产价值——接受捐赠非货币性资产价值"科目，而实际支付或应支付的相关税费，贷记"银行存款""应交税金"等科目。

某企业接受 B 企业捐赠的特许权，双方确定的实际成本为 50 万元。企业接受特许权，并办妥相关手续。同时企业应该支出相关税费 5 万元。账务处理如下，单位为万元：

借：无形资产 55

贷：待转资产价值——接受捐赠非货币性资产价值 50

应交税金 5

（4）自行开发并按法律程序申请取得的无形资产，按依法取得时发生的注册费、聘请律师费等费用，借记"无形资产"科目，贷记"银行存款"科目。企业在研究与开发过程中发生的费用支出，直接计入当期损益。而企业应该支付一定的管理费用应该借记"管理费用"等科目。

某企业自行开发了某项专利，需要支付注册费、聘请律师费等费用 5000 元，以及管理费用 3000 元。账务处理如下：

借：无形资产 5000 元

管理费用 3000 元

贷：银行存款 8000 元

2. 无形资产的摊销

前面我们已经提到过无形资产的摊销，现在我们再简单地介绍一下：无形资产属于企业的长期资产，可以长时间给企业带来效益，但是由于无形资产通常有一定的有效期限，它所具有的价值的权利或特权总有一天会终结或消失。所以，企业应该将入账的无形资产在一定期限内摊销。

通常来说，企业自用的无形资产，其摊销的无形资产价值应当计入当期管理费用；出租的无形资产，其摊销价值应当计入其他业务支出，同时冲减无形资产的成本。

无形资产摊销方法包括直线法、生产总量法等。无形资产的摊销额一般应当计入当期损益。比如，企业因为利用土地建造某自用项目时，应该将土地使用权的账面价值全部转入在建工程成本。在摊销无形资产价值时，借记"管理费用——无形资产摊销"科目，贷记"无形资产"科目。

3. 无形资产的减值

与固定资产一样，无形资产在资产负债表中存在可能发生减值的迹象时，且其可收回金额低于账面价值的，企业应当将该无形资产的账面价值减记至可收回金额，减记的金额确认为减值损失，应该计入当期损益，同时计提相应的资产减值准备。

4. 无形资产的核算

无形资产的核算包括无形资产对外投资的核算、无形资产转让的核算。

（1）无形资产对外投资的核算是指企业由于自身发展的需求，以及减少投资风险和扩大影响的目的，而将已自用的无形资产对外投资以获取投资收益。投资时，应该按照无形资产的账面价值借记"长期股权投资"账户。

（2）企业所拥有的无形资产可以依法转让给其他企业，而转让的方式主要有两种：一是转让其所有权，二是转让其使用权。

无形资产所有权的转让就是无形资产的出售，应该按照实际收到的出售收入，借记"银行存款"账户，并且按照收入的一定比例计算应交的营业税额，贷记"应交税金"账户；按出售无形资产的账面余额，贷记"无形资产"账户将无形资产的出售收入与无形资产账面价值和发生的相关税费相比较，其差额列入"营业外收入"或"营业外支出"账户。

而无形资产使用权的转让就是无形资产的出租，是指企业将该项无形资产的全部或部分使用权让渡给其他企业，但仍保留对该出租无形资产的所有权，并拥有占有、使用以及处置的权利。企业在取得出租无形资产收入，并作为"其他业务收入"入账时，仍应保留无形资产的账面价值，在出租过程中发生的相关税费，应作为出租成本列入"其他业务支出"账户。

◎ 废品损失及停工损失也应该仔细核算

企业所有的具有经济价值的项目都属于企业资产，甚至在生产过程中的废品也不例外。同时，企业由于某种原因也会造成经济损失，比如人工费用、制造费用等。所以在会计核算的过程中，应该对这两方面项目都要进行仔细的核算，这样才能避免企业资产的流失。

1. 废品损失的核算

所谓废品损失，就是在生产过程中，那些质量不符合原定规格或标准的、不能按照原来的用途来利用的，以及只有通过修复后才能利用的产成品和半成品。废品不仅会在生产过程中发现，还可以在入库之时发现。

按照废品不符合原定规格或技术标准的程度，可以分为可修复废品和不可修复的废品。区分废品能否修复，最主要的就是看其花费的修复费是否合算。那些合算的废品，就是可修复废品；而不合算的废品则是不可修复的废品。

而废品损失主要包括了可修复废品的修复费用，以及不可修复废品的成本减去废品可回收残值后所产生的损失。

其计算公式为：

可修复废品损失 = 修复废品材料费用 + 修复废品人工费用
　　　　　　　 + 修复废品制造费用 — 收回的残值及赔偿收入

值得注意的是，出售后所发生的一切损失应该计入管理费用，包括退回废品时所支付的运杂费等，而不应该计入废品损失；不可修复废品损失的生产成本，应该按照废品所消耗的实际费用计算，也可以按照废品所消耗的定额费用计算。

最后，实行三包的企业在产品出售后发现废品时的损失，不应该计入废品损失之中。

2. 停工损失的核算

在实际生产经营活动中，企业会因为某种原因而停工，造成企业经济效益的流失。所以，除了废品损失应该进行仔细核算之外，停工损失也应该进行会计核算。

所谓停工损失是指企业或生产车间及班组在停工期间内所发生的各项费用，主要包括：停工期内支付的直接人工费用和应负担的制造费用。

企业发生停工的原因有很多，比如停电、待料、机械故障、机器设备修理和发生非常灾害以及计划压缩产量等。在停工期间，计划内的停工所造成的损失应该由生产的产品负担，计入产品生产成本；而计划外的停工所造成的损失应该由管理费用或营业外支出承担，计入当期损益。

需要注意的是，由于季节性停工，在停工期间内产生的费用不应该作为停工损失进行核算，而应该计入"制造费用"账户而进行核算。

———— 第四章 ————

严密查账、调账，确保账目信息不失真

查账应该查什么？企业为什么查账？如何进行查账、调账？
只有弄明白这些问题，我们才能确保账目信息的真实性，
才能找出企业账簿背后存在的问题。

◎ 轻松查账，几大步骤就搞定

在会计实务中，会计人员由于客观或是主观的原因，可能造成账簿出现问题。同时，一些违法乱纪的人为了逃避责任，往往会通过财务造假的方式来掩饰自己的不法行为。为了确保账目信息的真实性，就要求会计人员懂得怎样查账，以及如何严密地查账。

查账，又叫作财务检查，是指通过对企业会计凭证、账簿及有关资料的检查，查核企业会计资料所反映的经济活动是否真实、合法，有无经济违法行为的一项检查活动。

查账是会计人员最基础的工作之一，也是保证财务信息准确真实的主要方法。其实，查账并不是很难，只需几个步骤就可以了。查账工作的步骤总的来说可划分为三个阶段：准备阶段、实施阶段和终结阶段。

1. 准备阶段

这一阶段是查账整个过程的第一步，在整个查账过程中具有重要的作用，其工作质量的好坏直接影响和决定了日后工作的质量和速度。只有做好

了充分的准备，查账工作才能做到最好，这就是我们经常说的"有备无患"了。

一般来说，越是复杂的查账项目，需要准备的会计项目就越多，工作量就越大，时间也就越长。准备工作一般包括了以下内容：

（1）明确查账对象、目标和要求。查账应该查什么？企业为了什么而查账？在查账中应该达到什么样的要求和目标？只有搞清楚这些问题，才能从众多会计项目中理出头绪，才能做到有备无患。只有做到目标明确，才能使查账工作做得更加有深度。

（2）选择查账人员，组成查账小组。在实际工作中，应该选择专业性的会计人员组成一个查账小组，这样不仅有利于查账工作的顺利进行，还有利于各成员之间互相监督。查账小组一般由多人组成，不仅要考察其专业性，更应该考虑其工作特长、职业道德等问题。

（3）查账人员必须了解相关法律法规。查账人员必须掌握查账的相关政策、法律法规、制度和规定，这样才有利于查账工作的顺利进行，才能保证会计信息的真实性和准确性。

（4）多方面收集各种资料，了解企业生产经营的实际情况。在进行查账工作之前，工作人员应该收集相关资料，包括企业的会计资料、管理资料、生产经营资料等等。只有充分地了解企业的生产经营情况、人事情况和工作情况，透彻地分析企业生产、购买和销售的各个环节，以及企业内部管理情况，人力资源情况，才能更充分地进行分析，找到企业的薄弱环节和问题所在，才能确定企业查账的重点。

（5）拟定查账方案。在做好以上准备工作之后，查账人员应该拟定科学合理的查账方案，其中包括查账的步骤、人员的分配、审查的重点和时间安排等内容。科学合理的查账方案不仅可以提高查账的效率，更可以有效明确查账的重点。

2. 实施阶段

所有准备工作都是为了查账工作的实施，所以实施阶段是查账过程中最重要的部分。在这个过程中，查账人员要采用一系列查账方法和技巧，找到企业财务报表和会计资料中存在的问题，揭露企业生产经营活动中的问题，并且分析产生这些问题的原因。

在这个阶段，查账人员一定要对企业的相关项目进行实地考察，不能只依据财务报表和会计资料中的信息进行判断。会计人员要审查企业的会计资料是否与实际经济活动相符，并且对相关资料进行比较分析。

3. 终结阶段

这是查账工作的最后步骤，也是对整个查账工作的总结。如果发现经济活动有违背真实性、合法性和效益性规则的现象，就应该对其进行定性、定量的分析和判断，最后要撰写查账报告，以便对企业提出处理或处罚意见。

具体工作内容如下：

（1）结合搜集来的资料，对所有的资料进行分类整理，分析其中存在的问题，并且提出相应的处理意见。

（2）查账人员整理完查账资料后，应该仔细研究所有问题产生的根源以及可能造成的后果，还有如何处理这些问题。同时，查账小组也可以征求企业领导、部门负责人等相关人员的意见，以便提出符合企业实际情况的处理意见。

（3）查账小组提出意见后，应该及时征求企业的意见。如果企业对处理意见有异议，查账小组应该进行仔细核对，找到解决问题的办法。如果处理意见得到了企业领导的同意，就应该及时着手处理相关问题。

（4）最后，查账小组应该写出查账报告，递交给委托人和有关领导与部门。查账报告的主要内容应该包括：企业的基本情况，查账的目的、要求与范围，查账的情况和方法，查出的问题和性质，最终的处理意见和对被查企业经济活动的评价和建议等。

总之，查账工作必须做到有章可循，只有严格遵照基本步骤，才能确保查账工作的顺利进行，确保企业会计信息的真实性。

◎ 懂得如何查账，找出账簿背后的问题

查账是一个非常复杂的过程，但是只要掌握其方法和技巧，就可以轻松查账。在会计实务中，会计人员如果不懂得查账方法和技巧，或是查账方式运用得不熟练或选择不当，就会削弱查账的效率和有效性，从而影响查账的结果。

一般来说，查账的基本方法可以分为顺查法、逆查法、直查法、详查法和抽查法等。

1. 顺查法

顺查法，也叫作正查法，是指在查账过程中，根据会计业务的处理程序依次进行查账的方法。

这种方法一般适用于业务规模比较小、业绩量较少的企业。一般来说，中小企业没有系统的财务管理制度，账册管理也不是很正规。对于这些存在严重管理问题的企业，审查人员就应该彻底地审查其账目，不能有任何的疏忽和疏漏，否则就很难发展问题所在。

所以，顺查法的优点就是审查范围比较广泛，比较容易发现会计记录和财务处理上的错误、疏漏。由于这种方法的审查比较系统、仔细，所以不容易出现疏忽和遗漏，能够得出准确真实的审计结果。

但是，该方法也存在着一些缺点，由于审查人员需要逐一审查所有业务项目，需要花费大量的时间、财力、人力，查账效率比较低。最重要的是，审查人员从庞大的账目中很难找到审查的重点。

通常来说，顺查法应该遵循以下基本程序：

（1）审核和分析企业的原始凭证。它是顺查法的起点，也是关键的一步。主要内容包括以下几个方面：

① 原始凭证的内容是否填制齐全，所有的会计要素是否具有完备的手续；

② 将原始凭证上经济业务的项目和数额与实际内容进行比较，看两者的内容是否一致。如果出现差异应该及时处理。

③ 将企业不同时期的同类原始凭证进行对比，查看相关项目发生了哪些变化，找到变化的原因；

④ 对原始凭证上的异常及本身特性进行分析比较；

⑤ 复核原始凭证上相关项目的数量、金额，并且判定其结果是否符合预算，是否有不合理的情况。

（2）核对凭证。核对凭证就是核对记账凭证上的项目和数额是否与原始凭证相符。如果出现了不相符的情况，可能就存在着会计舞弊的情况。在实际工作中，很多企业都会利用少记、漏记项目金额的方法来进行会计舞弊，很多重大的差错与舞弊都来源于记账凭证，所以这也是顺查法最重要的环节。

主要查核的项目包括：所用的会计科目、摘要、核算内容、记账方向、所记金额和附件张数等。

某企业的一张收款凭证上的金额为3200元，但是所附的4张原始凭证（收据或发票）上的合计金额为3500元。通过核对这笔款项的实际金额是3500元，可能是会计人员的笔误造成的，也可能是故意将数额写错，进行会计舞弊的行为。

（3）账证核对。账证核对就是核对账簿和记账凭证之间的相关项目是否符合，是否存在着弄虚作假的情况。

会计人员在记账的过程中，可能由于笔误或是故意弄虚作假，导致账簿上某一项经济业务的数额与记账凭证上的数额不相符。这时，会计人员就应该仔细核对记账凭证及有关的日记账、明细账、总账。

核对的项目主要包括：摘要说明、所用会计科目、记账方法、所记数量、单价及金额等。

某企业的收入明细账中本年度的销售收入为853万元，但是通过查账发现记账凭证上的金额是 893 万元。这时企业就应该仔细核对所记的数量、金额，以及记账方法是否出现了问题，是否出现了漏记、错记的情况，最后还要及时进行调整。

（4）账账核对。账账核对就是把总账与所相关的明细账、日记账进行核对。比如，核查企业的固定资产总账和固定资产明细账与日记账之间的科目及数额是否相符，查清企业的固定资产使用和折旧情况。

这个环节的目的是为了查明总账科目与其所属的明细账、日记账的内容是否相符。

（5）账表核对。为了查明记账凭证和财务报表的相关内容是否一致，会计人员通常会仔细核查企业的相关总账和明细账的记录以及财务报表中的内容。

（6）账实核对。为了更好地实现查账的目的，会计人员不仅要核查相关凭证和会计报表，更要审查企业各项经济业务的实际情况，看财务报表中的账目记录与实际项目实物是否相符。这样，不仅可以避免会计舞弊，还可以了解企业各项经济资源的利用情况，避免浪费。

2. 逆查法

逆查法，与顺查法正好相反，就是按照会计记账程序的相反方向依次进行核查。从财务报表开始查起，到账簿，最后到原始凭证。

逆查法主要采用从下到上依次追查的方法，先是审阅和分析财务报表，发现了问题和疑点以后再追查到账簿、记账凭证、原始凭证。

比如会计人员可以先分析财务报表，了解财务活动中一些薄弱环节和问题，再掌握其中问题的重点，最后由此追溯到各总账、各明细账、各相关凭证。

由于这个方法的思路是发现一个问题就解决一个问题，所以与顺查法相比，很容易就可以找到审查重点，而且调查范围比较小，这个方法提高了查账的工作效率，节省了时间和人力。

这个方法也存在着缺点。如果查账人员的经验不足，或是没有较强的专业性知识的话，就很难找到问题的关键。所以，审查和分析财务报表不仅是逆差法的开始，也是最关键的一步。

那么，会计人员应该重点审查财务报表的哪些内容呢？

（1）审查各类报表，包括资产负债表、利润表、现金流量表以及相关附表等报表和各项会计要素是否齐全；

（2）审查财务报表的编制是否符合会计制度的规定，比如报表的格式是否正确，应该填制的内容是否填制齐全等；

（3）审查财务报表编制的生成依据是否符合会计制度的相关规定，比如财务报表中，本期的期初数与上期报表的期末数是否相符；预计数额与核定的计划数是否相符；统计资料与原始资料是否相符等；

（4）审查各项财务报表之间的钩稽关系是否正确，即是否符合资产 = 负债 + 所有者权益、收入 – 费用 = 利润、现金流入 – 现金流出 = 现金净流量这些会计恒等式；

（5）审核财务报表中各项经济业务的项目、数额是否正确；

（6）审查财务报表中相关项目的增减变动是否正常，是否有变动异常的项目。比如，企业第一季度的销售收入是 50 万，而第二季度突然增加到 200 万，这其中就可能出现了问题。

3. 直查法

直查法，主要适用于某些管理比较规范、账目资料齐全的企业。这种方法比较灵活多变，能够轻松地查出财务状况的问题，使查账效率得到很大的提高。它结合了顺查法和逆差法两者的特点，可以随意地根据实际情况向记账凭证和财务报表两端延伸，发现其中存在的问题。

这种方法具有顺查法和逆差法的优点，既克服了顺查法范围广泛、效率低下的缺点，也克服了逆查法难以捕捉重点问题的局限性。

直查法所遵循的基本程序如下：

（1）根据查账的具体目标，确定需要审查的明细账种类。

如果企业想要审查成本费用是否超出预算、是否合理，那么就应该将成本费用相关的明细账作为审查目标。这样就不会造成资源的浪费，也不会因为无法确定目标而影响查账效果。

（2）审查并分析相关明细账。

在查账的过程中，会计人员应该具体了解明细账的情况，然后再进行分析和审查。

其主要包括以下内容：

① 明细账的设计是否符合企业的实际情况，是否符合会计制度规定；

② 账户的格式是否正确，摘要是否符合要求；

③ 明细账的发生额是否合理，相关项目的数量和金额是否合理，有没有出现异常的情况；

④ 明细账余额的变动情况是否异常；

⑤ 相关项目的账面数额与实际数额是否相符。

（3）核对记账凭证及其所附的原始凭证。如果在审查明细账时发现了问题，就应该及时核对记账凭证及其所附的原始凭证，查看其数据是否相符，会计方法是否符合相关规定。

（4）审阅分析凭证和账表。最后，核对账证、证证、账账和账表之间的项目和数据是否相符。通过一系列的审查，会计人员应该可以判断其财务状况是否存在问题，经济活动是否存在弊端，是否可以为企业创造更大价值。

4. 详查法

详查法主要适用于某些经济业务较少、会计核算简单的企业，也可以适用于某些重大问题的专项审查。这种方法需要对企业所有资料进行逐一审查，并且对所有凭证、账簿和报表等进行分析，所以工作业务量大、成本较高，而且浪费时间和人力。

由于详查法有很多缺点，所以很少有企业使用这种方法。

5. 抽查法

抽查法也是应用比较广泛的方法，适用于对特定业务进行详细审查，或是从整体对象中选择有特殊重要性的项目。抽查法具有效率高、费用低、省时省力的特点。但是它也具有一定的局限性，由于时间和范围的局限性，样本选取不具有代表性，可能会造成查账结果的错误。

通常，抽查法所遵循的基本程序如下：

（1）确定审查总体的范围。在进行抽查时，首先要确定查账总体的范围，即，需要审查哪些经济业务或会计资料，以及被审查的总体包括了哪些项目。

查账人员在确定审查总体范围时，应该注意项目的相关性、同质性和可辨性。也就是说，审查的总体范围要与查账目标相关，即所有的项目要相同或是类似；另外，所有的项目都要有能够识别的标志。

（2）样式的设计与选取。审查时，应该确定样本的性质、数量等问题，同时样本要有代表性。我们可以通过随机、系统选样等方式来选取样本。

（3）对样本项目进行审查和评价。抽取样本项目后，然后就是对其进行审查，并且分析其审查结果。审查样本项目时，应该根据审查对象的特点和审查目的，选择最恰当的查账方法。如果错误比较多或是性质比较严重，就应该增加样本的数量，扩大抽查范围。如果问题非常严重，就应该对审查对象进行全面详查。

（4）做出查账的结论。最后，根据上面的查账结果来完成查账报告，以供企业领导以及相关主管分析。

查账的方法有很多，但是最终目标都是为了保证企业财务数据和经济业务的真实性、可靠性。所以，企业应该根据自身的性质、特点来选择查账方法。只有方法选对了，才能轻松查账，确保账目信息不失真。

◎ 确保会计信息真实，得从对账做起

会计人员要做好账目，而如何将企业的账做好是会计核算最基本的前提。为了确保会计信息的正确性和真实性，千万不能忽视对账的重要性。

对账就是核对账目，核对一个会计期间内的账簿记录，是对会计核算所作的一种检查验证性工作。由于种种原因，会计人员在记账的过程中可

能会发生各种错误，导致出现账证不符、账实不符、账表不符的情况。所以，为了保证会计信息的准确性，必须对相关会计信息进行仔细地核对。

做好对账工作不仅可以保证账簿记录的完整性和正确性，还有助于财务报表的编制。

我国《会计法》第十七条规定："各单位应当定期将会计账簿记录与实物、款项及有关资料相互核对，保证会计账簿记录与实物及款项的实有数额相符、会计账簿记录与会计凭证的有关内容相符、会计账簿之间相对应的记录相符、会计账簿记录与会计报表的有关内容相符。"

一般来说，对账可以分为账证核对、账账核对、账实核对和账表核对。

1. 账证核对

这里的账就是各种账簿的记录，证则是相关会计凭证。账证核对就是指两者之间的核对。

主要内容包括：记账方向是否相符；核对会计账簿记录与原始凭证、记账凭证的时间、凭证字号、内容和金额是否相符；总账与记账凭证汇总表是否相符；记账凭证汇总表与记账凭证是否相符；明细账的相关项目与记账凭证的票据、发票的信息是否相符。

在日常的记账过程中，会计人员就应该注意核对账证项目是否正确，这样才能避免会计信息的错误，也给查账节省了很多时间。到了月终时，如果发现企业的账账不符，还可以进行账证的核对工作。

2. 账账核对

它是指账簿之间相关数字的核对。比如，总分类账中账户借方发生额和贷方发生额的核对。

主要包括：总账有关账户的余额核对；总账与明细账之和是否相符；总账与日记之和是否相符；会计部门的财产物资明细账与财产物资保管和使用部门的有关明细账是否相符。

3. 账实核对

它是将账目数额与各项实物数额之间的核对。比如，库存商品账面数额和实地盘点的库存商品实有数额的核对。

主要包括：现金日记账账面余额与现金实际库存数额是否相符；银行存款日记账账面余额与银行对账单是否相符；各种财务明细账账面余额与财务实存数额是否相符；各种应收、应付款明细账账面余额与有关债务、债权单位和个人的实际数额是否相符。

4. 账表核对

它是指会计账簿记录与财务报表之间的核对。

主要内容包括：会计报表中某些数字是否与有关总分类账的期末余额相符；会计报表中某些数字是否与有关明细分类账的期末余额相符；会计报表中某些数字是否与有关明细分类账的发生额相符。

需要注意的是，通过检查账表之间的相互关系，可以发现其中存在的违法和舞弊行为。

◎ 及时调账，让信息满足企业未来发展需要

当我们在会计核算时，如果发现了错记、漏记账目或有人为的舞弊行为，就应该对于这些现象进行及时调整，这就是我们所说的调整错账，简称调账。

只有及时的调账，才能使会计核算正确地反映企业的经济活动、财务状况以及经营成果，更可以及时更新企业的会计信息，让其满足企业未来发展的需要。所以，调整错账，是查账过程的延续，也是实现查账目的的一种手段。

1. 产生错账的原因

产生错账的原因有很多，常见的原因主要有以下几个方面：

（1）因为违反相关法规和会计制度而导致的差错。会计处理必须符合相关法律和会计准则等行政法规，如果违反了相关规定就会导致错账的产生。

某企业在 2015 年 5 月购进了一台打字机，价值是 1500 元，打字机应该计入管理费用低值易耗品，会计却误记为固定资产，并且已经计提折旧费用 150 元。这时，会计人员应该调整错账，会计处理如下：

借：低值易耗品　　　1500

贷：固定资产　　　　1500

借：累计折旧　　　　150

贷：管理费用　　　　150

（2）账户分类及计算错误。所有的会计项目都应该按照内容和用途进行分类，比如将国债按照持有时间的长短分为长期国债和短期国债。比如，某企业购买了五年国债，目的是长期持有，但是记账时却计入短期投资之中。这就是账户分类的错误，这样会导致核算资产负债表长期投资时发生错误，这笔国债应该计入长期投资。

（3）会计估计错误。会计估计影响着会计核算结果，如果会计估计错误，其核算结果也会出现很大差异。比如，企业房屋厂房等固定资产的预计使用年限是 20 年，预计净残值是 3%~5%，如果多估或者少估预计所使用年限和预计净残值，就会导致错账并影响核算的结果。

（4）漏记已完成的交易。在实际工作中，由于会计人员的疏忽可能出现漏记的情况，比如已经收到的货款未入账等。

（5）错误划分资本性支出与收益性支出。错误划分资本性支出与收益性支出会导致错账的情况。比如，工业企业发生的管理人员工资应计入收益性支出，而在建工程人员的工资应计入资本性支出，如果出现了错账的情况就会影响企业的会计核算。

另外，一些会计人员或是企业为了个人的利益而偷税漏税，也可能会故意忽视会计政策和法规，故意使用错误的会计计算方法进行记账，从而导致错账情况的出现。

2. 针对错账如何处理

那么，针对那些错账，应该采用哪些处理方法呢？

一般来说，如果在查账过程中发现错账，一经核实应该及时纠正、更正，以保证会计信息的正确性。通常可以按照以下几种情况进行处理：

（1）会计人员或审查人员在进行查账时，如果发现了错账，无论数额多少、重要程度如何，都必须及时进行调账；

（2）当企业之外的审查人员在查账过程中发现错账时，应该根据错弊对企业财务状况的影响程度，及会计重要性原则来决定是否调整。如果影响比较小，只向企业说明就可以了，不必进行调账；如果影响比较大，就必须编制调整分录，建议企业进行调账。

（3）如果在会计年度内发现错账，应该调整本期相关项目。可以利用编制与原错误，分录相同的红字分录来冲销错账，然后再用正确的蓝字分录进行调整。

某企业将在建工程人员工资 102 万元计入了管理费用之中，这就是错账，应该进行调整。在建工程人员工资应该计入在建工程成本之中。会计人员应该做下面处理：

原会计处理：

借：管理费用　　　102 万元

贷：应付工资　　　102 万元

调整后会计处理应为：

借：应付工资　　　102 万元

贷：管理费用　　　102 万元

（4）如果是跨年度的错账，即使上年度决算已经报出，在下年度发现其错误，也应该对错账进行调整。

某企业在 2015 年会计审查中发现 2014 年固定资产折旧计提发生错账，即机器设备折旧费用少计提了 35000 元。那么会计人员就应该将少计提的35000 元计入 2015 年的管理费用中，同时要调整累计折旧的账目余额。

会计处理为：

借：管理费用　　　35000 元

贷：累计折旧　　　35000 元

一般情况，调整上年利润总额和利润分配，可以通过"上年损益调整"

科目来进行调整。如果发现某项开支不能列为成本支出，则应从"成本支出"科目中剔除。调整错账，不仅要懂得如何做，掌握相应的处理方法，更要遵循其原则。只要按照其基本原则进行调整，才会实现其目的。所以，在调整错账时，应该遵循合规性原则、科学性原则、效果性原则和数量界限原则。

另外，调整错账不仅仅要从数字上下手，更要从项目上着手。影响企业财务状况的项目无非就是资产、负债、费用和收入等项目，会计人员应该仔细审查各项项目的会计信息，做到根据企业的具体情况进行调整，保证信息的正确性和真实性。

◎ 调整错账，切勿将错就错

会计实务中，应该力求正确无误，账面整洁，但是在实际工作中，难免出现记账错误的情况。在这种情况下，会计人员应该采用红字更正法、划线更正法、补充登记法、未来使用法和追溯调整法来进行更正。

1. 红字更正法

记账以后，如果发现记账凭证所登记的科目或金额出现错误时，就应该用红字冲销错误的记账凭证。

当发现会计凭证科目错误时，应该先用红笔填制一张记账凭证，并且该凭证与原错误完全相同；然后再用蓝字填制一张正确的记账凭证，注明"订正某年某月某号凭证"，同时再依据此登记入账。这样，就可以更正原来的差错了。

如果发现账面金额大于正确金额，就用红笔将多记的金额填制在一张凭证上，并且保证会计科目与错误记账凭证相同。

2. 划线更正法

会计核算中，会计人员应该划线注销原有记录，以更正错误的账簿，然后在错误记录的上方写上正确的记录。

如果记账凭证没有错误，但是结账前，发现账簿记录有错误，并且这种错误是很小的笔误，这就应该采用划线更正法。

其方法是：先用一条红线将错误的文字或数字划去，然后再用笔迹在上面写上正确数据。值得注意的是，划线地方必须盖章。

3. 补充登记法

记账之后，如果发现所记金额小于正确金额，并且所记的会计科目没有错误，就应该采用补充登记法。

其方法是：用蓝笔或黑笔将少记的金额填制在记账凭证上，并且这张凭证的会计科目与错误记账凭证相同。

对于错账来说，不仅包括了数字方面的错账，也有账户运用方面的错账；还包括了技术方面的错账，以及人为方面故意歪曲的错账。

4. 未来使用法

这种方法是指当某项交易的会计政策发生变动时，新的会计政策适用于变更当期和未来期间发生的交易的一种方法。

在未来适用法下，会计人员不需要重新编制以前的财务报表，也不需要改正原有的金额，但是在附注中应该注明会计政策的变化。

5. 追溯调整法

这种方法是指当某项交易的会计政策发生变动时，如同该交易在最初就使用新政策一样，应该对相应项目进行调整。

会计人员通常会对受到会计政策变动影响的相关项目进行调整。比如，当存留收益的会计政策发生变动时，就应该对法定盈余公积、法定公益金、任意盈余公积及未分配利润等的项目进行调整。另外，在附注中也应该注明会计政策的变化。

会计信息要保证其正确性和真实性，一旦发现了错账的情况，就必须根据具体情况进行调账，切勿将错就错，否则将直接影响企业财务信息的正确性，影响企业管理人员对财务的分析结果。

───── 第五章 ─────

加强成本管理，保障企业可持续发展

成本管理是现代企业管理中一个重要组成部分，
是保障企业可持续发展的关键。
只有做好了优化成本结构，让企业的资金得到更充分的利用，
才能使企业利润得到最大化。

◎ 了解企业的成本结构，挖掘企业内部"矿藏"

想要彻底掌握成本管理的真正含义，就应该先了解什么是成本，企业的成本包含哪些内容，如何降低企业的成本等问题。只有了解了企业的成本结构，才能挖掘出企业内部深埋的矿藏。

成本结构，也叫做成本构成，是指产品成本中各项费用所占的比例或各成本项目占总成本的比重。其中包括原料、人力、土地、机器设备、信息、通路、技术、能源、资金、政商关系和管理素质等要素。当某种生产因素成本占企业总成本比重过高时，该要素就成为了企业需要承担的主要风险。

所以，在一定的产品销售量和销售价格的条件下，产品成本水平的高低，不但影响着企业的生存状况，也决定了企业利润的多少，从而制约着企业的长远发展。

下面，我们来了解一下成本的几种典型类型。

总体来说，企业的成本可以分为固定成本、变动成本、半变动成本、

机会成本、差量成本、边际成本、付现成本和沉没成本等。

1. 固定成本

固定成本是指在一定产量范围内，其成本与企业业务量增减变化没有直接联系的费用。其特点有以下几点：

（1）在相关范围内，成本总额不受产量增减变动的影响。

（2）但从单位产品分摊的固定成本看，它却随着产量的增加而相应地减少。

其中包括厂房、机器设备的折旧费，研究开发费、广告宣传费、职工培训费、保险费和财产税等。

而固定成本又可分为酌量性固定成本与约束性固定成本两大类。

① 酌量性固定成本是指企业根据经营方针由高层领导确定一定期间的预算额而形成的固定成本。其中，研究开发费、广告宣传费和职工培训费等都属于酌量性固定成本。

② 约束性固定成本主要是属于经营能力成本，它是和整个企业经营能力的形成及其正常维护直接相联系的固定成本。其中，包括厂房、机器设备的折旧，保险费、财产税等都是约束性固定成本。

只要企业的经营能力形成，在短期内就很难进行重大改变，所以这些固定成本在短时期不会发生改变，在较长期内会继续存在。

2. 变动成本

变动成本是指在相关范围内，其成本总额随着企业业务量的增减变动而成正比例变动的成本。包括直接材料费和直接人工工资等成本。

比如，某企业生产某种生活日用品，其原料费和人工工资会随着生产产品的数量增多而增多。如果生产10万件生活用品的原料费是30万元、人工工资是25万元，那么产量提高到20万的时候，其原料费就是60万元，人工工资就是50万元。

其主要有以下特点：

（1）成本总额随着产量的增加而增加，随着产量的减少而减少。

（2）从产品的单位成本看，它会受到产量变动的影响，其数额始终保持在某一特定的水平上。

而区分固定成本和变动成本的最主要标志是在相关范围内，成本总额是否随着产量的变化而变化。

另外需要注意的是，化工行业等特殊行业的变动成本总额与产量保持着一定的相关范围。就是说，在相关的范围内，变动成本总额与产量之间保持着严格的、完全的线性联系，也就是正比例的增减变动关系，但在相关的范围之外，它们之间很可能是非线性联系。

3. 半变动成本

半变动成本是指总成本虽然受产量变动的影响，但是其变动的幅度随不同产量的变化保持严格的比例。由于这种成本包含了固定成本与变动成本两种因素，所以属于混合性质的成本。

比如机器设备的维护保养费、化验员和检验员的工资等成本。

4. 机会成本

在企业管理者进行经营决策时，必须从多个备选方案中选择一个最优方案，而放弃另外的方案。这时，被放弃的次优方案可能获得的潜在经济效益就被称作已选中最优方案的机会成本。

换句话说，选择了最优方法而放弃了其他方案的代价，就是已经放弃的方案获得收益的可能性。

某企业准备利用一笔闲置资金进行投资，购买 A 公司的股票可以获得收益 7000 元，投资本企业的 B 产品可以获得净收益 12000 元。如果选择收益比较多的后者，那么就要放弃购买股票这一方案，所以企业在考虑投资的时候也应该将这一部分收益考虑进去。

所以，在实际工作中，企业应该全面地考虑机会成本的影响，这有利于对所选方案的最终效益进行全面评价。由于企业的资源有限，必须充分地利用经济资源，所以，机会成本在经营决策中是一个重要的考虑因素。

需要注意的是，由于机会成本仅仅是被放弃方案的潜在利益，而并不是实际支出，所以不能被登记入账。

5. 差量成本

差量成本也被叫作差别成本、差等成本，是指两个方案的预计成本差异。

在进行成本决策时，由于各个方案预计所发生的成本有所不同，那么各个方案之间就产生了成本的差异，它是企业进行成本决策的重要依据。比如，企业可以根据这个差异决定是否追加订货、某项不需要的机器设备是否出租还是出售等。

在成本决策中，如果差量收入大于差量成本，即差量损益为正数，那么这个方案就是较优方案；相反，当差量损益为负数时，后面的方案就是较优方案。

差量成本＝单位变动成本 × 追加产量数 ＋ 追加生产而追加的全部固定成本

某企业闲置一台机器设备，如果出租的话每年可以获得 10 万元租金，机器的使用年限还剩余 10 年，这台机器的残余价值是 15 万元，那么收益就是 115 万元；如果出售的话可以获得 110 万元。

虽然出租的收益比出售高出 5 万元，但是在出租过程中，企业还要负责维修等事项，其费用远远超过 5 万元。所以，企业应该选择出售这台机器。

所以，企业在计算出差量成本额之后，与可能取得的收入进行比较，就可以根据比较结果进行经营决策。

6. 边际成本

从理论上讲，边际成本是指产量向无限小变化时，成本的变动数额。这只是理论上来说的，事实上产量不可能向无限小变化，至少应为 1 个单位的产量。所以说，边际成本也就是产量每增加或减少 1 个单位时所引起的成本变动数额。

某企业生产 100 个产品时，其成本就是 5000 元，单位产品成本为 50 元。当产量从 100 个增加到 110 个时，其总成本就是 5400 元，那么所增加一个产品的成本为 40 元，即边际成本为 40 元。而当产量超过 110 个时，每增加一个产品的成本就会增加为 100 元。所以，随着产量的增加，边际成本会先减少后增加。

这说明当实际产量未达到一定限度时，边际成本随产量的扩大而递减；而当产量超过一定限度时，边际成本随产量的扩大而递增。

7. 付现成本

付现成本也被叫作现金支出成本，是指在一定时期内，为了确保固定资产的正常运转而引发的现金支出。它的特点是即发即付，不会拖延到下期才支付，并且是全部计入当期的成本费用中。

某企业接受一批订货，为了完成这笔订单，急需购置一种专用设备。但是这时企业的资金比较紧张，预计短期内也没有账款可以收回，而且企业的银行贷款利率高达 15% 以上。所以，企业管理者考虑了两种不同方案：第一就是甲企业可提供这种专用设备，价格为 100000 元，货款需要马上支付；另外一种方案是乙企业提供这种设备，价格是 105000 元，本企业需要先支付 9000 元，其余分 12 个月付清，每月归还 8000 元。

这种情况下，企业管理者通常会选择第二种方案，虽然总成本多出了5000 元，但是符合企业的实际情况。它不仅符合企业现有支付能力，而且机器设备在购入并投入使用过程中也可以产生经济效益，有利于企业的发展。

8. 沉没成本

顾名思义它是不可能再收回的成本，是指过去的决策已经发生了，并且不会因为现在或未来的决策而改变的成本。

比如，某运输企业的一辆卡车提前报废，其原始成本是 30 万元，已经计提折旧 25 万元，折余净值是 5 万元。那么这 5 万元就是沉没成本。

◎ 加强成本管理，要了解企业费用的构成

在企业财务管理活动中，成本往往是和费用联系在一起的。而成本管理的基础就是对费用的合理分摊和控制。下面我们就来了解一下各项成本费用以及其相互关系。

1. 费用和支出

广义上的费用是指企业在生产经营过程中，以营利为目的而发生的各项耗费。狭义上的费用则是会计核算上的费用，就是企业直接或间接为取得营业收入而产生的耗费，比如销售费用、管理费用等等。

在企业的生产经营过程中还会产生一些耗费，但是它们并不是为了取得营业收入而产生的，所以不应该计入费用之中。这些耗费就是支出，其中购买各种证券所产生的支出，罚款支出、人员工伤保险金支出和员工职业培训支出等。

会计费用包括直接费用、间接费用和期间费用。期间费用又包括销售费用、管理费用和财务费用。

企业的各种费用通常是指生产产品的成本费用和期间费用，它们与企业获得收入有直接的联系，但是一些支出与收入却没有必然的联系。

2. 营业费用和非营业费用

营业费用是与企业营业收入有直接或间接关系的费用，是它们在产品生产经营过程中所产生的损耗，可以是直接或是间接地产生营业收入。比如运输费、包装费、广告费、办公费和福利费等。营业费也就是我们所说的消费费用。

但是有些耗费并不一定会产生营业收入，这些耗费都不是由企业正常经营活动产生的，与企业的营业收入没有因果关系，它们就是非营业费用，也叫作营业外支出，比如固定资产盘亏、处置固定资产净损失、处置无形资产净损失、债务重组损失、计提的无形资产减值准备等。

但是，有些损失和费用没有太大的区别、不好区分，所以通常都计入费用。比如产成品盘亏及坏账产生的损失等。

3. 本期费用和跨期费用

本期费用是指本期发生并且给本期带来收益的耗费。本期费用不一定都能在当期冲减收入，其中一部分在本期冲减，那么这一部分就是本期费用。

那些分摊到其他会计期间，冲减其他会计期间的收入，就是属于跨期费用。

比如，待摊费用和预提费用通常在多个会计期间内核算，在本期内冲减的就是本期费用，而在其他会计期间冲减的就是跨期费用。

4. 生产费用和期间费用

生产费用是指企业在制造产品时消耗的活劳动和物化劳动的货币表现的总和。期间费用是指企业本期发生的、不能直接或间接归入营业成本，而是直接计入当期损益的各项费用。

简单来说，就是生产费用需要直接或间接地计入产品成本，而期间费用则直接计入当期损益，不计入在产品和产成品成本之中。

它们都是企业经济资源的耗费，必须从营业收入中得到补偿，但是它们的补偿时间不同，期间费用直接从当期收入中获得补偿，而构成产品成本的费用则需要等到产品销售后才能获得补偿。

5. 生产费用和产品成本

生产费用是指生产产品而发生的各种耗费，一定时期发生的生产费用是构成产品成本的基本要素。

生产费用和产品成本的区别主要是：它们的会计处理方式不同。

生产费用与企业生产哪些产品及产品的种类没有任何关系，而产品成本的多少是由生产产品的种类、数量决定的。通常来说，生产某种产品需要几个会计期间，并且包括几个时期的生产费用。

6. 生产成本和销售成本

生产成本包括直接原料成本、直接工资、福利费等直接费用，以及折旧费、维修费、办公费和差旅费等制造费用。

生产费用中构成产品成本的部分，在产品还没有销售前主要表现在存货中，等到销售出去后就表现为销售成本。

清楚了各项费用和成本之间的区别和联系，企业就可以更好地管理成本，为企业的财务分析和经营管理提供支持。

◎ 成本管理并不意味着一味降低成本

有些人认为成本管理就是降低成本，这是一种片面、错误的想法。成本管理不仅仅包括减轻成本，还包括很多其他方面的内容，比如成本控制、成本预算、成本分析等。我们只有全面地认识成本管理，才能把好成本这道关，使企业利益实现最大化。

成本管理是企业为了降低成本而进行的各种活动。在成本管理的过程中，企业首先应该编制成本预算，进行成本控制，然后再进行分析比较，这样才能进一步改善企业的成本管理。

1. 编制预算

编制成本预算是企业管理成本的第一步，只有做好了预算才能有备无患，才能为以后的成本控制打下良好的基础。

一般来说，企业的产品成本由直接材料、直接人工和制造费用构成，所以企业编制预算时，也应该从这三个方面来进行。

（1）直接材料的预算。直接材料是企业在生产产品时直接使用的材料。企业在进行直接材料的预算时，必须从企业的实际情况出发，参考近几年的历史数据和市场产品需求量、占有率等。这样，才能根据企业预计生产的产品数量、单位产品材料消耗，以及原材料的价格等相关因素，来准确地计算出所有产品所需直接材料的金额。

（2）直接人工预算。直接人工预算是企业在生产产品时直接消耗的人工。企业在对直接人工进行预算时，也应该考虑企业的实际情况、近几年的历史数据和市场产品需求量等因素，准确地计算出产品的数量、单位产品消耗的工时以及人工工时的价格等因素，从而计算出所有产品所需人工费用的总额。

（3）制造费用预算。制造费用是指间接计入成本的费用。制造费用与企业的产品数量、市场需求量无关，企业应该参考以往的相关数据，并且根据本年度的实际情况来进行预算。编制预算是企业成本管理的基础，企业应该结合各方面的情况，一切从实际出发，提高预算的准确性。

2. 成本控制

成本控制是成本管理的关键，在日常生产过程中，只有做好成本控制工作，才能有效地管理好企业的成本，才能实现预算中所定下的目标。

企业在进行成本控制时，不仅要做好监督管理工作，还要调动员工的积极性和自控能力，更要激发员工的热情。只有全体员工从思想上和行动上重视成本控制，才能更好地进行成本管理。

同样，成本控制也应该从直接材料、直接人工和制造费用这三个方面来进行。

（1）直接材料的日常控制。企业在对直接材料进行控制时，应该对领取材料到使用材料的整个过程都进行严密控制。材料供应部门应该在发放材料时，注意领取材料部门的审批手续是否完整，是否出现多领、冒领的现象，必须按照领货单中的材料品种、规格数量进行发放；车间工作人员和质量检察员在生产和监督的过程中，应该尽职尽责，避免出现浪费原料的现象。

只有各个部门和环节都严把控制关，提高产品的质量和品质，降低废品的数量，才能更好地控制材料成本。

（2）直接人工的日常控制。对于直接人工的控制，主要是对生产工时、出勤率，工人的工资、奖金和津贴等方面做好监督和控制。

为了避免员工出现浪费工时、偷懒散漫的情况，企业应该制定相关管理制度；为了提高员工的工作效率，企业应该合理安排工人的工作岗位、工作时间以及相关加班奖励措施等。

如果企业想要降低直接人工成本，就必须提高员工的工作效率，调动员工的积极性。只有做好人工的日常控制，提高出勤率并且善于鼓励员工，才可以提高企业的工作效率。

（3）制造费用的日常控制。企业的制造费用非常繁多且杂乱无章，虽然每项费用支出没有太大数额，但是总额却非常庞大，所以企业必须严格进行管理。只有企业各个部门严格控制好自己的费用支出，才能降低企业的成本费用。

3. 对比分析

对比分析是成本管理的最后一步，也是企业成本管理的重点。通过一系列的分析，企业可以发现成本管理中出现的问题，从而促进企业管理者来及时解决问题，实现成本管理的目标。

简单来说，成本分析就是将企业实际发生的成本与事先编制的预算进行比较，从而发现其问题、解决其问题，以改善企业的成本管理。

同样，对比分析也应该从直接材料、直接人工和制造费用这三个方面来进行。

（1）直接材料的对比分析。如果实际发生额小于预算，说明企业成本控制有效果，应该继续保持在该项目的管理方法；如果实际发生额大于预算，说明企业的成本管理出现了问题，应该立即找到超出预算的具体原因，找到适合的管理方法。

（2）直接人工的对比分析。同样，如果实际发生额大于预算的金额，企业应该加以重视，应该立即找到超出预算的具体原因。员工成本超出预算的原因可能是员工分配存在不合理因素，人工价格超出了预算，或是员工出现散漫、工作不积极导致工作效率下降等。

（3）制造费用的对比分析。由于制造费用非常繁多且杂乱无章，所以其对比分析也比较复杂，这就需要企业仔细分析每项费用支出的情况，找到产生差异的原因。这是一项比较浪费时间和精力的工作，但是企业一定要重视起来，如果忽视其分析就会造成很大损失。

企业不仅要关注各个制造费用产生的过程，还应该考察其分配方法是否合理，如果不合理就应该及时找到最合理、最有效的分配方法。

◎ 优化成本，使企业利益最大化

对于企业来说，市场经济就像是一把双刃剑，不仅为企业提供了更多的机遇和发展空间，也使企业面临着激烈的市场竞争。在激烈的市场竞争中，企业想要持续发展，获得更大的利润，就必须要有强烈的优化成本的意识。

如果企业的成本过高，那么企业就会减少经济效益、丧失市场竞争力，甚至会出现连续亏损的情况。所以，在实际工作中，很多企业希望能够通过降低成本来提高企业的竞争力，击败竞争对手。

虽然许多企业都意识到了优化成本的重要性，也非常重视成本管理中成本的优化。然而在实际操作中，企业常常走入优化成本的误区。

1. 企业只重视生产成本的优化，而忽略了其他成本的管理。在很多情况下，人们一提到成本，就会想到生产成本。但是成本不仅包括生产成本，还包括管理成本、服务成本、人工成本等等。虽然它们没有生产成本重要，但也是一笔庞大支出，企业应该重视这些成本的管理和优化。

2. 优化成本不能忽视细节。人们常说细节决定成败，如果企业在成本优化中只重视那些重大项目，而忽略一些小项目、小问题，就会造成成本的浪费和损失。所谓积少成多，一张纸和一个杯子的成本可能微乎其微，但是对于一个拥有成千上万员工的企业来说，每人浪费一张纸和一个杯子，就是非常庞大的费用支出。

3. 优化成本也不能忽略产品的质量和品质。产品的质量和品质是企业生存发展的关键，如果企业为了降低成本而忽略了产品的质量，采用劣质材料、缩减人工工资，就会造成产品质量不合格的情况。这样一来，不仅不利于企业成本的优化和管理，还可能损害企业的声誉，从而影响企业的持续发展。

4. 优化成本不是一味地降低成本。如果企业的成本降低了，却无法适应企业的生产需要，那么就不属于成本的优化。优化成本就是在使其满足企业日常生产经营活动需要的前提下，使得成本尽可能降低，并且创造最大的价值。

5. 实现优化成本，不能孤立地去降低质量成本构成中的每项成本，还应该考虑各项成本之间的相互关系。只有各项成本得到了最合理的配置，并且处于最佳的水平，才能实现成本的优化。

6. 合理充分地利用共享资源。一些产品的成本与分摊资源费用的产品数量有关，分享这些资源的产品数量越多，分摊到单位产品中的成本就越低，所以企业应该合理充分地利用共享资源。比如固定资产、产品的研究开发费用、资源的采购费用、信息使用费用等。

如果企业能够充分地利用这些资源，就可以一定限度地降低产品的成本，实现优化成本的目的。

7. 创新也是优化成本的途径之一。创新也是优化成本的有效途径，因为依靠技术的创新不仅可以调高企业的生产效率和产品的质量，还可以减少人力、能源及原材料消耗。企业利用先进技术实现资源的整合，并且让企业资源发挥最大的价值，就可以达到优化成本的目的。

所以，企业成本优化和管理是企业管理的重中之重，在市场竞争如此激烈的情况下，企业只有做好成本优化，避免落入成本优化的陷阱，才能保持其竞争优势，获得更好的发展前景。

◎ 成本管理常见的几个误区

降低成本、提高利润是企业经营永恒的主题，很多企业管理者总喜欢说这么一句话："成本就像是毛巾里面的水，只要愿意挤，总能挤出水来。"拧毛巾这一理论就是尽可能地压缩成本以获得最大的利润的一种形象说法。所以很多年前，企业管理学领域有"向管理要效益"这一流行口号。企业确实应该对成本进行有效管理，但是为了使企业利益最大化，挖掘企业内部的"金矿山"，很多企业管理者走入了成本管理的误区。

1. 成本管理是系统的体系，不能顾此失彼

成本管理是一个比较系统的体系，企业在进行成本管理时应该有一个比较全面的计划，实施全面的成本管理，而不应该顾此失彼、丢三落四，影响成本管理的直接效果。

前面我们说过，一些企业只重视生产过程中产生的成本，而忽视了环节的成本，这样就会给成本管理带来很大麻烦。如果忽视了材料采购成本，就会造成成本支出的居高不下，因为材料采购是企业最重要的环节，如果出现了舞弊的现象就可能导致企业经济损失。

突发事件也会造成企业成本的增加，比如火灾事故等突发事件。在这种情况下，企业平时的成本确实降低了，但是因为这些突发事件也导致企业遭受严重的损失，所以企业不应该忽视突发事件产生的成本。

在实际生产活动中，管理层因为水平或是眼光的问题，可能会出现错误决策的情况，这样就会增加企业的成本消耗。所以，企业也应该注意因为管理者决策失误所产生的成本。

2. 一味地降低成本，忽视了产品的质量和企业的长远发展

对于成本管理，很多人往往会有这样错误的认识，成本管理的目的就

是不择手段地降低企业的成本。很多企业的成本管理与企业的长期发展战略相违背，走入了舍本逐末的误区。

现今市场竞争越来越激烈，一些企业为了争取更大的市场占有率而不惜打价格战。因为商品的价格降低了，那么企业为了获得经济利益，就会在生产经营的过程中降低成本，忽略产品的质量和品质以及产品的竞争力。在这个过程中，成本管理已经和企业整体经营战略背道而驰了。

价格战对于企业来说，其害绝对是大于利的，可能会给企业带来很多不良的后果。我们知道，打价格战必将使企业销售更多的产品，获得更多的经济效益，但这却是短期的经济效益，这对企业的长期效益是非常不利的。企业长远发展的关键就是产品的品质和市场竞争力，只有这些实现了，企业才能培养客户高度的忠诚度。相反，如果企业因为追求成本的降低而忽略产品的质量，那么很可能会失去客户的忠诚度，影响企业的整体形象，从而影响企业的长远发展。

一些企业为了降低成本，甚至不惜采用偷工减料、冒牌顶替等不法的手段，这不仅侵害了消费者的利益，企业更是违反了法律法规和商业道德。

3. 看不到企业的隐性成本

在传统的成本管理理论中，一提到降低成本，人们首先想到的就是减少材料费支出、减少人工成本支出。但是，目前企业竞争的关键不仅仅是人才、物力、财力和信息的竞争，时间也是竞争的核心。

在最新的成本管理理念中，生产时间也应该被列入成本核算的范畴之中。时间成本的范围非常广泛，从取得材料到制成产品，从销售产品再到获得经济效益，尤其是产品在各个生产环节的停顿以及库存时间也应当纳入成本管理的范畴。比如说，产品在仓库中存放的时间越短，获得经济效益的时间也就越短，产品的耗损也就越少。

4. 虚有其表，不按照相关规章制度办事

目前，成本管理已经成为了企业不可缺少的重要环节，不论是规模较大的集团企业，还是规模较小的个人企业，都积极开展成本管理工作，并且制定了详细完整的规章制度。但是，这些规章制度却只成为了虚有其表

的摆设，在实际工作中并没有彻底实行。

很多企业的成本管理只有三分钟热度，就是在初期阶段大张旗鼓、雄心勃勃，不管是高级管理层还是普通员工都积极参与到这项工作之中。可是没过多长时间，企业就失去了原本的激情和干劲，恢复了原本的工作状态，使得成本管理不了了之。

另外，一些企业接受了成本管理的理念后，高举着成本管理的大旗，决心大干一场，可在实际工作中却是雷声大雨点小。企业的积极性没有最初高，成本管理也没有坚持下去，自然也就没有什么成效可言。

5. 成本控制缺乏全员参与的观念

很多人认为成本控制就是管理层、财务部门和车间核算人员的事情，却忽略了各个部门及全体员工的重要作用。每个岗位的员工都是企业的重要组成部分，在成本管理中每个岗位都具有不同的作用。

比如说，企业基层员工应该重视材料的消耗，尽量节省每一点材料资源，更要重视水电气等必需品的消耗，避免不必要的浪费。

6. 不仅要重视事后控制，更应该重视事前控制和事中控制

人们常说"亡羊补牢，犹未晚矣"，但是这句话却并不适合成本管理。在实际工作中，成本管理应该遵循事先计划、事中控制、事后补救的原则，这样成本管理才能取得更好的效果。很多企业在进行成本管理的过程中，却不重视事先计划和事中控制，通常都是在成本支出超出预算之后，再想办法找出超支的原因。虽然这种方法可以帮助企业控制成本，并在日后工作中加强成本的管理，但是却已经无法弥补当期的损失。当期的成本差异已经产生了，企业的损失也已经无法改变，企业再亡羊补牢也已经晚了。

事后控制并不是成本管理的有效科学方式，企业应该不断地吸取先进的管理理念，做到以预防为主、防患于未然，做到事先、事中和事后同时控制，这样才能取得更好的效果。

目前市场上有很多先进的成本管理方法，它一方面给企业带来了很多选择的机会，另一方面也给企业带来了很多困扰。一些管理水平不高的企业认为越是先进的成本管理方法就越好，而忽略了本企业的实际情况，结

果不仅不能更好地管理成本，反而适得其反。

所以，成本管理的制定要根据企业自身的实际情况，让其发挥真正的作用，提高企业的经济效益。

—————— 第六章 ——————

明明白白不上当，谨防企业舞弊和做假账

目前存在着很多做假账和财务舞弊的行为，

究其原因就是为了获得更多的利润。

我们应该去伪存真，识别虚假报表中的虚假信息，

了解财务舞弊的主要手段，这样才能做到明明白白不上当。

◎ **业绩为王——企业为什么会做假账**

企业的最终目的是追求更多的利润，而为了吸引更多的投资者或是上市，很多管理者便开始在账目上做文章，想方设法地隐瞒企业的真实财务状况。还有些企业为了增加经济效益，逃避缴纳税款而在会计记录上做手脚，以多列支出、少列收入的方式做假账。其实，很多企业都出现了做假账的现象，那么我们怎么分辨企业出具的财务报表是真是假？怎样识别企业做假账的手段呢？

简单来说，假账就是虚假财务会计记录。它不仅没有真实反映企业的各项交易或事项，也没有如实地反映企业的各项生产经营活动，更没有按照会计准则处理业务的账。假账的会计处理不仅违反了会计准则和会计制度规定，而且不符合会计账务处理和会计信息披露。

财务处理是一个复杂全面的系统，每个环节的处理都可能出现差错，从而造成财务报表数据的失真。有时这些差错是由于客观条件或计算方法

的不当而造成的，有时则是财务报表的编制者主观故意造成的。那么，企业为什么会制造虚假的会计信息呢？

1. 为了逃税骗税

一些企业为了获得更多的经济效益和利润，想方设法地少做收入，多列支出，以达到少缴纳税款或是不缴纳税款的目的。通常来说，这种现象在中小企业或是微小的私有性质的企业比较普遍。

2. 为了增加信贷信用

很多企业的生产经营出现了问题或是出现了资产状况不佳的情况，需要向银行等金融机构来贷款。为了获得更高的银行信用等级，增加贷款的概率，企业经常会在财务报表上做文章，将收入、利润和资产等指标虚假夸大，以达到信贷银行的要求。

3. 提高企业的经济效益或利润

很多企业为了融资上市或是业绩考核，经常会在账目上做文章，人为地提高企业的收入和利润，以达到企业的业绩需求。

4. 虚报项目，骗取国家资源

随着政府财力的增加，每年都会投资多项项目，且各级政府部门设立的基金种类多、数额大，有时还会为一些企业提供优惠政策。一些企业为了争取国家的项目基金或是优惠，通常会做假账，粉饰报表，虚夸企业的实力和项目，以达到套取国家资源的目的。

5. 隐瞒违规，逃避法律惩罚

一些企业通常会有些见不得光的支出，比如行贿上级官员、走私买卖等支出和收入。这些行为本身就是违法的，不可能直接计入账目，而企业通常会将这些项目包装、篡改成合理合法的收支入账，以逃避法律的惩罚。

6. 为了员工的福利支出

由于制度的约束，有些效益良好的企业经常会私设小金库，来支出企业职工的特殊福利，提高企业账外职工福利待遇的需要。

除了上面几个原因之外，企业还有很多做假账的原因，比如给客户的回扣、不正规的返利支出、抽回应交已交投资款等等。

◎ 虚假报表的几种常见形式

目前，很多企业存在着编制虚假报表的情况，它不仅侵害了投资者和债权人的利益，还破坏了市场经济秩序。

一般来说，虚假报表具有以下几种常见形式：

（1）表表不符的情况。

会计人员编制财务报表必须按照有关财务会计制度的规定以及相关的会计计算方法进行核算，并且保证财务会计报表之间存在一定的勾稽对应关系。

比如，资产负债表中的未分配利润和利润分配表中的未分配利润在数额上应该保持一致；利润分配表中的净利润和利润表中净利润在数额上应该保持一致。我们知道，利润分配表是利润表的附表，它说明了利润表上净利润的分配情况。

在财务审计中，我们经常会发现企业的表表不符的现象。比如，某企业在利润表中"投资收益"项目为100万，而实际上该企业近年来并没有进行任何长期或短期的投资，资产负债表中长期投资和短期投资的数额也为零。

（2）虚报企业盈亏的情况。

一些企业为了偷税漏税逃税，经常会随意篡改财务报表的数据，人为地增加成本费用或是企业的利润；或是为了效益违法的目的，而随意调整报表金额，增加资产的数量或是提高企业的利润。

企业编制财务报表的目的就是向报表使用者或是税务机关提供最真实的会计信息，为企业的未来投资提供参考，为国家调整经济政策提供参考。但是，虚假的财务报表传递了虚假的报表信息，不仅误导与欺骗了财务会计报表使用者，还会引导他们做出错误的决策，给国家带来严重的损失。

比如，某企业 2000 年创办成立，注册资本与实收资本均为 1000 万元，但是过了 5 年之后，该企业的注册资本和实收资本却迅速增加，增加到 1 个多亿。后经过审计部门的审查，发现该企业存在着利用虚假报表骗取银行贷款的情况，给国家造成了几千万元的损失。

通常，虚报企业盈亏的情况主要包括以下几个方面：对政府的报表是穷账，以骗取财政补贴等多种优惠政策；对银行的报表是富账，以骗取银行贷款；对税务机关的报表是亏账，以偷逃各种税款；对主管部门的报表是盈账，以显示其经营业绩。

（3）表账不符的情况。

企业的财务报表是根据会计账簿分析填列，其数据直接或间接来源于会计账簿所记录的数据，所以报表的数据必须和实际账目相符。

可是在实际工作中，很多企业会故意增加企业的管理费用，或是在资产负债表中增大应收账款和坏账准备金额。

（4）故意错误地登记相关会计项目。

有些企业出现财务问题时，会把应该计入费用账户的科目计入"待摊费用"账户，通过推迟入账时间来降低企业本期的费用。等到财务状况好转之后，再将这笔费用进行处理，或是干脆不进行处理。

某企业在 2015 年 5 月将一笔 500 万的广告费计入长期待摊费用，年末时，企业再将这笔费用作为商标宣传费用和产品宣传费用进行核算。

（5）报表附注披露的信息不真实。

财务报表附注是对财务报表的补充说明，主要是对报表中不能说明的内容或是披露不详尽的内容作进一步的解释说明。如果企业故意改变了某些会计政策或是会计方法，但是在附注中不做说明；或是对于企业一些经营活动及未来发展有极大影响的事项不做说明，那么就会导致数据不真实的情况。

比如，某些企业在进行存货管理时，在年初和年终使用的计价方法有所不同，如果附注中不说明，就会造成虚增利润的情况。

（6）在编制合并报表时故意弄虚作假。

通常情况下，企业母公司和子公司的财务报表需要进行合并，以便考察整个公司的财务状况和生产经营情况。而在合并财务报表过程中，企业财务人员必须遵循一定的会计规定，规定显示：合并报表编制范围不当，合并资产负债表的抵销项目不完整或是没有正确区分内销和外销部分，使内部交易金额不能全部抵销等情况都属于合并财务报表的弄虚作假。

比如，某些在编制合并报表时，通常只是将子公司的内部销售收入未做抵销的部分简单地相加，从而造成虚增销售收入和业绩的情况。有时企业在编制合并会计报表时，还会将"关、停、并、转"的子公司也纳入合并范围，从而导致报表信息失真的情况，影响企业未来发展的决策。

某集团企业下属有全资子公司 4 家，控股企业 7 家，而在企业编制合并财务报表时只合并了 4 家全资子公司，其他控股企业没有进行合并。这样一来，这家集团企业的财务状况肯定不真实准确。

另外，在合并的过程中，企业与下属某家子公司存在着 800 万元的业务往来，但是企业只是简单相加合并，并没有进行抵消，导致合并会计报表中资产负债虚增 800 万。

通过上面的叙述，我们不难发现企业财务报表对于企业的重要性，而一些企业会故意隐瞒真实会计信息的情况，从而滋生了财务报表弄虚作假的温床。那么，在实际工作中，我们如何审计企业的财务报表，识别出弄虚作假的财务报表？

下面我们就具体地介绍识别虚假财务报表的方法。

（1）怎样识别人为的编制虚假的财务报表数据。

很多企业为了避税逃税以及其他不法目的而故意弄虚作假，编制虚假的财务报表。

我们可以掌握相关证据，利用对比分析、查账核实等手段进行识别：尽可能地通过不同渠道收集企业同一时期的财务报表，对比出这些报表的异同点，对存在差异的数据进行分析；进行现场调查，仔细进行账表、账账、账证和账实的核对工作。

（2）怎样识别由于会计方法选择而形成的虚假报表。

不同的会计方式计算出来的结果会大相径庭，而在实际工作中，会计规则规定了相关的会计计算方法，企业在做账、核算的过程中必须严格遵守会计方法。所以，在识别方法上，我们应该采取下面的方法进行识别，以便实现报表平衡及账表、账账和账证等相符。

① 分析利润的来源和时间的构成。通常来说，企业的利润主要来源于主营业务收入、其他业务收入、投资收益、营业外收入和补贴收入等。

如果在审查中，我们发现某企业的补贴收入等偶然性项目在关键时刻出现异常情况，那么就说明企业为了融资的目的可能弄虚作假的情况。如果在审计中，我们发现企业前三个季度的业绩不佳，而第四个季度的业绩徒增的情况；或是前三季度业绩相当好，而第四个季度骤减的情况，那么很可能有弄虚作假的情况。

② 分析资产的构成情况，剔除不良资产。不良资产是指待摊费用、待处理流动资产净损失、待处理固定资产净损失、开办费、长期待摊费用等虚拟资产项目，以及可能产生潜亏的资产项目，如高龄应收款项、存货跌价和积压损失、投资损失、固定资产损失等。

我们在审计企业财务报表时，应该将不良资产总额与净资产进行比较，如果不良资产总额接近或超过净资产，那么企业的持续经营能力就可能有问题，也说明企业可能存在着夸大利润和业绩的情况。

另外，如果企业的当期不良资产的增加额及增加幅度超过利润总额的增加额及增加幅度，那么说明企业可能在利润表上做了手脚。

③ 分析财务报表的对应关系。对企业的财务报表进行分析时，投资者通常会运用财务比率分析的方法，关注企业的关联企业的购销，判断该企业的盈利基础是否扎实、利润来源是否稳定。如果企业的营业收入和利润来源主要来自关联企业，就应该特别关注企业关联交易的定价政策；如果企业的关联公司间的应收应付项目的急剧变动，那么就可能出现财务报表弄虚作假的问题。

④ 现金流量分析法。现金流量分析法是指将经营活动产生的现金流量、

投资活动产生的现金流量、现金净流量分别与主营业务利润、投资收益和净利润进行比较分析，以判断企业主营业务利润、投资收益和净利润的质量。

一般来说，企业的现金净流量长期低于净利润，就说明企业已经确认为利润相对应的资产可能属于不能转化为现金流量的虚拟资产，而企业可能存在着虚增利润的情况。

⑤ 仔细分析企业的应收款项和存货。在现实中，企业可能利用虚开购货发票的方式来增加商品销售收入或销售成本，这样会出现存货的异常增加或存货周转率的急剧下降的情况，这样一来，企业的应收账款周转率就会急剧下降。而企业为了隐瞒这些异常现象，通常会将应收账款向其他应收款、预付账款转移，比如将资金转给客户，再让客户转回来，然后将款项计入其他应收款或预付账款的账目上。

⑥ 分析企业的异常利润，并且将其剔除。企业存在着其他业务利润、投资收益、补贴收入、营业外收入，在审查财务报表时，我们可以将这些利润从企业的利润总额中剔除，以便来分析企业利润来源的稳定性。这种办法在企业利用资产重组或股权投资等方式调节利润时，特别有效果。

弄清了财务报表弄虚作假的常见形式和识别方法，我们便可以轻松地识别虚假报表，去伪存真，努力还原企业真实的财务状况，为做出正确决策提供参考。

◎ 去伪存真，识别虚假财务报表信息

企业做账是一件非常难的事情，稍有不慎就会出现问题。而在实际财务管理中，很多费用支出都不能开具收据、发票，这也给企业做假账提供了机会。一些企业为了隐瞒税务机关的查账，通常会把账目做得漂漂亮亮，表面上根本看不出任何问题，实际上，却存在着很多虚假的会计信息。那么，我们怎样识别它的真假呢？

假账做得再漂亮也存在着漏洞，只要我们仔细地分析和查看，就可以分辨出账目的真伪。

1. 固定资产增加的不合理

固定资产增加的不合理包括了固定资产增加的业务本身不真实，或有其他不正当的行为。比如，有些企业将没有产权证的厂房登记为企业的资产；将由福利费支出购入的分给职工的非产权房登记为企业的资产；或是将低值易耗品登记为固定资产。

新增固定资产计价不合理。比如，企业购入的固定资产应按实际支付价格登记入账，企业却按照原价来登记，并且将支付的运杂费、包装费和安装成本等费用按照原价登记入账。

新增固定资产的账务处理不正确。比如，一些企业将盘盈的固定资产进行登记时，贷记为"资本公积"；或是将固定资产的法定重估增值计入营业外收入之中。

将固定资产的增值税登记为进项税额抵扣。一般来说，企业购入固定资产时应该取得增值税专用发票，并且将增值税也计入固定资产的原价，而不是作为抵扣的进项税额。

2. 固定资产减少的不合理

固定资产减少的不合理包括为固定资产减少的业务本身不真实。比如，虚报固定资产盘亏、毁损；私自出售固定资产，并将收入登记入小金库。

固定资产的清理的账务处理不正确。比如，将出售固定资产残值收入记入有关往来结算账户中，再私自作为开支使用；将固定资产的清理费用记入制造费用等生产经营费用中。

3. 固定资产折旧的不合理

固定资产折旧的不合理其中包括计提折旧的固定资产范围不正确，就是将不计提折旧的固定资产记为计提折旧固定资产。比如，将未使用、不需用的机器设备计入可以计提折旧固定资产；将经营性租入的固定资产计入可以计提折旧固定资产。

计提折旧的年限不合理、不合规。一般来说，固定资产的估计使用年限有严格的规定，如果加速折旧，就会导致固定资产折旧的不合理。

比如，房屋和建筑物为 20 年，有些企业会提前计提折旧，在 15 年或是更短时间内清理固定资产，以完成利润指标或达到偷税漏税的目的。

固定资产的预计净残值的确定不合理。一般来说，固定资产的预计净残值的高低也直接影响折旧的多少。根据现行财务制度规定：外商投资企业固定资产的预计净残值为固定资产原价的 10%；国有工业企业固定资产的预计净残值为固定资产原价的 3%~5%。有些企业经常会缩小固定资产的预计净残值，夸大折旧费用，以达到减少本年利润或是偷税漏税的目的。

折旧的方法不合规。企业对同类固定资产应该财务相同的折旧方法，并且保证前后会计期间的一致，不能随意改变折旧方法。而企业的折旧方法应该在变更年度以前报主管财政机关批准。一些企业为了达成利润目标或是偷税漏水，会随意变更折旧方法。

另外，折旧费的账务处理不正确也会导致固定资产折旧的不合理。有些企业因为技术原因或故意记错账户，而导致企业成本费用的账目与实际费用支出不符。

4. 假账固定资产修理的不合理

假账固定资产修理的不合理包括了固定资产修理业务和支出的数额不真实。一些企业为了挤占成本费用，通常会将一些不合理的开支计入固定资产的修理费；或是将一些不合理的活动项目计入固定资产修理。

固定资产修理的账务处理不恰当。一些企业为了调节各期的费用和利润，随意改变固定资产修理费的摊销期限；或是将应该列入制造费用的固定资产修理支出列入到期期间费用。

5. 在建工程的不合理与不合法

一些企业的在建工程没有经过认真的分析，从而使其没有可行性；或是违反国家的政策，擅自建造工程项目。

在建工程成本不真实。因为在建工程金额巨大，期限较长，一些企业容易人为地扩大各工程项目的成本。

6. 无形资产的不合理

无形资产的不合理其中包括无形资产的不真实。无形资产没有实物形态，所以更容易被一些企业弄虚作假，来虚报无形资产的账目。比如，商标权是企业重要的无形资产，一些企业会在账目中计入没有证明商标权的证书。

一些企业会故意高估或低估某项无形资产的价值，无意或故意歪曲企业的财务状况。有些企业利用无形资产难以定价的特点，在转让无形资产时故意压低售价，并从对方那里获得回扣。

一般来说，无形资产摊销有法定年限的，有些企业为了减少利润或偷税漏税，通常会故意调节无形资产的摊销期限。

企业为了将利润最大化，赚取更多的钱，不惜在企业财务报表上弄虚作假。而做假账不仅无法反映企业真实的财务状况，更不利于税务机关征收税款，而且对于国家经济的发展不利。这样一来，企业不仅要做到自律自省，更应该保证财务报表的真实性、准确性，防止财务上的舞弊。

◎ 防止财务舞弊，明明白白不上当

财务舞弊是指会计人员为了获取不正当利益，有计划、有针对性和有目的地违背真实性原则，违反国家法律法规和规章规范，损害或谋取组织经济利益，从而导致会计信息不真实的行为。

财务舞弊主要可以分为组织舞弊和个人舞弊。而组织舞弊是指企业管理者为了本企业和其成员的利益，授权相关人员利用不正当的非法手段，损害国家和其他单位利益的故意行为。而个人舞弊是指企业为了个人私利采用不正当非法的手段，损害国家、组织或他人利益的故意行为。

只有有效地防止财务舞弊，才能得到企业真实的会计信息，彻底弄清企业的财务状况，为企业的决策做出正确的参考。下面我们就具体了解一下防止财务舞弊的常见方法。

1. 做好出纳人员的管理，防止出现侵占资产的情况

出纳人员是企业中处理企业现金支付、进行银行结算的重要人员，同时也是负责保管企业库存现金、财务印章的关键人物。他们每天都接触大量的企业现金，很容易出现侵占企业资产的情况。所以，企业应该有效地管理出纳人员，防止出现舞弊的情况。

一般来说，企业的每一笔经济业绩都要登记入账，从而保证各项经济业务有据可查。如果出纳人员同时担任会计信息审核、会计档案保管的工作，就很可能出现舞弊的情况。因为这样出纳人员就可以随时修改会计账簿的记录，以达到侵占企业的资产目的。

另外，出纳人员不得登记企业的收入、费用、债权和债务等账目。登记企业账目是会计人员的职责，如果出纳人员负责登记这些账目，就可能同时接触到企业的账目和资金，很容易利用职务之便做假账，以达到侵占企业资产的目的。

2. 管理好企业公章，防止财务人员利用公司印章进行舞弊

公司印章包括企业的公章、合同章、财务章等，它们是企业各种权利义务的重要凭证，是企业权力的代表。如果没有妥善保管好，就会给财务舞弊提供机会。在企业中，公司印章应该分散管理，不同的印章由不同的人员进行管理，不仅要实现印章管理的制度化，更应该增强相关人员的相互制约。

一般来说，公章由企业经理保管，合同章由企业的财务部保管，法人私章由企业出纳保管，财务章由财务经理保管。各部门使用各种印章时，必须填写申请表并经有关人员审批。

3. 防止现金舞弊，防止黑手伸向企业现金

企业每天都有大笔现金流进流出，如果不能加强对现金的管理，就容易出现现金舞弊的现象。所以，企业应该建立严格的现金管理制度，由专人负责管理现金，其他人不能干涉现金的收支，同时要做到钱账分离。

另外，现金管理应该进行逐日逐笔登记，并且认真管理好原始凭证和

记账凭证。为了防止财务人员挪用现金，企业可以要求审计人员不定期突击检查，看有没有出现账实不符的情况，或是白条抵账的情况。

4. 加强企业会计人员的管理，防止出现做假账的情况

会计人员最主要的工作就是为企业做账、核查账目，并且对企业的各项经济业务进行会计核算和会计监督。一般来说，会计人员不可以兼任出纳、物资采购和保管的工作。如果会计人员同时兼任出纳、物资采购和保管的工作，就可以同时接触实物资产和会计账目，很容易利用职务来做假账，达到中饱私囊的目的。

一般来说，企业的会计人员应该具有专业的财务知识、一定的法律知识和良好的职业素养，只有具有了这些知识，会计人员才具有专业性和自律性，以便降低其舞弊的可能性。

5. 建立严格的审查制度，加强企业内部的审核

企业为了防止财务舞弊，应该建立严格的审查制度，加强内部的管理。审查人员应该进行严格的专业培训，对企业的会计凭证、会计账簿、会计报告进行审核，不仅要防止财务舞弊行为，还应该确保企业会计信息的准确性和可靠性。

6. 在聘用会计人员时严格执行回避制度，防止会计人员相互串通

企业在聘用会计人员时，应该避免企业高层管理人员或是财务主管有直系亲属关系的人员。这样一来可以有效地防止财务人员与管理层进行沟通的行为，防止财务舞弊情况的出现以及侵占企业资产的情况。

◎ 了解财务舞弊惯用手段，有效防止资产侵占

财务舞弊的手段多种多样，我们只有了解舞弊者惯用的手段，才能有效地防止财务舞弊，防止企业资产被舞弊者侵占。

1. 利用企业内部控制制度的缺陷和薄弱环节进行舞弊，以满足个人的私利

在实际工作中，企业内部会计制度可能存在着某些漏洞和缺陷，一些会计人员就可能因一己私欲利用这些漏洞进行舞弊。

比如，出纳人员可能利用企业空白支票、财务专用章以及法人印章来私开发票或是挪用公款。如果企业的报销审批制度不严谨，一些销售人员就可能利用消费票据，将个人的消费和差旅费一起报销，从而贪污企业的财产。一些财务管理制度不严密的企业，老板可能会将企业的房产、车子挪为己用。

2. 串通企业相关岗位的人员进行舞弊

在企业财务管理中，可能会出现会计人员串通出纳人员，侵占企业资产的情况；或是材料核算人员拉拢仓库保管人员，侵占企业材料存货的情况；或是产品核算人员串通产品保管人员，窃取企业产品的情况；以及费用核算人员勾结出纳人员，虚报费用侵吞公款等现象。

3. 伪造发票或是单据

有些企业为了偷税漏税，可能会伪造发票和伪造增值税专用发票的方式来侵吞企业的财务。而有些个人为了侵占企业的资产，也会通过虚开发票，比如"阴阳票""大头小尾"等方式来报销。

4. 虚报冒领公共财物，或是私物公报

一些企业员工为了个人私利，经常出现将个人物品和将本应承担的费用作为企业开支报销的情况。

比如将个人请客送礼、装修房屋、通信联络等费用作为公费报销的情况。

还有些个人贪小便宜，冒领企业的公共财产，如办公用品等。

5. 虚构业务和收支费用，以便侵占企业资产

在实际工作中，有些企业会为了增加利润而虚报收入或是少报费用的情况；有些企业为了套取现金，通常会虚报各项费用支出，比如虚构差旅费用、多报保险费用等。

一些会计人员为了侵吞企业资产，还会虚报各项支出，比如管理费用

支出复杂繁多，通常就会多报一些项目的支付。

6. 隐匿或是篡改会计凭证，私吞企业资产

会计凭证是企业财务信息的基础，在实际工作中可能会出现出纳人员隐匿收款单据、经费报销人员篡改单据等情况，以达到侵占公款的目的。

7. 利用一些过渡性会计科目，进行财务舞弊

在实际工作中，企业通常会利用一些过渡性的会计项目，多记或少记费用支出等方式来进行财务舞弊。比如，一些企业会为了调节利润而人为地多记或是少记待摊费用、递延资产、预提费用等项目的金额；或是为了隐瞒销售收入而将应该列入预收账款的科目长期挂账。

8. 利用电脑舞弊

随着电脑计算越来越普及，舞弊者经常会利用先进技术来进行财务舞弊，比如盗用计算机密码、暗藏计算机程序、扰乱计算机命令等方式使财务系统自动形成一套"假账"。这种舞弊不容易被发现，却很容易被忽视。

9. 改变会计核算方法

在会计核算的过程中，故意改变会计核算方法，并且不在附注中进行标注说明。

第四篇

Disipian

了解税务缴纳常识，为财务管理增添光彩

读懂财务管理学不仅仅需要财务人员熟练地掌握会计实务方面的知识，

更需要了解税务方面的常识，做到依法纳税和合理税务统筹，

这样才能为企业实现更好的经济效益。

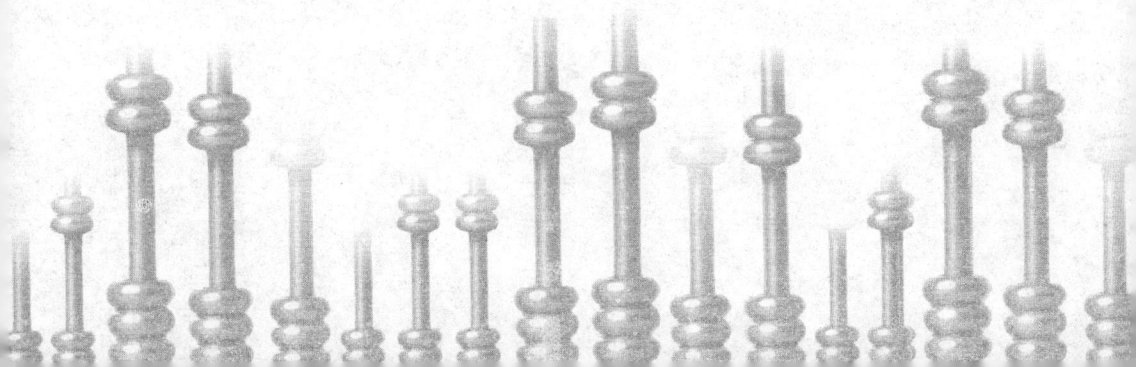

——— 第一章 ———

合理纳税，认清企业的责任和义务

不管是企业管理者还是会计人员，在工作中都避免不了与税务打交道，
所以，我们必须掌握一些合理纳税和税务统筹的相关知识。

◎ 透彻了解税收及其基本特征

在实际工作中都会接触到一定的税务知识，尤其是会计人员几乎每天
都要与税务打交道。如果不能透彻地掌握一些必要的税务常识，那么很可
能会给企业的日常生产经营带来不必要的损失。

税收是国家进行经济管理的一种重要手段，也是国家财政收入的主要
来源。它是国家或政府为了实现其公共财政职能，基于政治权力和法律规
定，强制地、无偿地参与国民收入再分配而取得的财政收入。

一般来说，税收是由以下几项要素构成的：总则、纳税义务人、征税
对象、税目、税率、纳税环节、纳税期限、纳税地点、减税免税、罚则和
附则等项目。

1. 税收的基本特征

税收是由国家征收的，它取之于民、用之于民。一般具有强制性、无
偿性、固定性三个特征，习惯上被称为税收的"三性"。我们具体地来了解
一下税收的基本特征。

（1）税收强制性。税收的强制性是指税收是国家以社会管理者的身份，

依据政治权力和法律来强制征收的，并不是一种自愿缴纳的行为。纳税人必须遵守国家强制性的税收法令，否则就要受到法律的制裁。

强制性特征主要体现在下面两个方面：一是税收分配关系的建立具有强制性，就是说税收的征收完全是依据国家的政治权利；二是征收的过程具有强制性，就是说拒绝纳税是违法的行为，国家可以依法进行处罚。

（2）税收无偿性。税收的无偿性是指国家征税后，其收入归国家所有，不再直接归还给纳税人，也不需要向纳税人支付任何报酬。这种特征是与国家凭借政治权力进行收入再分配的本质是相联系的。

无偿性是税收的本质体现，它反映了一种社会产品所有权、支配权的单方面转移，而不是等价交换的关系。无偿性是区分税收收入和其他财政收入的最重要特征。

（3）税收固定性。税收的固定性是指国家在征收之前就以法律的形式规定了征收对象以及统一的数额，并且只能按照规定进行征税。也就是说，税法事先就规定了纳税人、课税对象、税目、税率、计价办法和期限等内容。对于税收预先规定的标准，征税和纳税双方都必须共同遵守，非经国家法令修订或调整，征纳双方都不得随意更改。

税收的三个特征相辅相成，缺一不可。无偿性是税收这种特殊分配手段的本质体现，无偿性必然要求征收方式的强制性。而强制性是无偿性和固定性得以实现的保证。

2. 税收的分类

目前，我国的税收种类繁多，税收有不同的征收标准，征收标准不同其分类就有所不同。但是主要的税种包括以下几个方面：

按照征收对象分类。

（1）流转税。流转税是以商品生产流转额和非生产流转额为课税对象征收的税种。它是我国税收的主要税种，包括增值税、消费税、营业税和关税等。

（2）所得税。所得税也叫作收益税，它是以各种所得额为课税对象的税种，包括企业所得税和个人所得税。

（3）财产税。财产税是以纳税人所拥有或支配的财产为课税对象的税种，包括房产税、城市房地产税等。

（4）行为税。行为税是以纳税人的某些特定行为为课税对象的税种，包括城市维护建设税、固定资产投资方向调节税、印花税、屠宰税和筵席税等。

（5）资源税。资源税是指对国境内从事资源开发的单位和个人征收的税种，包括资源税、土地增值税、耕地占用税和城镇土地使用税。

按照计算标准不同分类。

（1）从量税。从量税是指以课税对象的数量、重量、容积、长度、面积等计量单位为标准计征的税收，如盐税、屠宰税、车船使用税、土地使用税等。

从量税实行定额税率，计算非常简便。

其计算公式为：

税额 = 商品数量 × 每单位从量税

（2）从价税。从价税是指以课税对象的价格为标准来计征的各种税。一般来说，从价税采用比例税率和累进税率，如增值税、营业税、关税和各种所得税等税种。这种税收的征收标准比较合理。

其计算公式为：

税额 = 商品总值 × 从价税率

（3）复合税。

其计算公式为：

税额 = 从量税额 + 从价税额

按照征收管理的分工体系分类。

（1）工商税类。工商税类是由税务机关负责征收管理的税种，我国大部分税种都是工商税类。

（2）关税类。关税类是由海关负责征收管理的税种，其中包括进出口关税、进口环节增值税、消费税等。

按照税收征收权限和收入分配权限分类。

（1）中央税。中央税是指由中央政府征收和管理使用的或由地方政府征收后全部划解中央政府所有并支配使用的一类税。主要包括关税和消费税等，这一类税收征收范围广泛且数额较大。

（2）地方税。地方税是指由地方政府征收和管理使用的一类税，主要包括营业税（不含铁道部门、各银行总行、各保险总公司集中缴纳的营业税）、个人所得税、城镇土地使用税、车船使用税、印花税和耕地占用税等。这种税收收入稳定，是地方经济发展的保证。

（3）中央与地方共享税。中央与地方共享税是指税收的管理权和使用权属中央政府和地方政府共同拥有的税种，其中包括增值税（中央75%、地方25%）、资源税（按照不同资源品种划分，大部分资源税为地方收入，海洋石油资源税为中央收入）、证券交易税（中央地方各50%）。

按照税负能否转接分类。

（1）直接税。直接税是纳税人直接负担的各种税收。包括所得税和财产税等。

（2）间接税。间接税是纳税人能够将税负转嫁给他人负担的各种税收，包括流转税和资源税等。

除此之外，税收还可以按照税收与价格的关系、税率的形式、管辖的对象和征收形态等标准进行分类。

3. 我国主要的税种

税收的种类繁多，分类标准也多种多样，不过我国征收的税种主要有以下几种：即增值税、消费税、营业税、企业所得税和个人所得税。

◎ 认清企业纳税人的权利和义务

在实际生活中，很多人并不了解纳税人应该享有哪些权利，履行哪些义务。如果不能认清纳税人的权利和义务，就无法合理地缴纳税款，更无法保证企业正常的生产经营活动。

在财务管理活动中，会计人员必须要认清企业的责任和义务，只有做到了责任和义务的统一，才能更好地提高企业的经济效益。

1. 纳税人的权利

作为纳税人，应该熟悉自己有哪些权利，并充分享受法律、法规赋予自己的权利。我国税法和相关法律、法规规定，纳税人主要享有以下17种权利：

（1）知情权。纳税人、扣缴义务人有权向税务机关了解国家税收法律、行政法规的规定以及与纳税程序有关的情况。税务机关应该无偿为纳税人提供税务咨询的服务，包括税收政策、涉税程序、应纳税额核定及其他税务行政处理决定、法律救济途径等信息。

（2）保密权。纳税人和扣缴义务人有权要求税务机关为纳税人及扣缴义务人的情况保密，而税务机关应当依法为纳税人和扣缴义务人的情况保密。

（3）依法申请减免税权。纳税人可以依照有关法律、法规的规定，书面申请减税或免税，税务机关应该按照规定给予办理。

（4）申请退税权。纳税人超过应纳税额缴纳的税款，税务机关发现后应当立即退还；纳税人自结算缴纳税款之日起三年内发现的，可以向税务机关要求退还多缴的税款并加算银行同期存款利息，税务机关及时查实后应当立即退还。

（5）陈述与申辩权。纳税人对于税务机关所做出的决定，享有陈述、申辩的权利。

（6）申请复议和提起诉讼权。纳税人和扣缴义务人对税务机关的处罚决定，享有向上级税务机关申请复议或向人民法院提起行政诉讼的权利。在申请复议或提起诉讼中，还可以就其合法权益遭受的损失，要求税务机关承担赔偿责任。

（7）请求国家赔偿权。纳税人、扣缴义务人对税务机关所做出的决定享有请求国家赔偿的权利。如果税务机关采取的扣押、查封纳税人商品、货物或冻结纳税人的银行存款等税收保全措施不当，或者纳税人在限期内已缴纳税款，但税务机关并未立即解除税收保全措施，而导致纳税人的合法权益遭受损失，纳税人有权请求赔偿相关损失。

（8）控告和检举权。纳税人和扣缴义务人有权控告、检举税务机关或税务人员违反税收法律、财政法规的行为。

（9）请求回避权。在税务人员征收税款和查处税收违法案件时，与纳税人和扣缴义务人或是税收违法案件有利害关系的，纳税人有权要求相关人员回避。

（10）举报权。任何单位和个人都有权举报违反税收法律、行政法规的行为。收到举报的机关和负责人应该为举报人保密，并且适当给予奖励。

（11）申请延期申报权。纳税人和扣缴义务人不能按期办理纳税申报或者报送代扣代缴、代收代缴税款报告表的，经税务机关核准，可以延期申报。一般来说，延期最长不得超过三个月。

（12）取得代收、代扣手续费权。税务机关按照规定付给扣缴义务人代收、代扣手续费。

（13）延期缴纳税款权。如果纳税人有特殊困难，不能按时缴纳税款，经相关税务机关批准，可以延期缴纳税款。一般来说，延期最长不得超过三个月。

（14）索取完税凭证权。纳税人缴纳税款后，有权依法索取完税凭证，以证明自己已经履行了纳税义务，使自己的合法权益不受侵犯。

（15）索要收据或清单权。税务机关扣押、查封企业的商品、货物或其他财产时，纳税人有权索要相关收据或清单。

（16）拒绝检查权。税务机关派出的人员进行税务检查时，应当出示税务检查证和税务检查通知书，未出示税务检查证和税务检查通知书的，被检查人有权拒绝检查。

（17）委托税收代理权。纳税人和扣缴义务人可以委托代理人代办税务事宜。

2. 纳税人的义务

有权利就有义务，那么纳税人应该承担哪些义务呢？根据我国税法、行政法规规定，纳税人应该履行以下义务：

（1）依法办理税务登记的义务。纳税人在发生纳税事宜时，有义务在纳税期限内办理税务登记；在税务登记内容发生变化时，有义务按照规定办理变更、注销。一般来说，期限是登记日起的 30 日内。

（2）接受账簿、凭证管理的义务。纳税人应按照税法、行政法规的规定设置账簿，根据合法、有效凭证记账并进行核算。纳税人必须按照规定的保管期限保管账簿、记账凭证、完税凭证及其他有关资料。账簿、记账凭证、完税凭证及其他有关资料不得伪造、变造或者擅自损毁。

（3）纳税申报和报送纳税资料的义务。纳税人有义务依税法规定的期限办理纳税申报，报送纳税申报表、财务会计报表以及税务机关根据实际需要要求纳税人报送的其他资料。扣缴义务人也应在规定的申报期内报送代扣、代缴、代征税款报表以及其他需要报送的资料。

（4）按时纳税或解缴税款的义务。纳税人有义务按照税法、行政法规的规定期限，缴纳税款或是解缴税款。每一税种都规定了纳税的最后期限，纳税人一旦超过纳税期限，税务机关就应从滞纳税款之日起，按日加收滞纳税款万分之五的滞纳金并责令限期缴纳，限期过后仍不缴纳的，则应依法予以重罚。

（5）及时提供有关税务信息的义务。纳税人有义务及时向税务机关提供其他信息，如纳税人有歇业、经营规模扩大、遭受各种灾害等特殊情况的，应及时向税务机关说明，以便税务部门依法处理。

（6）按照规定开具、使用、取得发票的义务。任何单位和个人在购销产品、货物或接受经营服务以及从事其他经营活动中，应按照规定开具、使用、取得发票。

（7）接受税务检查的义务。纳税人和扣缴义务人必须接受税务机关依法进行的税务检查，如实反映企业的财务情况，提供相关资料，不得拒绝、隐瞒。

除此之外，纳税人还具有继续纳税和承担连带责任的义务、结清税款或提供担保的义务、依法计价核算与关联企业之间的业务往来的义务等。

◎ 会计应懂得如何申报纳税

合理纳税是企业必须履行的义务，企业管理者和会计人员不仅要掌握税务方面的常识，更要懂得如何申报纳税，依法履行纳税的义务和责任。

纳税申报是指纳税人和扣缴义务人在发生法定纳税义务后，按照税法规定的期限和内容，以书面形式向主管税务机关提交有关纳税事项以及应缴纳税款的法律行为。

它是税务管理的一项重要制度，是纳税人履行纳税义务、承担法律责任的主要依据，也是税务机关税收的主要来源。

1. 依法申报纳税的对象主要包括以下几种纳税人

（1）向国家税务机关已经依法办理税务登记的纳税人，其中包括各项收入均应该纳税的纳税人；全部或部分产品、项目或者税种享受减税、免税照顾的纳税人；当期营业额未达起征点或没有营业收入的纳税人；实行定期定额纳税的纳税人；应当向国家税务机关缴纳企业所得税以及其他税种的纳税人。

（2）按照规定不需要向国家税务机关办理税务登记，以及应当办理而未办理税务登记的纳税人。

（3）扣缴义务人和国家税务机关确定的委托代征人。

2. 纳税申报的方式

了解了纳税申报的具体含义和申报对象之后，我们更应该具体了解其申报方式和申报内容，以便在实际工作中具体操作。

纳税申报方式是指纳税人、扣缴义务人在发生纳税义务和代扣代缴、代收代缴义务后，在其申报期限内，依照税法的规定到指定的税务机关进行申报纳税的方式。其方式主要有以下四种：

（1）直接申报。直接申报也叫作"上门申报"，纳税人、扣缴义务人在规定的申报期限内，到主管税务机关指定的办税服务场所报送纳税申报表、代收代缴税款报款报告表以及税务机关要求返送的其他有关资料。

（2）邮寄申报。纳税人到税务机关办理纳税申报有困难的，经税务机关批准，也可以使用同一规定的纳税申报特快专递专用信封，邮寄申报相关资料，并且以邮政部门收据作为申报凭证的方式。邮寄申报的，以邮出地的邮戳日期为实际申报日期。

（3）数据电文申报。税务机关确定的电话语音、电子数据交换和网络传输等电子方式。采用电子方式申报的应该按照税务机关规定的期限和要求保存有关资料，并且定期书面报送主管税务机关。

（4）其他方式。纳税人还可以采用其他方式进行纳税申报。其中包括代理申报和汇总申报。

代理申报就是生产经营规模小、无申报能力的纳税人可以委托经批准的、具有税务代理资格的税务代理机构进行申报。

汇总申报是指经国家税务总局批准汇总缴纳企业所得税的企业，年度终了由汇总企业逐级汇总（合并）申报。

总之，不管纳税人采取哪种申报方式，都必须按照规定在申报期限前纳税申报。

3. 纳税申报的内容

纳税人在纳税申报时，应该如实地填写纳税申报表，并且根据不同的情况相应地报送有关证件、资料。那么，纳税人需要报送哪些资料呢？

其中包括：财务报表以及相关资料；与纳税有关的合同、协议书以及凭证；税控装置电子报税资料；外出经营活动税收管理证明和异地完税凭证；境内或境外公证机构出具的有关证明文件。

纳税申报的主要内容有：税种、税目、应纳税项目或者应代扣、代收税项目，适用税率或者单位税额，计税依据，扣除项目及标准，应纳税额或者代扣、代收税额，税款所属期限等。纳税人办理纳税申报时，应如实填写纳税申报表，并附送有关资料；

扣缴义务人办理代扣代缴、代收代缴税款报告时，应该如实填写代扣代缴、代收代缴税款报告表，并报送相关合法凭证以及税务机关规定的其他有关证件资料。

◎ 合理避税原来就那么几招

对于企业来说，了解税务知识是非常必要的，这不仅是财务人员的事情，也是企业投资者和管理者应该关注的事情。毕竟追求更大的利润才是企业的最终目的，而合理地节约每一分钱，安全地规避或者减轻税负的负担也是企业投资者想要努力做到的。

不论是对于刚入行的会计还是经验丰富的会计主管，如何为企业做到合法的纳税筹划是考验他们专业水准的关键。会计人员应该掌握合理避税的技巧和原则，避免在做账时出现偷税漏税的情况。

1. 什么是合理避税

合理避税，又被称为合法避税和税务筹划，是指纳税人员在不直接触犯《税法》的前提下，以合法的手段和方式对经营活动和财务活动精心安排，尽可能满足税法条文所规定的条件，来达到减少税款的经济行为。

它是纳税人在履行应尽法律义务的前提下，运用《税法》赋予的权利保护纳税人既得利益的合法手段。

　　只要避税的方式是合法的，而且不具有欺诈性质，那么纳税人就可以合理地运用这种方式。

　　财务人员在实际工作中应该做到运筹帷幄，培养较高的税务筹划能力，保证避税筹划方案的合法性、合理性，最大限度地给企业带来最大的经济效益。

2. 合理避税的主要方法

　　（1）变更企业经营地址。我国的税收政策规定，凡是在经济特区、沿海经济开发区、经济特区和经济技术开发区所在城市的老市区以及国家认定的高新技术产业区，保税区设立的生产、经营、服务型企业和从事高新技术开发的企业，都可享受较大程度的税收优惠。所以，企业在选择投资地点时，应该有目的地选择以上特定区域，从而获得更多的税务优惠。

　　（2）变更企业性质，由内资向中外合资、合作经营企业的模式过渡。我国的税收政策对于外商投资企业实行了税收倾斜政策，有很多减税、免税的优惠政策，所以企业可以由内资企业向中外合资、合作经营企业等经营模式过渡，这样不仅可以扩大企业的经营规模，还可以享受更多减税、免税或缓税的政策，减少企业的现金流出，提高企业的经济效益。

　　（3）充分利用企业的行业优势。我国的税法对很多特殊行业有实行免税的规定，比如托儿所、幼儿园、养老院和残疾人福利机构等都是免营业税的。除此之外，对婚姻介绍、殡葬服务、医院、诊所和其他医疗机构也是免缴营业税的。

　　如果企业安置"四残人员"占企业生产人员 35% 以上的民政福利企业和其经营属于营业税"服务业"税目范围内（广告业除外）的企业也是免缴营业税的。

　　（4）利用费用均摊。企业可以利用费用均摊的方式，将费用尽可能最大摊到成本之中，最大限度地降低成本，实现减轻企业税负的目的。企业应该仔细分析费用均摊的方法，尽可能使费用摊到成本之中，这样企业早期的利润就会减少，需要缴纳的所得税就会有所减少。

　　（5）利用职工福利。企业在生产经营过程中，可以在不超过计税工资的范畴内适当提高员工薪资，为员工办理医疗保险，建立职工养老基金、失业保险基金和职工教育基金等统筹基金。这些资金可以归入成本支出中，不仅可以调动员工的积极性，还可以减少企业的税负支出。

（6）利用资产租赁法。对需要大笔资金的厂房设备进行租赁，不仅可以缓解企业的资金压力，还可以合理避税。

（7）转让定价以合理避税。在经济活动中存在企业关联的各方，不按照市场买卖的价格进行交易，而是根据自己的利益进行产品转让。其目的就是为了均摊利润或转移利润，来实现避税的目的。

在这种转让中，产品转让定价的依据是双方的意愿，可以高于或是低于正常的市场交易价格。企业可以在保持利润总额不变的情况下，减少企业应该缴纳的赋税，来达到避税的目的。

（8）合理利用税收政策，规避相关税金。税收优惠是指为了对某些征税对象和纳税人给予照顾或鼓励而采取的减轻或免除税负的措施。它是国家为了扶持某些特定地区、行业、企业，或是业务的发展，或是为了减轻某些具有实际困难的纳税人的税负。比如，国家鼓励大学生创业，所以免收企业所得税的优惠政策。

除此之外，还有很多合理避税的方法，比如成本计算法、资金筹集避税法等等。所以，企业的投资者和管理者一定要懂得合理避税的知识，做到运筹帷幄，成功地减轻企业的税负。

◎ 合理避税，切忌偷、骗、抗、欠税

企业追求利润最大化是一种本性，在不违法的前提下，通过合理避税来增加企业的经济效益，也是情有可原和合理合法的行为。但是，在实际工作中，很多企业管理者和会计人员故意混淆合理避税和偷、骗、抗、欠税，甚至是钻法律的空子，以违法的行为来谋取私利。

其实，合理避税是纳税人的一种、合法优化税收的活动，它与偷、骗、抗和欠税有着本质的区别。作为会计人员一定要遵守税法的准则，做到合法纳税、合理避税。

下面我们就来了解一下偷税、骗税、抗税和欠税的基本概念，以及它们与合理避税的区别。

1. 偷税

偷税是指纳税人以不缴或少缴税款为目的，采取伪造、变造、隐匿，擅自销毁账簿、记账凭证，在账簿上多列支出或不列、少列收入，或是采取各种不公开的手段和虚假的纳税申报手段，隐瞒企业的真实财务状况，不缴或少缴税款，欺骗税务机关的行为。

偷税是违法行为，会对于国家税收产生严重影响。由于一些企业想要谋取更多的经济效益，所以各国普遍存在着偷税的现象，也是我国屡禁不止的痼疾。

我国税法规定："对纳税人偷税的，由税务机关追缴其不缴或者少缴的税款、滞纳金，并处不缴或者少缴的税款 50% 以上 5 倍以下的罚款；构成犯罪的，依法追究刑事责任。"

作为企业的管理者和会计人员，应该注意分辨偷税的几种手段，以免触犯了税法而不自知。一般情况下，那些偷税的行为人主要是通过下面的几种手段进行偷税的：

（1）伪造、变造、隐匿和擅自销毁账簿、记账凭证。在实际工作中，偷税行为人通常会根据企业的真账簿、真凭证的式样制作出虚假的账簿和记账凭证，做出真假账册，以假充真来欺骗税务机关；他们还会对企业的账簿、记账凭证进行挖补、涂改、拼接，制作出假的账簿和凭证；还会将企业的真账簿、记账凭证故意隐藏起来，让税务机关很难查实企业的财务状况；偷税行为人甚至违背税法规定，在未经税务主管机关批准的情况下，擅自销毁企业正在使用或尚未过期的账簿、记账凭证。这些故意破坏企业原始凭证的行为都是违法的。

（2）在账簿上多列支出或者不列、少列收入。偷税行为人为了实现自己的目的，大量地在账簿上填写超出实际支出的数额，增加虚假的企业成本支出，以冲抵或者减少实际应税收入的数额。除此之外，企业还会多加或乱摊费用支出，将一些销售收入直接利润或者专项基金挂在往来账户上不结转，以达到不缴纳或是少缴纳税款的目的。

（3）经税务机关通知申报而拒不申报或进行虚假的纳税申报。在实际工作中，偷税行为人通常会不按照法律、行政法规的规定办理纳税申报，即使经过税务机关的通知后，仍然拒绝申报纳税。有的是在纳税申报的过程中，故意编造虚假情况，不如实地填写或者提供纳税申报表、财务会计报表以及其他的纳税资料，少报或是隐瞒应该纳税的项目等。

这种行为不仅违反了税法，还违法了刑法，达到了一定的数额之后构成了偷税罪。我国刑法规定，偷税数额占应纳税额的 10%以上但不满 30%并且偷税数额在 1 万元以上但不满 10 万元的，或者因偷税被税务机关给予两次行政处罚又偷税的，处 3 年以下有期徒刑或者拘役，并处偷税数额 1 倍以上 5 倍以下罚金。偷税数额占应纳税额 30%以上，并且偷税数额在 10 万元以上的，处 3 年以上最高刑期为 7 年的有期徒刑。

2. 骗税

骗税是指纳税人以虚报出口或者其他欺骗手段，骗取出口退税的行为。它主要针对的是出口退税。

我国税法规定，对于出口的产品可以享受退还其在国内生产和流通环节实际缴纳的增值税、消费税的优惠。这有利于我们企业进行出口创汇，加大进出口贸易的发展。但是，一些不法企业或是个人却利用这项优惠政策骗取退税，这不仅导致国家税款的大量流失，而且扰乱了市场经济秩序，影响了市场的公平竞争。

其实，骗税和偷税有一定的区别。骗税的税款已经缴纳到国库，后又骗归到自己手中。而偷税的税款还没有交到国库之中，而是利用非法手段不缴纳或是少缴纳应缴的税款；骗税采用的是虚报出口、虚报价格和伪造涂改报关单等手段。而偷税则是采用伪造、变造、隐匿和擅自销毁账簿的手段，进行虚假纳税申报的行为。

需要注意的是，骗取出口退税已经违法了国家法律，所以，税务机关可以针对相关企业取消其出口退税的资格，并且在一定期限内停止为其办理出口退税，从而起到一定的制裁作用。

我国刑法规定，以假报出口或者其他欺骗手段骗取国家出口退税款，由税务机关追缴其骗取的退税款，并处以骗取税款 1 倍以上 5 倍以下的罚款；构成犯罪的，依法追究刑事责任：骗税数额较大的，处以 5 年以下有期徒刑或者拘役，并处骗取税款 1 倍以上 5 倍以下罚金；骗税数额巨大或者有其他严重情节的，处以 5 年以上 10 年以下有期徒刑，并处骗取税款 1 倍以上 5 倍以下罚金；骗税数额特别巨大或者有其他特别严重情节的，处以 10 年以上有期徒刑或者无期徒刑，并处骗取税款 1 倍以上 5 倍以下罚金或者没收财产。

3. 抗税

抗税是指纳税人以暴力、威胁方法拒不缴纳税款的行为。

与偷税、骗税相比，这样的行为更最恶劣、情节最严重、影响最坏，是一种明目张胆地对抗国家法律的行为，不仅影响了国家税收收入的实现，扰乱了正常的税收秩序和社会秩序，更严重妨碍了国家税务人员依法执行公务，给税务人员的人身安全带来了威胁。

抗税的行为具有以下几点特征：

（1）当事人侵害的对象是正在依法执行征税公务的税务人员。

（2）通常是以暴力、威胁等手段迫使税务人员放弃征税。

（3）实施抗税行为的行为人不仅包括纳税人、扣缴义务人，也可以是其他相关人员。

所以，构成抗税行为的是关键对税务机关和税务人员实施暴力和威胁，其行为成立与否主要并不是抗拒缴纳税款的数额大小。只要出现了暴力、威胁等拒不缴纳税款的行为，不管税款多少，都可以构成抗税。

我国税法规定，以暴力、威胁方法拒不缴纳税款的是抗税，除由税务机关追缴其拒缴的税款、滞纳金外，还要依法追究刑事责任。情节轻微，未构成犯罪的，由税务机关追缴其拒缴的税款、滞纳金，处拒缴税款 1 倍以上 5 倍以下的罚款；如果构成了犯罪的，处以 3 年以下有期徒刑或者拘役，并处拒缴税款 1 倍以上 5 倍以下罚金；情节严重的，处以 3 年以上 7 年以下有期徒刑，并处拒缴税款 1 倍以上 5 倍以下罚金；以暴力方法抗税致人重伤者死亡的，除了处以罚金外，还要按照伤害罪、伤人罪从重处罚。我国刑法规定，故意伤人致死的，处以七年有期徒刑；故意杀人的，处以死刑、无期或十年以上有期徒刑。

4. 欠税

欠税是指纳税人超过税务机关纳税期限，或已过税务机关批准的缓缴期限，没有按时缴纳税款或是没有缴足税款，导致税款不能及时入库的行为。它既影响了国家税收的及时入库，占用了国家税款资源，更破坏了税法的严肃性。

如果企业不按期缴纳或者解缴税款，税务机关应该责令限期缴纳或者解缴，并且规定其缓缴的期限。一般来说，欠税可以分为故意和非故意两种情况。

对于故意欠税的，税务机关都要责令其限期缴纳。如果过期仍不缴纳的，也没有提出延期申请的，或是提出了申请而税务机关没有批准的，税务机关应该给予一定的处罚。

对于非故意欠税的，一般是纳税人或扣缴义务人不知道如何纳税，或是由于各种原因不能按期缴纳或者解缴。

欠税也是一种违法的行为，导致了国家税收收入不能实现，并扰乱了国家正常的税收秩序。税务机构一般会采取下面几种追缴方式：

（1）从滞纳之日起，按日加收 0.05% 的滞纳金；

（2）责令限期缴纳或解缴税款，期限一般最长为 15 日；

（3）责令限期缴纳，逾期仍未缴纳的，经县以上税务局（分局）局长批准，税务机关可以采取强制执行措施；

（4）欠税的纳税人未按规定结清应纳税款，或提供纳税担保的，税务机关可以要求出入境管理机关阻止其出境。

那么，对于欠税的行为，应该负有哪些法律责任呢？

　　我国税法规定，纳税人欠缴应纳税款，采取转移或者隐匿财产的手段，妨碍税务机关追缴欠缴的税款的，由税务机关追缴欠缴的税款、滞纳金，并处欠缴税款50%以上5倍以下的罚款；构成犯罪的，依法追究刑事责任；欠税人采取转移或隐匿财产的手段，导致税务机关无法追缴欠税的，税款数额在1万元以上到10万元之间的，处三年以下有期徒刑或拘役，并处或单处欠缴税款1倍以上5倍以下的罚金；数额在10万元以上的，处三年以上七年以下有期徒刑，并处所欠税款1倍以上5倍以下的罚金；企事业单位犯罪的，除了处罚金外，对负有责任的主管人员和其他直接责任人员，处以行政处分或三年以下有期徒刑或者拘役。

　　所以说，合理避税和偷骗抗欠税有根本的区别，合理避税是在不违反税法规定的前提下，达到减轻或是解除税负目的的行为；而偷骗抗欠税等行为则是违反税法或是刑法的行为，最终要受到法律的惩罚。

　　企业管理者和会计人员可以利用税务筹划的方式进行合理避税，但是切忌偷、骗、抗、欠税，违反国家税法规定，扰乱国家正常税收秩序。

◎ 纳税筹划应避开的几大"雷区"

　　现在越来越多的企业关注并利用合理避税的手段来节税、避税，这样一来，不仅可以增加企业的经济效益，还可以为企业投资者赢得更大的利润。但是，在实际操作中，有些节税手段却违反了税法，形成了偷税、骗税等违法行为，走进了纳税筹划的"雷区"。

　　想要避开纳税筹划的"雷区"，我们就应该了解纳税筹划的真正含义。

　　所谓纳税筹划就是通过对涉税业务进行策划，制作一套完整的纳税操作方案，从而达到节税的目的。它是一个相对于逃税来说的概念，就是纳税人在不违背税法的前提下，利用税法中的漏洞、空白获取税收利益的筹划。其中包括避税、节税、规避税收陷阱、转嫁筹划和实现零风险目标等。

（1）避税筹划。

前面我们已经详细地介绍了合理避税的含义和方法，这里就不多做赘述。简单来说，它就是纳税人采用不违法的手段，利用税法中的漏洞、空白获取税收利益的手段。

（2）节税筹划。

节税筹划是指纳税人在不违背税法的前提下，利用税法中固有的起征点、免征额、减税和免税等一系列的优惠政策和税收惩罚等倾斜调控政策，通过对企业筹资、投资及经营等活动的巧妙安排，达到少缴税款的目的。

（3）规避税收陷阱。

它是指企业在生产经营过程中，要注意税收政策规定的一些被认为是税收陷阱的条款。纳税人一旦大意或无意地落入到规定条款中的范围或是界限，就要缴纳更多的税款。

（4）税收转嫁筹划。

税收转嫁筹划是指纳税人为减轻自身税收负担，对销售产品的价格进行调整，将税收负担转嫁给他人承担的经济活动。因为它可以达到减轻缴税的目的，所以人们也将其列入纳税筹划的范畴。

它并没有伤害到国家利益，所以并不是违法行为，因此受到了纳税人的普遍青睐，其中包括顺转技术、逆转技术等方式。比如在生产环节课征的税收，企业可以通过提高商品出厂价格的方式而将税负转嫁给批发商，批发商再以类似的方式转嫁给零售商，零售商最终转嫁给消费者。

（5）涉税零风险。

涉税零风险是指纳税人生产经营过程中，纳税申报正确，税款缴纳及时、足额，不出现任何税收违法乱纪行为。这种情况企业的纳税风险极小，甚至可以忽略不计。

那么，在实际工作中，纳税人在纳税筹划过程中应该避开哪些认识上的"雷区"呢？

（1）故意违反税收政策，混淆偷税和合理避税的概念。

企业故意违反税收政策，故意混淆偷税和合理避税的概念，利用收入划分不清的情况，达到少纳税的目的。这种方法并不是纳税筹划，而是利用虚假的手段进行纳税申报。

一家从事生产加工的企业，属于征收增值税的一般纳税人，应该按照17%的税率缴纳增值税。不过这家企业有一家独立核算的商店，属于小规模纳税人，应该按照4%的征收率计算税款。企业在向商店销售产品时，应该缴纳17%缴纳增值税，但是这家企业却故意按照商店的4%征收率进行缴纳。这就是偷税的行为，并不是纳税筹划的范畴。

（2）名义上是纳税筹划，实际上却违法偷逃税款。

一些纳税人为了实现减轻税负的目的，名义上是进行纳税筹划，实际上却利用一些违法的手段进行虚假筹划，进行偷税和逃税。

在实际工作中，我国税法规定对一些特殊行业的企业实行免税政策。比如对一些安置"四残人员"占企业生产人员35%以上的民政福利企业，实行免缴营业税的优惠政策。

一家大型食品公司在政府的鼓励下投资了一家福利工厂，财务上实行独立核算。随着食品公司的规模不断扩大，经济效益越来越好，每年需要上缴的营业税和企业所得税都在上百万元以上。为了达到少缴税款的目的，该食品公司的经理就将本公司生产的产品，以及发生的销售全部记到了福利厂的账目下，以获得减免税收的优惠。结果，这样的伎俩被税务机关识破，不仅没有通过减免税款的申报，还被取消了民政福利企业的资格。

这家大型食品公司的行为并不是纳税筹划，而是偷税逃税的行为，不仅要缴纳足额的税款，还要接受一定的惩罚。

（3）纳税筹划不等于避税筹划。

现在越来越多的企业都非常关注纳税筹划，但是一些纳税人对纳税筹划产生了认识误区。他们认为税务筹划就是避税筹划，其实这是错误的观点，避税只是税务筹划的一个方面。

税务筹划是在合法的情况下，对企业纳税环节进行合理地安排，以实现企业价值的最大化。如果企业只是为了避税，而忽略了其他环节，就会陷入偷税抗税的陷阱，或是出现即使避税了也无法实现最大的经济效益。

比如，企业为了避税选择了高新技术开发区作为地址，但是其产品销售因为地址的原因受到了影响，那么这种选择就是得不偿失。

（4）纳税筹划等于将企业的税负降到最低。

很多企业认为纳税筹划的唯一目的就是将税负降到最低，节省最多的税款。

其实，纳税筹划并不仅仅是节税，也不应该为了筹划而筹划。真正的纳税筹划应该服务于企业的经济利益大局，有利于企业的生产经营活动和长远发展规划。如果企业的纳税筹划只是节省了大量的税款，却不利于企业的向前发展，那么就是丢了西瓜捡了芝麻，得不偿失。

在财务管理学中，纳税筹划应该是企业财务管理的一个重要组成部分，属于企业财务成本管理的范畴。在现实生活中，很多企业进行了纳税筹划且少缴税或降低部分税负，但是并没有提高企业的经济效益。这是企业并没有合理地进行筹划，忽略了成本管理而导致的。

综上所述，我们在进行纳税筹划时应该充分地考虑企业的整体经济效应以及生产经营管理。只有真正地了解纳税筹划的含义，结合企业的财务状况，才能避免走入误区。

—— 第二章 ——

做好税务的核算和筹划，促进企业良好运行

在财务管理学中，税务核算和纳税统筹是企业成本管理的重要组成部分。
如果企业没有做好这两项工作，不仅会增加管理成本，
还可能造成逃税漏税，给企业正常运行带来负面影响。

◎ 增值税是核心税种，对企业尤为重要

增值税是指以商品在流转过程中产生的增值额为征税对象而征收的一种流转税。简单来说，就是纳税人在生产经营活动中新创造的价值额。它是我们税收的核心税种，对企业和国家税收来说非常重要。

1. 增值税的几个特点

它具有以下几个特点：即，征收的普遍性、避免重复征税、具有税收中性特征和收入的稳定性。

（1）征收的普遍性。普遍性是指凡在我国境内销售货物、提供劳务以及进口货物的单位和个人，都必须依法缴纳增值税。

（2）避免重复征税。增值税只对增值额部分进行征税，只对在销售额中本企业所创造的、未征过税的价值征税，避免了重复征税。不过，在实际操作中，重复征税的现象还是难以避免的。

（3）具有税收中性特征。前面我们说过，增值税可以避免重复征税的弊端，使得同一商品或劳务的税收负担具有一致性。另外，不会影响到纳

税人的生产、经营活动或消费者的消费选择，所以具有中性特征，增加了增值税的适应性。

（4）收入的稳定性。增值税征收范围比较广泛，税源有保障，而且增值税实行道道征收和税款抵扣制度，有效地避免了偷税漏税的情况。

2. 我国的增值税具有以下几个明显特征

（1）我国实行消费型增值税，企业新购进设备所含进项税额不再采用退税办法，而是采取规范的抵扣办法。

（2）我国的增值税实行三档税率。就是说基本税率17%、低税率13%和零税率。

（3）实行价外税。价外税是指增值税不包含在销售价格内，应该将税款和价格区分开。

（4）税款缴纳分为一般纳税人和小规模纳税人，按照实际情况进行征税。对一般纳税人，按照购进货物的增值税专用发票所注明的税款进行抵扣；而对于小规模纳税人，应该采用简易征收办法，不准抵扣进项税额。

（5）实行税款抵扣制。专用发票应该分别表明其货物价款和税金，纳税人在本环节销售货物时，应该要注明增值税税款，下个环节应该扣除这一部分注明的税款。

3. 增值税的征收范围

既然增值税是企业必须重视的税种之一，那么纳税人的哪些行为应该征收增值税呢？简单来说，这就是企业增值税的征收范围，其中主要包括了以下几个方面：销售或进口货物、提供加工、修理修配劳务、视同销售货物、混合销售行为、兼营非应税劳务行为和代购货物行为。

其中，视同销售货物是指将货物用于非增值税项目，用于个人消费或者职工福利等等，而会计上没有做销售处理。比如，委托他人代销货物、销售代销货物等。

混合销售行为是指从事货物的生产、批发或零售的企业、企业性单位及个体经营者发生混合销售行为。这些行为被视为销售货物，应该征收增值税。

此外，在一些情况下，企业可以享受减免增值税的情况：如农业生产者销售的自产农产品；避孕药品和用具；历史古籍以及旧图书；直接用于科学研究、科学试验和教学的进口仪器和设备；外国政府、国际组织无偿援助的进口物资和设备；由残疾人组织直接进口的专供残疾人使用的物品；销售企业使用过的物品等。

4. 增值税应纳税额的计算

了解了企业增值税的征收范围，我们还要掌握其计算方法，这样一来才能合理、合法地缴纳税款。一般来说，增值税税率分为三档：即一般纳税人 17% 或 13%；小规模纳税人 6% 或 4%；出口货物适用零税率。

所以，增值税应纳税额的计算，应该根据纳税人销售货物情况或提供应税劳务的销售额进行征收，而进口货物的计算应该按照税法规定来进行征收。下面我们就具体了解其计算方法。

（1）一般纳税人。

应纳税额计算公式为：

应纳税额 = 当期销项税额 − 当期进项税额

其中，销项税额是指纳税人销售货物或者提供应税劳务，按照销售额和适用税率计算并向购买方收取的增值税额。

其计算公式为：

销项税额 = 销售额（不含税）× 税率

而销售额的计算公式为：

销售额 = 含税销售额 /（1+ 增值税税率）

而对于视同销售货物征税而无销售额的，应该按照下面顺序来确定销售额：

首先，按照纳税人当月同类货物的平均销售价格确定；其次，按照纳税人最近时期同类货物的平均销售价格确定；然后按照组成计税价格来确定。

组成计税价格的公式为：

组成计税价格 = 成本 ×（1 + 成本利润率）

（2）小规模纳税人。

应纳税额计算公式为：

应纳税额＝销售额×征收率＝含税销售额/（1+增值税税率）×征收率

（3）进口货物。

应纳税额计算公式为：

应纳税额＝（关税完税价格＋关税＋消费税）×税率

纳税人进口货物，应该在海关取得的完税凭证上注明的增值税额。

◎ 知晓增值税的节税秘诀

众所周知，合理节税可以为企业节省很多不必要的支出，作为企业的财务人员应该懂得企业合理节税的方法，这样才能够为企业赢得更多的利润。下面，我们就了解一些增值税的节税秘诀，以便更好地进行税收的筹划和核算。

1. 根据自身实际情况来选择纳税人身份

前面我们已经说过，我国增值税将纳税人划分为一般纳税人和小规模纳税人。

一般来说，划分的标准是企业生产经营规模和会计核算是否健全。其中，后者是最重要的，即使某个企业的销售额达不到一般纳税人的标准，但只要会计核算健全，企业也能被认定为一般纳税人。通常很难判断一个企业的会计核算是不是健全，所以税法中也将企业的年销售额作为区分一般纳税人和小规模纳税人的标准。因为通常来说，年销售额越大，会计核算也就越健全。

小规模纳税人的年销售额标准如下：从事货物生产或提供劳务的纳税人，以及以从事货物生产或提供劳务为主，并兼营货物批发或零售的纳税人，年销售额在 100 万元以下的；从事货物批发或零售的纳税人，年销售额在 180 万元以下的。

企业应该在适当的时候选择企业分立方式以实现自己纳税人身份的转换。比如，企业的合并可以扩大企业的规模，如果在合并前属于小规模纳税人，合并后可能达到一般纳税人条件。这样，企业就应该主要考虑两种身份的纳税负担各是多少，然后再决定是否合并。如果合并后的整体税后提高了，甚至完全抵消了所增加的经济效益，就没有必要合并了。

同时，在选择纳税人类别时，除了关注其税收负担外，也应该考虑其他方面：比如，一般纳税人的经营规模通常比小规模纳税人大，信誉也比小规模纳税人好。此外，一般纳税人的客户来源也比较广泛。

所以，企业应该根据自身的实际情况来选择纳税人身份。

2. 对于不同产品进行分别核算

我们知道不同的产品规定了不同的税率，有的产品用 17% 或 13% 的税率，个别产品甚至适用 6% 的税率。按照我国税法规定，企业应该分别核算不同税率货物或者应税劳务的销售额，否则就要按照高适用税率。所以，企业应该重视产品的分别核算，绝不能发生适用不同税率的货物销售却不分别核算的现象。

其次，纳税人销售货物时，还可能存在着兼营非应税劳务的现象。这时，就应该分别进行核算，按照货物和非应税劳务各自适应的税率进行核算，避免多缴纳税款。

另外，增值税法中还规定了一些免征增值税的项目，企业应该区分免征税项目，对其进行分别核算。否则，就可能全部按照应税项目缴税，出现多缴税款的情况。

3. 关联企业压低销售价格进行节税

企业在与客户交易时，通常会压低产品的价格，以低于市场的价格进行交易，事后客户再将压低的这一价格补充给企业。这样双方就可以都获得利益，企业少缴纳了税款，则客户也获得了一部分利益。在实际工作中，很多企业都会利用这种方式避税。

4. 利用增值税发票避税

因为增值税按照专用发票所注明的增值税款来扣除进项税额，所以在某种程度上说，它具有货币的功能。很多企业利用增值税发票来进行避税。

比如，企业进行了两笔交易，第一种交易可以开具专用发票，但是货物的价格比较高，第二种交易不能开具专用发票，但是货物的价格比较低。如果专用发票的进项税额比货物价格的差异高的话，那么企业就会选择第一种交易，这样就可以达到避税的目的。

但是，在利用增值税发票避税的同时，也要避免出现逃税的现象。现在很多企业为了逃税，不惜利用假发票和涂改发票来扩大进项税额，这是违法行为，违背了纳税筹划的初衷。

5. 混合销售的纳税筹划

通常来说，混合销售行为是不可能分别核算的。因为出现混合销售行为涉及的货物和非应税劳务是销售一批货物做出的，两者是紧密的从属关系。它与兼营行为是完全不同的，想要对这些项目进行税务筹划，就必须充分地理解税法对混合销售的处理规定。

企业应该看自己是否属于从事货物生产、批发或零售的企业，如果不是的，就应该只缴纳营业税。

如果企业既存在混合销售行为又存在着兼营非应税劳务，就应该考虑非应税劳务年销售额的程度。如果非应税劳务年销售额大于总销售额的50%，混合销售行为不必缴纳增值税，否则就应该缴纳增值税。

另外，如果是从事货物的生产、批发或零售为主的，并兼营非应税劳务的企业、企业性单位及个体经营者发生混合销售行为，则视为销售货物，就应该缴纳增值税；但是其他单位和个人的混合销售行为，应该视为销售非应税劳务，不必缴纳增值税。

6. 利用销售折扣来巧妙节税

企业为了扩大销售或尽快收回账款，采用销售折扣和折扣销售的方式来进行促销，这不仅可以达到促销的效果，还可以巧妙地进行节税。

销售折扣通常采用 3 / 10、1 / 20、N / 30 等符号。企业含义是如果客户在 10 天内付清款项，则折扣额为 3%；如果在 20 天内付清，折扣额则为 1%；如果在 30 天内才能付清就必须全额支付。但是需要注意的是，销售折扣必须在销售货物之前进行，如果在之后才进行的话，还是应该全额缴纳增值税。

对于那些信誉良好的客户，企业还可以采用折扣销售方式进行促销。折扣销售就是我们经常说的打折销售的营销方式。

某企业销售给客户一批货物，价值为 20 万元，合同规定付款期是 30 天，如果对方在 20 天内付款，就可以享受 3% 的销售折扣，即 6000 元。如果企业是销售货物事后进行销售折扣的，折扣额不能从销售额中扣除，企业必须全额缴纳增值税，即 $200000 \times 17\% = 34000$ 元。

如果企业在销售之前就承诺给予对方 3% 的折扣，并且在合同中约定付款期是 20 天，那么就可以减去折扣额，其增值税就是 $200000 \times （1\% \sim 3\%）\times 17\% = 2380$ 元。

如果企业承诺给予客户折扣销售，即 20 天内付款的话享受 9.5 折的优惠，那么其增值税就是 $200000 \times 95\% \times 17\% = 32300$ 元。

7. 利用税收优惠政策进行节税

税收政策中规定采购农产品可以享受 10% 的扣除税额，委托加工也可以销售扣除税额的优惠，另外利用一些自产产品还可以享受免税的优惠。所以，企业应该利用这些优惠进行节税。

因此，企业应该按照自身的特点和实际情况，巧妙地利用起征点来合理进行筹划，来为企业节税避税。但是最重要的是，避税和节税必须符合税法的规定，企业千万不能为了利益而做出违法的行为。

◎ 了解消费税率及计算方法，才能更好地缴纳

消费税是一种流转税，是对我国境内从事生产、委托加工和进口应税消费品的单位和个人，以及国务院确定的销售消费税条例规定的消费品的其他单位和个人征收的。

我国征收消费税的范围主要包括：对人们身体健康、社会秩序、生态环境有危害性的特殊消费品，比如烟、酒及酒精、鞭炮和烟火等；不可再生石油类消费品，如汽油和柴油；高能耗及高档消费品，比如摩托车和小汽车；具有财政意义的消费品，比如轮胎等；奢侈品及非生活必需品，比如贵重首饰、珠宝玉石和化妆品等；环保、节能的消费品，比如实木地板和一次性筷子等。

1. 消费税有以下几个特征

（1）征收范围具有选择性，是非中性税收。在我国，在征税范围上只选择性地对部分消费品征税，其中包括烟、酒及化妆品等14类消费品。

（2）征税环节具有单一性。为了加强税源控制，防止税款流失，消费税一般选择在出厂销售环节、委托加工或进口环节，对制造商或进口商征收。除了个别商品外，其他环节一般不再征收。这样，既降低了税收成本和税源流失风险，又可以防止重复征税。

（3）征税收入具有稳定性。一般来说，消费税税源较大的商品，应该按照销售收入和销售数量计税。消费品的税率通常较高，税金常包含在商品价格中，而且不受成本增加减低的影响。

（4）税负具有转嫁性。我国税法规定，消费税实行价内税，税金通常包含在商品价格中，一旦商品售出后，税金就转嫁给消费者。

（5）减免权高度集中在国务院。因为消费税征收范围具有选择性，所

以除了特殊情况外一般不予减免。未经国务院批准，任何单位和个人都不得减免消费税。

2. 消费税的计算

想要做好消费税，就必须掌握消费税的计算方法。一般来说，我国消费税的征收有从价定率、从量定额和复合计税三种计算方式。

具体来说，从价定率就是以征税对象的数量与单价的乘积来计算纳税的方法。一般情况下，我国大多数产品都实行这一征税方法。

其计算公式为：

应纳税额 = 应税消费品的销售额（计税价格）× 适用税率

而从量定额是根据已征税对象的实物数量来计算纳税的方法。一般来说，黄酒、啤酒、汽油和柴油等消费品采用这种计算方法。

其计算公式为：

应纳税额 = 应税消费品的销售数量 × 单位税额

而有些情况下，税务机关应该按照复合计税的方法来计税。所谓复合计税就是按照从价定率与从量定额相结合的方式来计算。在我国，只有对卷烟（不包括雪茄烟）、白酒实行这种方法。

其计算公式为：

应纳税额 = 销售数量 × 定额税率 + 销售额 × 比例税率

具体可以分为以下几种情况：

自产自用应税消费品的组成计税价格的计算公式为：

组成计税价格 =（成本 + 利润 + 资产自用数量 × 定额税率）/（1 - 消费税税率）

委托加工的应税消费品的组成计税价格的计算公式为：

组成计税价格 =（材料成本 + 加工费 + 委托加工数量 × 定额税率）/（1 - 消费税税率）

进口的应税消费品的组成计税价格的计算公式为：

组成计税价格 =（关税完税价格 + 关税 + 进口数量 × 定额税率）/（1 - 消费税税率）

◎ 掌握消费税的节税秘诀

消费税可以说是一种"特区税"，如果你经营的产品处于这个特区的范围内，就必须要缴纳这个税。我们应该掌握一些消费税的节税秘诀，进行有效的税收筹划，这样才能尽量减少企业不必要的支出。

1. 利用消费税优惠政策

我国税法有很多针对消费税的优惠政策，企业可以巧妙地利用这些优惠政策来进行节税。

比如我国税法规定，对生产销售达到低污染排放限值的小轿车、越野车和小客车减征 30% 消费税。企业可以充分利用这一优惠政策，降低汽车生产企业的税负。

那么，企业应该如何充分利用这一优惠政策呢？汽车生产企业想要获得优惠政策就必须做到：生产销售的小汽车要达到低污染排放限值；小轿车、越野车和小客车最大总质量不超过 3500 千克。

2. 利用出口政策进行节税

我国税法规定，有出口经营权的外贸企业享受出口免税并退税的优惠；有出口经营权的生产性企业自营出口或委托外贸企业代理出口享受出口退税，但是不享受退税优惠。企业可以扩宽市场，进行进出口贸易，这样既有利于企业的发展，又可以享受进出口优惠政策。

进口应税消费品消费税的应纳税额的计算公式如下：

组成计税价格 =（关税完税价格 + 关税）/（1 - 消费税税率）

应纳税额 = 组成计税价格 × 消费税税率

从这个公式可以看出，出口消费品的纳税数额取决于关税。如果企业能够享受关税优惠政策，就可以达到节税的目的。

3. 避开高税率，选择低税率

企业在节税过程中可以尽量避开高税率，选择低税率。比如，贵重首饰消费税的征收范围及对象是以列举的方式进行征收的，非列举的首饰不征收消费税或者是在其他环节征收。所以，在新产品频繁推出的首饰行业，其税收管理方面存在着很多交叉和空白点。

例：

某企业生产了一种含有铂金和黄金的新首饰，它既可以被认为是金基首饰，也可以被认为是铂金首饰。前者在零售环节缴税，税率为 5%；后者在生产环节缴税，税率为 10%。所以，这种新产品在种类的认定上具有很大的灵活性，企业纳税环节和税率具有可选择性。

一般情况下，企业可以将其视为黄金首饰纳税，以减轻企业税负；如果零售价是生产环节批发价的两倍以上的话，就应该在生产环节缴税，并视为铂金首饰。

4. 利用税收转移的方式进行避税

烟、酒、化妆品、汽车和珠宝都增收比较高的消费税，企业通常会将税款转移给批发商，批发商转移给零售商，零售商再转移给消费者。所以，消费税的最后承担者是消费者，这样就减轻了企业和批发商、零售商的税务负担。

5. 利用生产环节纳税的规定来进行纳税筹划

我国税法规定，生产应税消费品的企业在销售时应该纳税，但是企业可以通过降低商品价值，或是通过"物物交换"的方式来进行纳税筹划。另外，企业也可以选择某种对企业有利的结算方式来推迟纳税时间，从而获得资金使用效率。

除了金银首饰在零售环节缴税外，我国的其他消费税都是在生产制作环节征收。生产制作环节不是商品与消费之间的最后一个流转环节，之后还有批发、零售等若干流转环节，这就为纳税人节税提供了很大空间。

比如，纳税人可以成立独立核算的经销部、销售公司，降低价格向其供货，再以正常价格对外销售，这样一来纳税人的税收负担就减轻了很多。

这种情况通常使用于化妆品、烟、酒、摩托车和小汽车等行业。但是税法规定，纳税人应税消费品的计税价格明显较低却没有正当理由的，应该由主管税务机关核定其计税价格。所以，企业在向销售公司出售低价商品时，只能适度地降低价格，压低幅度不能过大。

◎ 营业税的核算——会计工作的重中之重

营业税是我国最重要的流转税之一，也是会计工作的重中之重。了解企业营业税的基本特征、计算方式以及税率等问题，不仅有利于企业营业税的核算，更可以保证企业日常生产经营活动的顺利进行。

营业税是指对在我国境内提供应税劳务、转让无形资产或者销售不动产的单位和个人，针对其所取得的营业收入额而征收的税款。

其计算公式为：

营业税应纳税额 = 应税营业额 × 营业税税率

营业税的征收范围非常广泛，税源非常普遍，计算比较简单，征收也非常方便。

我国现行营业税按照纳税人的行业、类别的不同分别设置了税目，而行业不同、类别不同，采用的税率也有所不同。一般来说，我国营业税根据行业类别共设置了9个税目，主要包括了建筑业、交通运输业、文化体育业、邮电通信业、娱乐业、金融保险业、服务业、销售不动产和转让无形资产。

我们来具体了解一下这些税目的特点和税率。

1. 建筑业

建筑业包括建筑、安装、修缮、装饰和其他工程作业等内容。还包括了与建筑物相关的各种设备、操作平台的安装等作业；与设备相关的工作台、梯子和栏杆的装设工程作业；以及被安装设备的绝缘、防腐、保温及油漆等工程作业。

建筑业统一税率为3%。

2. 交通运输业

交通运输业包括陆路、水路、航空、管道和装卸搬运等内容。虽然打捞并不属于运输业务，但是与水路运输有密切关系，所以也按照水路运输来征收税款。另外，与航空运输相关的通用航空业务、航空地面服务业务也按照航空运输业务征税。

交通运输业统一税率为3%。

3. 文化体育业

文化体育业包括经营文化、体育活动的业务。文化业包括表演、播映、经营游览场所和各种展览、培训活动、艺术讲座和讲演等业务。而体育业包括举办各种体育比赛，为体育比赛或体育活动提供场所的业务。

文化体育业统一税率为3%。

4. 邮电通信业

邮电通信业包括邮政业务和电信业务两方面。邮政业务包括传递函件或包件、邮汇、报刊发行、邮务物品销售和邮政储蓄等业务。而电信业务则包括电报、电传、电话、电话机安装和电信物品销售等业务。

邮电通信业统一税率为3%。

5. 娱乐业

娱乐业是指为娱乐活动提供场所和服务的业务。主要包括经营歌厅、舞厅、卡拉OK厅、高尔夫球、保龄球场、游艺场等娱乐场所，以及这些娱乐场所为顾客提供的服务。其中，饮食服务和各种服务都按照娱乐业征税。

娱乐业的税率比较高，基本在5%~20%之间。

6. 金融保险业

金融保险业是指经营金融、保险的业务，其中金融业包括贷款、融资租赁、金融商品转让、金融经纪业和其他金融业务；而保险则是指将通过契约形式集中起来的资金，用以补偿被保险人的经济利益的活动。

金融保险业统一税率为5%。

7. 服务业

服务业是指利用设备、场所、信息等为社会提供服务的业务，主要包括代理业、旅店业、饮食业、旅游业、租赁业和广告业等。

服务业统一税率为 5%。

8. 销售不动产

销售不动产是指有偿转让不动产所有权的行为。主要包括销售建筑物或构筑物，或是销售其他地上附着物。另外，单位将不动产无偿赠予他人，也视同为销售不动产；不动产的租赁不按照这个税种征收营业税；转让企业产权的行为也不征收营业税。

销售不动产的适用税率为 5%。

9. 转让无形资产

转让无形资产是指转让无形资产的所有权或使用权的行为。主要包括转让土地使用权、商标权、专利权、非专利技术、著作权以及商誉等。如果以无形资产投资入股情况下，不征收营业税。

转让无形资产税率为 5%。

◎ 掌握营业税的节税技巧，减轻企业的税负

营业税是企业流转税的一种，也是企业最主要的税负之一。它与其他流转税税种不同，并不是按照商品或征税项目的种类和品种设置税目、税率的，而是根据企业经营行业来设计不同的税目、税率。企业必须按照税法规定缴纳营业税，不过也要掌握其节税技巧，以便减轻企业的税负。下面是几种基本节税技巧：

1. 采用委托代销方式进行节税

在实际纳税过程中，企业通常采用委托代销方式进行销售，它主要有两种形式：收取代销费和销售权买断。前者是指委托方将商品交付给受托

方，受委托方按照规定定价销售商品，最后委托方缴纳增值税并支付受托方代销费；而受托方收取则需要交纳营业税。后者则是双方签订合同，委托方将商品按照一定价格交付给受托方，受委托方自主销售商品，而两者之间的差价就为受托方的收入。这种情况下，委托方缴纳增值税，受托方也需要缴纳增值税，而受托方则不用缴纳营业税。企业可以根据自身的形式，选择委托代销的方式。

2. 转让无形资产过程中，巧妙地进行税务筹划

在某些情况下，企业转让无形资产时，可以不必缴纳营业税。

比如，土地所有者出让土地使用权的情况，或是使用者将使用权交还给所有者的情况；土地租赁应该按照服务业中的租赁业征收税目，而不是按照转让无形资产税目进行征收；企业可以用无形资产入股的形式来代替转让，这样就可以免收营业税；另外，转让著作所有权而发生的销售电影母片、录像带母带、录音磁带母带的业务不征收增值税。

某企业开发了一项生产新技术，B企业想要购买这种新技术，如果企业将这项技术转让给B企业就必须缴纳营业税。但是如果企业以无形资产入股的方式投资，那么不仅不用缴纳营业税，还可以在B企业中享受股份，获得以后的利润分成。

3. 改变运费收取方式以减轻税收负担

企业在销售商品时，有时要支付大笔运费，而根据其具体形式也需要缴纳增值税或者营业税。根据税法规定，销售额为纳税人销售货物或者应税劳务时，应该向购买方收取全部价款和价外费。但是有的情况下，代垫运费不属于价外费用，不征收增值税。如果企业成立运输子公司，通过子公司开具普通发票收取运费，这样就可以将运费转为符合免征增值税的代垫运费，从而达到节税避税的目的。

4. 利用兼营销售和混合销售进行节税

前面我们说过，我们可以利用兼营销售和混合销售的方式进行税务筹划。企业应该对兼有不同税目的应税行为，分别核算不同的税目营业额。如果没有按照不同税目分别核算营业额的，就应该按照高适用税率来

征收。

比如，某餐厅既经营饮食业又经营娱乐业，而娱乐业的税率最高可达 20％，如果企业没有进行分别核算，即必须按照娱乐业适用的税率征税。

作为纳税人，必须掌握税收政策，准确界定什么是兼营销售和混合销售，这样才能避免高适用税率和多加税款的情况。

◎ 企业所得税——赚钱越多，交得越多

企业所得税是我国第二大税种，对于国家财政收入有重要的作用，同时也是国家实施宏观调控的重要工具。其实，企业所得税的征收标准很简单，就是企业赚钱越多，交得税款就越多。

企业所得税，是指对我国境内的企业和其他组织就其来源于中国境内外的生产经营所得和其他所得所征收的一种税。

1. 企业所得税具有的特点

征收对象是应纳税所得额，其计算公式为：

应纳税所得额＝收入总额－不征税收入－免税收入－各项扣除以及允许弥补的以前年度亏损

纳税人分为居民企业与非居民企业。前者负有无限纳税义务，来源是中国境内外的全部所得纳税。后者负有有限纳税义务，来源于境内的所得以及发生在境外的与其所设机构、场所有实际联系的所得纳税；

企业所得税是直接税，税负是由纳税人直接承担，不能进行转嫁；

其征收依赖于企业财务会计制度是否完善，制度完善的企业税款的征收就越容易；

征收的原则是"赚得多的多征，赚得少的少征，没有赚钱的不征"；

企业先分期预交，年终时再进行清算，多退少补，以满足国家财政收

入的需要。

2. 企业所得税的税率和计算方法

税法规定，企业所得税法定税率为 25%，内资企业和外资企业的税率相同。而国家重点扶持的高新技术企业为 15%，小微企业为 20%，非居民企业为 20%。

其计算公式为：

所得税额 = 当期应纳税所得额 × 适用税率

应纳税所得额 = 收入总额 − 准予扣除项目金额

其中，准予扣除的项目包括：成本、费用、税金、损失等。

按照间接计算法计算：

应纳税所得额 = 年度会计利润 + 纳税调增项目 − 纳税调减项目

◎ 确定企业所得税率，合理节税避税

企业所得税是企业最主要的税负之一，如果能够合理地节税避税，不仅可以减轻企业的税收负担，还可以促进企业利用更多经济资源发展生产经营，从而创造更多的经济效益。

通常，企业可以按照下面几个方法来合理节税：

1. 用好税收减免优惠政策

用好税收减免优惠政策，来降低企业纳税成本。比如，国家对高新技术企业实行减免税政策，企业可以调整科技人员结构，增加科研人员人数，从而享受企业所得税的减免优惠。尤其是靠边的科技企业，比如拥有核心技术，但是由于投入的科研经费没有达到政策规定的比例，达不到高新技术企业的标准，也无法享受税收优惠。企业可以加大科研经费的投入，申请为高新技术企业，从而合法地享受减免政策。

2. 利用不同折扣方式进行节税

企业在销售过程中，为了尽快占领市场，通常会采取折扣的方式来进行销售。

企业在销售货物时，由于客户购货数量较大，企业通常会给对方一定的价格优惠。按照税法的规定，企业折扣销售时，如果折扣额和销售额在同一张发票上分别注明，就可以按折扣后的余额作为销售额；如果将折扣额另开发票就不能扣除其折扣额。所以企业在执行过程中，一定要注意开具发票的方式，并且利用这一政策来进行节税。

3. 利用捐赠的形式来进行节税

现在很多企业都非常重视福利投入，捐赠很多慈善、文艺和体育事业，这样不仅可以增加企业的影响力，还可以实现节税的目的。

我国税法规定，企业对于国防、慰问解放军官兵的捐赠，对于希望工程、残疾人基金的捐赠，以及对于自然灾害造成的损失捐赠，都会从所得税中扣除。但是，并不是所有的捐赠都能从所得税中扣除，所以企业应该选择适当的捐赠方式，既献出了自己的爱心，又可以达到节税的目的。

4. 利用投资行业的优惠政策进行节税

我国税法规定，对于投资某些特殊行业的企业给予一定的税收优惠。

比如，为了鼓励农业的发展，对于投资农业初级产品及其加工产品给予一定的优惠政策；对于投资废水、废气、废渣等"三废"物品生产的企业给予减免企业所得税的优惠；对于农、林、牧、副、渔等行业，以及在贫困不发达地区进行投资的企业给予多方面的税收优惠。

5. 利用集资的方法来进行节税

企业在筹资时，可以发动企业员工进行集资，这样既可以解决生产经营所需要的资金问题，还可以调动员工的积极性。这样一来，企业往往付给员工的股息肯定比市场更高，这样可以减少净利润的数额，以达到节税的目的。另外，国家对利息所得税前扣除有一定的限制，即不能高于市场的贷款利率，所以，企业在集资时也应该考虑税务筹划，合理地减轻企业的税负。

　　企业集资利息和工资都是付给员工个人的，企业可以按照税法规定将超过利息规定的部分以奖金的形式支付给员工。这样一来，企业便可以节省很多所得税的缴纳。不过，企业必须考虑员工个人所得税的问题，达到最合理的筹划。